# Mme Craddock

W. Somerset Maugham

**Writat**

Cette édition parue en 2024

ISBN : 9789359949079

Publié par
Writat
email : info@writat.com

# Contenu

# ÉPISTRE DÉDICATIVE

CHÈRE MISS LEY , Vous ne trouverez pas peu flatteur si je me demande quand exactement j'ai eu la chance de faire votre connaissance ; car, même si je sais bien que la date n'est pas très lointaine, il me semble vous avoir connu toute ma vie. Était-ce vraiment l'été dernier, à Naples ? (J'oublie pourquoi vous allez habituellement dans les stations d'hiver en plein mois d'août ; les raisons que vous avez données étaient ingénieuses mais peu concluantes — ce n'est sûrement pas pour éviter vos compatriotes ?) J'étais dans la Galerie des Chefs-d'œuvre, regardant le merveilleux portrait -statue d'Agrippine, quand toi, assis à côté de moi, tu as posé une question. Nous avons commencé à parler – d'ailleurs, nous ne nous sommes jamais demandé si nos familles respectives étaient désirables ; vous avez pris pour acquis ma réputation — et depuis nous avons passé beaucoup de temps ensemble ; en effet, tu as rarement été absent de mes pensées.

Maintenant que nous sommes à la croisée des chemins (l'expression est galvaudée et vous la détesteriez), permettez-moi de vous dire quel plaisir votre regard m'a fait et combien j'ai apprécié nos relations, regrettant toujours que des circonstances inévitables m'aient fait c'est si rare. J'avoue que je vous respecte – vous ne le croirez pas, car vous m'avez souvent accusé de légèreté (je ne suis pas à moitié aussi légère que vous) ; mais votre sourire maigre et moqueur, après quelque remarque de ma part, me fait continuellement sentir que j'ai dit une bêtise, que je sais à vos yeux qu'il n'y a pas de plus grand crime... Vous m'avez dit que lorsqu'une connaissance a laissé un souvenir agréable, il faut résister à la tentation de le renouveler ; le temps et l'environnement modifiés créent de nouvelles impressions qui ne peuvent rivaliser avec les anciennes, doublement idéalisées par la nouveauté et l'absence. La maxime est difficile, mais elle a donc peut-être plus de chances d'être vraie. Pourtant, je ne peux pas souhaiter que l'avenir ne nous apporte rien de mieux que l'oubli. Il est certain que nos chemins sont différents, je serai occupé à d'autres travaux et vous me perdrez dans le labyrinthe des hôtels italiens, où il vous plaît, perversement, de cacher vos lumières. Je ne vois aucune perspective de retrouvailles (cela semble assez sentimental et vous détestez les effusions. Ma lettre est certainement trop pleine de parenthèses) ; mais je souhaite néanmoins et de tout mon cœur qu'un jour vous consentiez à risquer l'expérience. Ce que vous dites? Je suis, chère Miss Ley, très sincèrement (ne vous moquez pas de moi, je voudrais le dire — affectueusement), — Votre,

MW

# Chapitre I

Ce livre pourrait aussi s'appeler *Le Triomphe de l'Amour*. Bertha regardait par la fenêtre la morosité du jour. Le ciel était sombre et les nuages lourds et bas ; l'allée des voitures, négligée, était balayée par le vent glacial, et les ormes qui la bordaient étaient dépourvus de feuilles, leurs branches nues frissonnant d'horreur du froid. Nous étions fin novembre et la journée était absolument triste. L'année mourante semblait avoir jeté sur toute la nature la terreur de la mort ; l'imagination n'apporterait pas à l'esprit fatigué les pensées du soleil miséricordieux, les pensées du printemps venant comme une jeune fille disperser de ses paniers les fleurs et les feuilles vertes.

Bertha se retourna et regarda sa tante, coupant les feuilles d'un nouveau *Spectator*. Se demandant quels livres retirer de Mudie, Miss Ley lut les listes d'automne et les expressions élogieuses que l'adresse des éditeurs extrait des critiques défavorables.

« Tu es très agitée cet après-midi, Bertha », remarqua-t-elle en réponse au regard fixe de la jeune fille.

"Je pense que je vais descendre jusqu'à la porte."

« Vous avez déjà visité la porte deux fois au cours de la dernière heure. Y trouvez-vous quelque chose de terriblement nouveau ?

Bertha ne répondit pas, mais se tourna de nouveau vers la fenêtre : la scène des deux dernières heures s'était fixée dans son esprit avec une précision monotone.

"A quoi penses-tu, tante Polly?" » demanda-t-elle soudain en se retournant vers sa tante et en croisant les yeux fixés sur elle.

"Je pensais qu'il fallait être très pénétrant pour découvrir les émotions d'une femme à travers ses cheveux."

Bertha a ri : « Je ne pense pas avoir d'émotions à découvrir. Je sens… » Elle cherchait un moyen d'exprimer cette sensation – « J'ai l'impression que je voudrais me défaire les cheveux. »

Miss Ley ne répondit rien, mais regarda de nouveau son journal. Elle ne se demandait guère ce que voulait dire sa nièce, ayant depuis longtemps cessé d'être étonnée des manières et des actes de Bertha ; en fait, sa seule surprise était qu'ils ne corroboraient jamais suffisamment l'opinion commune selon laquelle Bertha était une jeune femme indépendante de qui on pouvait tout attendre. Au cours des trois années qu'elles avaient passées ensemble depuis la mort du père de Bertha, les deux femmes avaient appris à se tolérer extrêmement bien. Leur affection mutuelle était douce et parfaitement respectable, convenant en tout point à des personnes exigeantes liées ensemble par des liens de convenance et de décorum... Miss Ley, appelée sur le lit de mort de son frère en Italie, fit la connaissance de Bertha sur la tombe du mort, et la jeune fille était alors trop vieille et de caractère trop indépendant pour accepter l'autorité d'un étranger ; Miss Ley n'avait pas non plus le moindre désir d'exercer une autorité sur qui que ce soit. C'était une femme très indolente, qui ne souhaitait rien d'autre que de laisser les gens tranquilles et d'être laissée seule par eux. Mais si c'était évidemment son devoir de s'occuper d'une nièce orpheline, c'était aussi un avantage que Bertha ait dix-huit ans et, sans les conventions d'une société honnête, elle pourrait très bien se prendre en charge. Miss Ley ne fut pas ingrate envers une Providence miséricordieuse lorsqu'elle découvrit que sa pupille avait bien l'intention de suivre sa propre voie, et nullement de traîner dans les jupes d'une jeune tante passionnément dévouée à sa liberté.

Ils parcourèrent le continent, voyant beaucoup d'églises, de tableaux et de villes, à l'examen desquelles leur but principal semblait être de se cacher les uns aux autres les émotions qu'ils éprouvaient. Comme le Peau-Rouge qui subira les tortures les plus horribles sans grimacer, Miss Ley aurait trouvé très honteux de faire preuve d'émotion devant une scène touchante. Elle utilisait le cynisme poli pour dissimuler sa sentimentalité, riant pour ne pas pleurer — et son manque d'originalité ici, la vieille répétition de la dualité de Grimaldi, la faisaient rire d'elle-même. Elle trouvait les larmes inconvenantes et insensées.

« Les pleurs font peur même à une belle femme, dit-elle, mais si elle est laide, ils la rendent tout simplement repoussante. »

Finalement, louant son propre appartement à Londres, Miss Ley s'installe avec Bertha pour cultiver des délices ruraux à Court Leys, près de Blackstable, dans le comté de Kent. Les deux dames vivaient ensemble dans une grande harmonie, bien que les démonstrations de leur affection n'excèdent pas un seul baiser matin et soir, donné et reçu avec une indifférence presque égale. Chacun avait un respect considérable pour les capacités de l'autre, et particulièrement pour l'esprit qui se manifestait parfois par de petits sarcasmes amicaux. Mais ils étaient trop intelligents pour s'entendre mal, et comme ils ne se détestaient ni ne s'aimaient pas excessivement, il n'y avait vraiment aucune raison pour qu'ils ne continuent pas dans les meilleurs termes. Le résultat général de leurs relations fut que l'inquiétude de Bertha, ce jour-là, ne suscitait chez Miss Ley pas plus de questions que la chaleur de son jeune sang ne répondait facilement ; et sa curiosité excentrique à l'égard de la porte, par un après-midi d'hiver très froid et désagréable, ne provoqua même pas un haussement d'épaules de désapprobation ou un soulèvement des paupières d'émerveillement.

Bertha a mis un chapeau et est sortie. L'allée d'ormes, qui s'étendait de la façade de Court Leys en ligne droite jusqu'aux portes, était autrefois un spectacle plutôt imposant, mais annonçait maintenant clairement la ruine d'une ancienne maison. Çà et là, un arbre était mort et tombé, laissant une trouée disgracieuse, et un énorme tronc gisait encore sur le sol après une terrible tempête de l' année précédente, laissé pourrir là dans l'indifférence des huissiers et des locataires. De chaque côté des ormes se trouvait une large bande de prairie qui était autrefois une pelouse bien entretenue, mais maintenant souillée de quais et de mauvaises herbes ; quelques moutons grignotaient l'herbe où, il y a un siècle, de belles dames en cerceaux et des messieurs en perruques se promenaient, discutant des guerres et des derniers volumes de M. Richardson. Au-delà se trouvait une haie mal taillée, puis les vastes champs du domaine Ley... Bertha descendit, regardant la route au-delà de la porte. C'était un soulagement de ne plus sentir les yeux froids de Miss Ley fixés sur elle ; elle avait assez d'émotions dans la poitrine, elles se frappaient les unes contre les autres comme des oiseaux dans un filet qui luttent pour se libérer ; mais pour rien au monde Bertha n'aurait demandé à quelqu'un de regarder dans son cœur plein d'attentes, de désirs, de cent désirs étranges. Elle sortit sur la grande route qui menait de Blackstable à Tercanbury, elle regarda de haut en bas avec un tremblement et un battement de cœur rapide. Mais la route était déserte, balayée par le vent d'hiver, et elle sanglotait presque de déception.

Elle ne pouvait pas rentrer à la maison ; un toit à ce moment-là l'étoufferait, et les murs semblaient une prison : il y avait un certain plaisir dans le vent mordant qui soufflait à travers ses vêtements et la glaçait jusqu'aux os. L'attente était terrible. Elle entra dans le parc et regarda l'allée en calèche jusqu'à la grande maison blanche qui était la sienne. La chaussée même avait besoin d'être réparée, et les feuilles mortes dont personne ne se souciait bruissaient çà et là au gré des rafales du vent. La maison se dressait dans sa forme carrée sans rapport avec aucun environnement : construite sous le règne de George II, elle semblait n'avoir acquis aucune emprise sur le terrain qui la portait. Avec sa façade simple et ses nombreuses fenêtres, le portique dorique exactement au milieu, il semblait simplement posé sur le sol, comme un château de cartes est construit sur le sol, sans fondations. Les années passées ne lui avaient donné aucune beauté, et il se présentait maintenant comme il l'avait été pendant plus d'un siècle, une tache sur le paysage, vulgaire et nouvelle. Entourée de champs, elle n'avait de jardin que quelques massifs plantés à ses pieds, et dans lesquels les fleurs, négligées, étaient devenues sauvages ou fanées.

Le jour déclinait et les nuages qui s'abaissaient semblaient occulter la lumière. Bertha a perdu espoir. Mais elle regarda encore une fois vers le bas de la colline et son cœur fit un grand battement contre sa poitrine ; elle se sentit rougir furieusement. Son sang semblait couler dans ses vaisseaux avec une rapidité soudaine, et, consternée par son manque de sang-froid, elle eut envie de se retourner rapidement et de s'enfuir. Elle oublia l'attente écoeurante, les heures qu'elle avait passées à chercher la silhouette qui gravissait la colline d'un pas lourd.

Bien sûr, c'était un homme ! Il s'approcha, un grand garçon de vingt-sept ans, massivement bâti, avec une forte ossature, avec de longs bras et de longues jambes, et une magnifique largeur de poitrine. Bertha reconnut le costume qui lui plaisait toujours, les culottes et les guêtres, la veste Norfolk en tweed grossier, le haut blanc et la casquette, tous évoquant le pays qu'elle commençait à aimer pour lui, et tous vigoureusement masculins. Même les énormes bottes qui couvraient ses pieds lui procuraient, par leur taille même, un frisson de plaisir ; leurs dimensions suggéraient une certaine fermeté de caractère, une maîtrise, intensément rassurantes. Le style vestimentaire s'adaptait parfaitement au fond de route brune et de champ labouré. Bertha se demandait s'il savait qu'il était extrêmement pittoresque alors qu'il gravissait la colline.

"Bonjour, Miss Bertha."

Il ne montra aucun signe de pause, et le cœur de la jeune fille se serra à l'idée qu'il pourrait continuer avec seulement un mot de salutation banal.

«Je pensais que c'était toi que je voyais monter la colline», dit-elle en tendant la main.

Il s'arrêta et le secoua ; le contact de ses gros doigts fermes la faisait trembler. Sa main était massive et dure comme si elle était taillée dans la pierre. Elle le regarda et sourit.

« Il ne fait pas froid ? dit-elle. Il est terrible de vouloir dire toutes sortes de choses passionnées, tandis que les conventions vous excluent de tout ce qui n'est pas le plus banal.

« Vous n'avez pas marché à la vitesse de cinq milles à l'heure », dit-il joyeusement. "Je suis allé à Blackstable pour envisager d'acheter un bourrin."

Il était l'image même de la santé ; les vents de novembre étaient pour lui comme des brises d'été, et son visage brillait d'un froid agréable. Ses joues étaient rouges et ses yeux brillaient. Sa vitalité était intense, rayonnant sur les autres avec une chaleur presque matérielle.

« Est-ce que tu sortais ? Il a demandé.

"Oh non," répondit Bertha, sans aucun respect strict pour la vérité. "Je viens de marcher jusqu'à la porte et je t'ai aperçu par hasard."

"Je suis très heureux, je vous vois si rarement maintenant, Miss Bertha."

"J'aimerais que vous ne m'appeliez pas *Miss Bertha* ", cria-t-elle, "ça a l'air horrible." C'était pire que ça, ça avait l'air presque subalterne. «Quand nous étions garçon et fille, nous nous appelions par nos prénoms.»

Il rougit un peu et sa modestie ravit Bertha.

« Oui, mais quand tu es revenu il y a six mois, tu avais tellement changé, je n'ai pas osé ; et en plus, vous m'avez appelé M. Craddock.

« Eh bien, je ne le ferai plus », dit-elle en riant ; "Je préférerais t'appeler Edward."

Elle n'ajouta pas que le mot lui paraissait le plus beau de toute la liste des prénoms, ni que ces dernières semaines elle l'avait déjà répété mille fois.

« Ce sera comme au bon vieux temps », dit-il. « Tu te souviens des plaisirs que nous avions quand tu étais petite, avant que tu partes à l'étranger avec M. Ley ? »

«Je me souviens que tu me regardais avec beaucoup de mépris parce que j'étais *une* petite fille», répondit-elle en riant.

"Eh bien, j'ai eu terriblement peur la première fois que je t'ai revu, avec tes cheveux relevés et tes robes longues."

"Je ne suis pas vraiment très terrible."

Depuis cinq minutes, ils se regardaient dans les yeux, et soudain, sans raison évidente, Craddock rougit. Bertha le remarqua, et un étrange petit frisson la parcourut ; elle aussi rougit et ses yeux sombres brillèrent encore plus brillamment qu'auparavant.

« J'aurais aimé ne pas vous voir si rarement, Miss Bertha, » dit-il.

« Vous n'avez qu'à vous blâmer, beau monsieur. Vous apercevez le chemin qui mène à mon palais, et au bout vous trouverez certainement une porte.

"J'ai plutôt peur de ta tante."

Il était sur le point de dire à Bertha qu'un cœur fragile ne gagnait jamais une belle dame, mais par souci de modestie, elle s'abstint. Son moral s'était soudainement remonté et elle se sentait extraordinairement heureuse.

« Veux-tu vraiment me voir ? » demanda-t-elle, son cœur battant à un rythme assez absurde.

Craddock rougit encore et sembla avoir quelques difficultés à trouver une réponse ; son trouble et son air naïf étaient de nouveaux enchantements pour Berthe.

"S'il savait à quel point je l'adorais !" elle pensait; mais naturellement elle ne pouvait pas le lui dire avec autant de mots.

"Tu as tellement changé au cours de ces années", dit-il, "je ne te comprends pas."

"Vous n'avez pas répondu à ma question."

« Bien sûr que je veux te voir, Bertha, » dit-il rapidement, semblant prendre son courage à deux mains ; "Je veux te voir toujours."

"Eh bien," dit-elle avec un charmant sourire, "il m'arrive de me promener après le dîner jusqu'à la porte et d'observer les ombres de la nuit."

"Par Jupiter, j'aurais aimé le savoir avant."

«Créature insensée!» se dit Bertha avec amusement, il ne comprend pas que ce soit la première nuit où j'aurai fait quelque chose de pareil.

# Chapitre II

un pas sautillant, Berthe revint à la maison, et comme une nuée d'oiseaux, cent amorets volèrent autour de sa tête ; Cupidon sauta d'arbre en arbre et décocha ses flèches dans son cœur bien disposé ; son imagination revêtait les branches nues d'un vert tendre, et dans son bonheur le ciel gris se transformait en azur... C'était la première fois qu'Edward Craddock montrait son amour d'une manière indubitable ; si auparavant tout avait laissé entendre qu'il n'était pas indifférent, rien n'avait été absolument convaincant, et le doute lui avait causé tous les malheurs imaginables. Quant à elle, elle ne faisait aucun effort pour se le cacher ; elle n'avait pas honte, elle l'aimait passionnément, elle adorait le sol sur lequel il marchait ; elle avoua hardiment que c'était lui, entre tous les hommes, qui la rendait heureuse ; elle remettrait sa vie entre ses mains fortes et viriles. Elle avait fermement décidé que Craddock la conduirait à l'autel.

Des fois déjà, elle s'était imaginée se reposer dans ses bras, dans ses bras forts, dont la seule pensée était une protection contre tous les maux du monde. Oh oui, elle voulait qu'il la prenne dans ses bras et l'embrasse ; en imagination, elle sentait ses lèvres sur les siennes, et la chaleur de son souffle la faisait s'évanouir d'angoisse d'amour.

Elle se demandait comment elle pourrait attendre jusqu'au soir ; comment diable pouvait-elle supporter le lent passage des heures ? Et elle doit s'asseoir en face de sa tante et faire semblant de lire, ou de parler de tel ou tel sujet. C'était insupportable. Puis, sans conséquence, elle se demanda si Edward savait qu'elle l'aimait ; il ne pouvait pas imaginer à quel point son désir était intense.

« Je suis désolée d'être en retard pour le thé », dit-elle en entrant dans le salon.

"Ma chère", dit Miss Ley, "les toasts beurrés sont probablement horribles, mais je ne vois pas pourquoi vous ne devriez pas manger de gâteau."

«Je ne veux rien manger», s'écria Bertha en se jetant sur une chaise.

"Mais vous mourez de soif", ajouta Miss Ley en regardant sa nièce avec des yeux perçants. « Ne voudriez-vous pas votre thé dans une tasse de petit-déjeuner ? »

Miss Ley était arrivée à la conclusion que l'agitation et la longue absence ne pouvaient être dues qu'à une cause masculine. Mentalement, elle haussa les épaules, ne se demandant guère qui était cette créature.

« Bien sûr, pensa-t-elle, il s'agit certainement de quelqu'un de tout à fait inéligible. J'espère qu'ils n'auront pas de longs fiançailles.

Miss Ley n'aurait pas pu supporter pendant plusieurs mois la présence d'un fiancé timide et amoureux. Elle trouvait toujours les amants ridicules. Elle regarda Bertha boire six tasses de thé : bien sûr, ces yeux brillants, ces joues rouges et cet essoufflement indiquaient une excitation amoureuse ; cela l'amusait, mais elle trouvait charitable et sage de faire comme si elle ne s'apercevait de rien.

« Après tout, cela ne me regarde pas », pensa-t-elle ; « et si Bertha veut se marier, il serait bien plus pratique pour elle de le faire avant le prochain quart-de-jour, lorsque les Brown céderont mon appartement.

Miss Ley était assise sur le canapé au coin du feu, une femme de taille moyenne, très légère, au visage maigre et très ridé. De ses traits, la bouche était la plus visible, pas grande, avec des lèvres un peu trop fines ; il était toujours si serré qu'il lui donnait un air de grande détermination, mais il y avait dans les coins une mobilité expressive, contredisant d'une manière assez inhabituelle les déductions qui pouvaient être tirées du reste de sa personne. Elle avait l'habitude de fixer ses yeux froids sur les gens avec une fermeté qui n'était pas peu embarrassante. Ils disaient que Miss Ley avait l'air de les prendre pour de grands imbéciles et, en fait, c'était généralement son opinion précise. Ses fins cheveux gris étaient très clairement coiffés ; et l'extrême simplicité de son costume donnait une certaine primauté, de sorte que sa méthode préférée pour dire des choses plutôt absurdes de la manière la plus grave et la plus convenable déconcertait souvent l'étranger occasionnel. C'était une femme qui, semblait-il, n'avait jamais été belle, mais qui, maintenant, d'âge moyen, était nettement avenante.

Les jeunes hommes la trouvèrent quelque peu terrifiante jusqu'à ce qu'ils découvrent qu'ils étaient pour elle une source constante d'amusement ; tandis que des dames âgées affirmaient qu'elle était un peu bizarre.

"Tu sais, tante Polly," dit Bertha en finissant son thé et en se levant, "Je pense que tu aurais dû être baptisée Martha ou Matilda. Je ne pense pas que Polly te convienne.

"Ma chérie, tu n'as pas besoin de me rappeler si clairement que j'ai quarante-cinq ans et tu n'as pas besoin de sourire de cette façon parce que tu sais que j'ai en réalité quarante-sept ans. Je dis quarante-cinq simplement comme un nombre rond ; dans un an, je me nommerai cinquante. Une femme n'admet jamais un âge aussi quelconque que quarante-huit ans, à moins qu'elle ne se marie avec un veuf ayant dix-sept enfants.

"Je me demande pourquoi tu ne t'es jamais mariée, tante Polly?" dit Bertha en détournant le regard.

Miss Ley sourit presque imperceptiblement, trouvant la remarque de Bertha très significative. « Ma chérie, dit-elle, pourquoi devrais-je le faire ? J'en avais cinq cents par an... Ah oui, je sais, ce n'est pas ce à quoi on aurait pu s'attendre ; Je suis désolé pour vous de ne pas avoir eu d'amour désespéré. La seule excuse pour une vieille fille, c'est qu'elle a regretté pendant trente ans un amant enseveli sous les perce-neige, ou qu'elle en a épousé un autre.

Bertha ne répondit rien ; elle sentait que le monde était devenu meilleur et ne voulait rien entendre qui puisse suggérer des imperfections dans la nature humaine : tout à coup, un air d'école du dimanche s'était répandu dans l'univers qui lui plaisait mieux. En montant à l'étage, elle s'assit à la fenêtre, regardant vers la ferme où vivait le désir de son cœur. Elle se demandait ce qu'Edward faisait ! attendait-il la nuit avec autant d'anxiété qu'elle ? Cela lui faisait un sacré pincement au cœur qu'une colline assez importante s'interpose entre elle et lui. Pendant le dîner, elle parla à peine et Miss Ley resta heureusement silencieuse. Bertha ne pouvait pas manger ; elle émiettait son pain et jouait avec les différentes viandes présentées devant elle. Elle regarda l'horloge une douzaine de fois et sursauta de façon absurde lorsqu'elle sonna l'heure.

Elle ne prit pas la peine de s'excuser auprès de Miss Ley, qu'elle laissa réfléchir comme elle l'entendait. La nuit était sombre et froide ; Bertha se glissa par la porte latérale avec la délicieuse sensation de faire quelque chose d'aventureux. Mais ses jambes la portaient à peine, elle éprouvait une sensation tout à fait nouvelle ; jamais auparavant elle n'avait éprouvé une telle faiblesse des genoux au point qu'elle craignait de tomber ; sa respiration était étrangement oppressante et son cœur battait presque douloureusement. Elle descendit l'allée des calèches sans vraiment savoir ce qu'elle faisait. Elle s'était forcée à attendre à l'intérieur jusqu'à ce que le désir de sortir devienne incontrôlable, et elle n'osait pas imaginer son désarroi s'il n'y avait personne pour la rencontrer lorsqu'elle atteignait la porte. Cela voudrait dire qu'il ne l'aimait pas ; elle s'arrêta avec un sanglot. Ne devrait-elle pas attendre plus longtemps ? Il était encore tôt. Mais son impatience la força à continuer.

Elle poussa un petit cri. Craddock était soudainement sorti de l'obscurité.

« Oh, je suis désolé, » dit-il, « je t'ai fait peur. Je pensais que ça ne te dérangerait pas que je vienne ce soir. Vous n'êtes pas en colère ?

Elle ne pouvait pas répondre ; c'était un immense fardeau pour son cœur. Elle était extrêmement heureuse, car alors il l'aimait ; et il craignait qu'elle ne soit en colère contre lui.

«Je t'attendais», murmura-t-elle. A quoi bon faire semblant d'être modeste et timide ? Elle l'aimait et il l'aimait. Pourquoi ne lui dirait-elle pas tout ce qu'elle ressentait ?

"Il fait si sombre", dit-il, "je ne peux pas te voir."

Elle était trop délirante pour parler, et les seuls mots qu'elle aurait pu dire étaient : *Je t'aime , je t'aime* . Elle s'approcha d'un pas pour le toucher. Pourquoi n'a-t-il pas ouvert ses bras, ne l'a-t-il pas prise dans ses bras et ne l'a-t-il pas embrassée comme elle avait rêvé qu'il l'embrasserait ?

Mais il lui prit la main et ce contact la ravit ; ses genoux cédaient et elle chancelait presque.

"Quel est le problème?" il a dit. « Est-ce que tu trembles ?

"Je n'ai qu'un peu froid." Elle essayait de toutes ses forces de parler naturellement. Rien ne lui venait à l'esprit à dire.

« Vous n'avez rien, » dit-il. "Tu dois porter mon manteau." Il a commencé à l'enlever.

"Non," dit-elle, "alors tu auras froid."

"Oh non, je ne le ferai pas."

Ce qu'il faisait lui semblait une merveille de bonté désintéressée ; elle était hors d'elle de gratitude.

"C'est vraiment gentil de ta part, Edward," murmura-t-elle, presque en larmes.

Lorsqu'il le lui passa sur les épaules, le contact de ses mains lui fit perdre le peu de contrôle qu'il lui restait. Un curieux spasme la parcourut et elle se serra plus près de lui ; en même temps, ses mains descendirent, laissant tomber le manteau, et encerclèrent sa taille. Puis elle s'abandonna entièrement à son étreinte et leva son visage vers le sien. Il se pencha et l'embrassa. Le baiser était une telle folie qu'elle gémit presque. Elle ne pouvait pas dire si c'était de la douleur ou du plaisir. Elle lui jeta les bras autour du cou et l'attira à elle.

« Quelle idiote je suis », dit-elle enfin avec quelque chose entre le sanglot et le rire. Elle s'écarta un peu, mais pas assez violemment pour lui faire retirer le bras qui l'entourait si confortablement.

Mais pourquoi n'a-t-il rien dit ? Pourquoi n'a-t-il pas juré qu'il l'aimait ? Pourquoi ne lui a-t-il pas demandé ce qu'elle était si disposée à lui accorder ? Elle posa sa tête sur son épaule.

"Est-ce que tu m'aimes vraiment, Bertha?" Il a demandé. "J'ai eu envie de te demander presque depuis que tu es rentré à la maison."

"Tu ne vois pas?" Elle était rassurée ; elle comprit que ce n'était que la timidité qui lui bouchait la langue. "Tu es tellement ridiculement timide."

« Tu sais qui je suis, Bertha ; et… » il hésita.

"Et quoi, imbécile ?" elle se blottit encore plus près de lui.

"Et vous êtes Miss Ley de Court Leys, alors que je ne suis qu'un de vos locataires, sans rien à payer."

«J'en ai très peu», dit-elle. "Et si j'en avais dix mille par an, mon seul souhait serait de les mettre à vos pieds."

« Bertha, que veux-tu dire ? Ne sois pas cruel avec moi. Tu sais ce que je veux, mais... "

"Autant que je sache," dit-elle en riant, "tu veux que je te propose."

« Oh, Bertha, ne te moque pas de moi. Je t'aime; Je veux te demander de m'épouser. Mais je n'ai rien à t'offrir, et je sais que je ne devrais pas... ne sois pas en colère contre moi, Bertha.

"Mais je t'aime de tout mon cœur", cria-t-elle. « Je ne veux pas de meilleur mari ; tu peux me donner du bonheur, et je ne veux rien d'autre au monde.

Puis il la rattrapa dans ses bras, tout passionnément, et l'embrassa.

"N'as-tu pas vu que je t'aimais?" elle a chuchoté.

«Je pensais que c'était peut-être le cas; mais je n'en étais pas sûr, et j'avais peur que vous ne me trouviez pas assez bien.

« Oh oui, je t'aime de tout mon cœur. Je n'aurais jamais imaginé qu'il soit possible d'aimer une personne comme je t'aime. Oh, Eddie, tu ne sais pas à quel point tu m'as rendu heureux.

Il l'embrassa encore une fois et elle passa de nouveau ses bras autour de son cou.

« Ne devriez-vous pas entrer, dit-il enfin ; "Que va penser Miss Ley?"

"Oh non, pas encore", cria-t-elle.

« Comment vas-tu lui dire ? Tu penses qu'elle m'aimera ? Elle va essayer de te faire abandonner.

« Oh, je suis sûr qu'elle t'aimera ; d'ailleurs, qu'importe si elle ne le fait pas ? elle ne t'épousera pas.

"Elle peut vous emmener à nouveau à l'étranger et vous pourrez alors voir quelqu'un que vous préférez."

« Mais j'ai vingt et un ans demain, Edward, tu ne le savais pas ? Et je serai ma propre maîtresse. Je ne quitterai pas Blackstable tant que je ne serai pas ta femme.

Ils marchaient lentement vers la maison où lui, dans son inquiétude qu'elle ne restât trop longtemps dehors, avait guidé ses pas. Ils se tenaient bras dessus bras dessous et Bertha jouissait de son bonheur.

« Dr. Ramsay vient déjeuner demain, dit-elle, et je leur dirai à tous les deux que je vais me marier avec vous.

"Il n'aimera pas ça", dit Craddock plutôt nerveusement.

«Je suis sûr que je m'en fiche. Si vous l'aimez et que je l'aime, les autres peuvent penser comme ils l'entendent.

«Je laisse tout entre vos mains», a-t-il déclaré.

Ils étaient arrivés au portique et Bertha le regardait d'un air dubitatif.

"Je suppose que je devrais entrer", dit-elle, souhaitant qu'Edward la persuade de faire encore un tour dans le jardin.

"Oui, fais-le," dit-il. "J'ai tellement peur que tu prennes froid."

C'était charmant de sa part de se soucier autant de sa santé, et bien sûr, il avait raison. Tout ce qu'il faisait et disait était juste ; pour le moment, Bertha oublia sa nature capricieuse et souhaita soudainement se soumettre à sa direction ferme. Sa force même la faisait se sentir curieusement faible.

« Bonne nuit, ma bien-aimée », murmura-t-elle avec passion.

Elle ne pouvait pas s'arracher à lui ; c'était une folie totale. Leurs baisers n'avaient jamais fini.

"Bonne nuit!"

Elle le regarda enfin disparaître dans l'obscurité et ferma finalement la porte derrière elle.

# **Chapitre III**

Chez les vieux et les jeunes, une grande tristesse est suivie d'une nuit sans sommeil, et chez les vieux, une grande joie est tout aussi inquiétante ; mais la jeunesse, je suppose, trouve le bonheur plus naturel et son repos n'en est pas troublé. Bertha dormait sans rêves et, à son réveil, ne se souvenait pas pour le moment de ce qui s'était passé la veille ; mais bientôt cela lui revint et elle s'étira avec un soupir de grande contentement. Elle s'allongea sur son lit pour contempler son bien-être. Elle pouvait à peine se rendre compte qu'elle avait réalisé son souhait le plus cher. Dieu était très bon et a donné à ses créatures ce qu'elles demandaient ; sans paroles, du fond de son cœur, elle remercia. C'était tout à fait extraordinaire, après l'attente exaspérante, après les espoirs et les craintes, les douleurs de l'amant qui sont presque un plaisir, d'être enfin satisfaites. Elle n'avait plus rien à désirer, car son bonheur était complet. Ah oui, en effet, Dieu était très bon !

Bertha pensait aux deux mois qu'elle avait passés à Blackstable... Après la première excitation d'entrer dans la maison de son père, elle s'était habituée à la routine de la vie à la campagne ; elle passait la journée à errer dans les ruelles ou au bord de la mer, à regarder la mer désolée ; elle lisait beaucoup et attendait avec impatience le temps dont elle disposait pour satisfaire un désir immodéré de connaissance. Elle passait de longues heures dans la bibliothèque que son père avait construite, car ce n'était qu'avec une fortune en déclin que la famille de Ley s'était mise à lire des livres ; il ne s'était appliqué à la littérature que lorsqu'il était trop pauvre pour toute autre activité. Bertha regardait les titres des nombreux volumes, ressentant un certain frisson à la lecture des grands noms du passé, et imaginait les délices futurs qu'ils lui procureraient.

Un jour, elle passait au presbytère et Edward Craddock s'y trouvait, récemment revenu de courtes vacances. Elle l'avait connu autrefois – son père avait été le fermier de son père et il cultivait toujours la même terre – mais depuis huit ans ils ne s'étaient pas vus, et maintenant Bertha le reconnaissait à peine. Elle le trouvait pourtant beau garçon, avec sa culotte et ses bas épais, et ne fut pas mécontente lorsqu'il s'approcha pour parler, lui demandant si elle se souvenait de lui. Il s'assit et une certaine odeur agréable de la basse-cour se répandit jusqu'à Bertha, un parfum mêlé de tabac fort, de bétail et de chevaux ; elle ne comprenait pas pourquoi cela faisait battre son cœur, mais elle l'aspirait voluptueusement et ses yeux brillaient. Il commença à parler, et sa voix sonnait comme une musique à ses oreilles ; il la regardait et ses yeux étaient grands et gris, elle les trouvait très sympathiques ; il était rasé de près et sa bouche était très attrayante. Elle rougit et se sentit idiote. Bertha s'efforçait d'être aussi charmante que possible ; elle savait que ses propres yeux sombres étaient beaux et les fixa sur les siens. Quand enfin il lui dit au revoir et lui serra la main, elle rougit de nouveau ; elle était extraordinairement troublée, et comme, à mesure qu'il se levait, la forte odeur masculine de la campagne lui parvenait aux narines, sa tête tourna. Elle était très heureuse que Miss Ley ne soit pas là pour la voir.

Elle rentra chez elle dans l'obscurité en essayant de se ressaisir, car elle ne pouvait penser à rien d'autre qu'à Edward Craddock. Elle se souvint du passé, essayant de ramener dans sa mémoire les incidents de leur ancienne connaissance. La nuit, elle rêvait de lui et elle rêvait qu'il l'embrassait.

Elle se réveillait le matin en pensant à Craddock et se sentait impossible de passer la journée sans le voir. Elle songeait à envoyer une invitation à déjeuner ou à prendre le thé, mais elle n'osait guère ; et elle ne voulait pas que Miss Ley le voie encore. Puis elle se souvint de la ferme ; elle s'y promènerait, n'est-ce pas la sienne ? Il y travaillerait sûrement. Le dieu de l'amour était propice, et dans un champ elle le vit diriger une opération. Elle trembla à cette vue, son cœur battait très vite ; et quand, la voyant, il s'avança pour la saluer, elle devint rouge puis blanche de la façon la plus compromettante. Mais il était très beau, car, d'un pas léger, il se dirigeait d'un pas nonchalant vers la haie ; Il était surtout viril, et l'agréable pensée traversa Bertha que sa force devait être tout à fait herculéenne. Elle cachait à peine son admiration.

« Oh, je ne savais pas que c'était votre ferme », dit-elle en lui serrant la main. "Je marchais juste au hasard."

"Je voudrais vous faire visiter, Miss Bertha."

Craddock ouvrit la porte et l'emmena aux hangars où il gardait ses charrettes, lui montrant deux chevaux robustes labourant un champ adjacent ; il lui montra son bétail et poussa les cochons pour lui faire admirer leur excellent état ; il lui donna du sucre pour son chasseur et l'emmena chez les moutons, lui expliquant tout pendant qu'elle écoutait fascinée. Lorsque, avec une grande fierté, Craddock lui montra ses machines et lui expliqua l'utilisation du cheval-lanceur et les dépenses de la faucheuse, elle pensa que jamais de sa vie elle n'avait entendu quelque chose d'aussi passionnant. Mais Bertha désirait surtout voir la maison dans laquelle il habitait.

"Ça te dérangerait de me donner un verre d'eau?" elle a dit: "J'ai tellement soif."

«Entrez», répondit-il en ouvrant la porte.

Il la conduisit dans un petit salon avec une toile cirée par terre. Sur la table, qui occupait la majeure partie de la pièce, se trouvait un tissu rouge estampé ; les chaises et le canapé, recouverts de vieux cuir usé, étaient disposés avec la plus grande raideur possible. Sur la cheminée, à côté des pipes et des pots à tabac, se trouvaient des vases en porcelaine brillante, garnis de joncs, et au milieu une pendule en marbre.

"Oh, comme c'est joli!" s'écria Berthe avec enthousiasme. « Vous devez vous sentir très seul ici, tout seul. »

« Oh non, je suis toujours absent. Dois-je te donner du lait ? Ce sera mieux pour toi que l'eau.

Mais Bertha vit une serviette posée sur la table, une cruche de bière et du pain et du fromage.

"Est-ce que je t'ai empêché de déjeuner?" elle a demandé. "Je suis vraiment désolé."

« Cela n'a pas d'importance du tout. Je prends juste une petite collation à onze heures.

« Oh, puis-je en avoir aussi ? J'adore le pain et le fromage et je suis parfaitement vorace.

Ils s'assirent l'un en face de l'autre, voyant une super blague dans le repas impromptu. Le pain, qu'il coupa en gros morceaux, était délicieux et la bière, bien sûr, était du nectar. Mais par la suite, Bertha craignit que Craddock ne la trouve un peu bizarre.

"Tu trouves que c'est très excentrique de ma part de venir déjeuner avec toi de cette façon ?"

« Je pense que c'est vraiment gentil de votre part. M. Ley venait souvent prendre une collation avec mon père.

"Oh, n'est-ce pas?" dit Berthe. Bien sûr, cela la rendait tout à fait naturelle. « Mais je dois vraiment y aller maintenant. Je vais avoir de terribles ennuis avec tante Polly.

Il la supplia de prendre des fleurs et coupa en toute hâte un bouquet de dahlias. Elle les accepta avec la gratitude la plus embarrassante ; et quand ils se serrèrent la main en se séparant, son cœur fit un nouveau battement ridicule.

Miss Ley a demandé de qui elle avait obtenu ses fleurs.

"Oh," dit calmement Bertha, "il m'est arrivé de rencontrer un des locataires et il me les a donnés."

"Hm", murmura Miss Ley, "ce serait plus utile s'ils payaient leur loyer."

Miss Ley quitta aussitôt la pièce et Bertha regarda les dahlias primitifs avec un cœur plein d'émotion. Elle a ri.

"Ça ne sert à rien d'essayer de me le cacher", murmura-t-elle, "je suis éperdument amoureuse."

Elle embrassa les fleurs et se sentit très heureuse... Elle était évidemment dans cet état, puisque la nuit dernière, Bertha avait décidé d'épouser Edward Craddock ou de mourir. Elle ne perdit pas de temps, car moins d'un mois s'était écoulé et le jour de leur mariage était certainement en vue.

Miss Ley détestait toutes les manifestations de sentiments. Noël, quand tout le monde est censé prendre son prochain dans son sein et nourrir envers lui un certain nombre d'émotions sentimentales, lui causait un tel inconfort qu'elle avait l'habitude de s'enterrer pour le moment dans quelque ville continentale où elle ne connaissait personne et pouvait échapper au trop-plein de monde. -débordant du cœur des autres. Même en été, Miss Ley ne pouvait pas voir un houx sans un petit frisson de dégoût ; elle pensait immédiatement aux décorations des maisons bourgeoises, au gui accroché à un lustre à gaz, et aux vieux messieurs insensés qui s'amusaient à embrasser des femmes errantes. Elle était heureuse que Bertha ait jugé bon de refuser les démonstrations d'enthousiasme des domestiques et des locataires pauvres, que son tuteur avait voulu organiser une fois sa majorité. Miss Ley pouvait imaginer que les festivités possibles en une telle occasion, la poignée de main, la bonne humeur et la jovialité envahissante de l'Anglais de la campagne, pourraient surpasser même les réjouissances sordides de la marée de Noël. Mais Bertha détestait heureusement de telles choses aussi sincèrement que Miss Ley elle-même, et suggérait aux personnes concernées qu'elles ne pouvaient l'obliger davantage qu'en ne prêtant pas attention à un événement qui, en réalité, ne lui paraissait pas très important.

Mais la cordialité du Dr Ramsay ne pouvait être entièrement contenue ; et il avait aussi un bon vieux sens anglais de l'adéquation des choses, cette passion d'agir d'une certaine manière simplement parce que dans le passé les gens ont toujours agi ainsi. Il a insisté pour rencontrer solennellement Bertha pour lui offrir des félicitations, une bénédiction et une déclaration sur son intendance.

Bertha descendit alors que Miss Ley prenait déjà son petit-déjeuner — un repas très féminin, composé de rien de plus substantiel qu'un centimètre carré de bacon et un morceau de pain grillé sec. Miss Ley était vraiment quelque peu nerveuse, elle était gênée par la nécessité de faire référence au jour de naissance de Bertha.

« C'est un avantage des femmes, se dit-elle, après vingt-cinq ans, elles passent sous silence leurs anniversaires comme des inconvenances. Un homme est tellement impressionné par son habileté à être entré dans le monde que l'anniversaire l'intéresse toujours ; et la créature insensée pense que cela intéresse aussi les autres.

Mais Bertha entra dans la pièce et l'embrassa.

« Bonjour, ma chère, » dit Miss Ley, puis, versant le café de sa nièce, « notre estimable cuisinière a brûlé le lait en l'honneur de votre majorité ; J'espère qu'elle ne célébrera pas cette occasion en se saoulant, du moins avant le dîner.

"J'espère que le Dr Ramsay ne s'enthousiasmera pas trop vigoureusement", répondit Bertha, comprenant le sentiment de Miss Ley.

« Oh, ma chère, je tremble à la perspective de sa gaieté. C'est un homme bon. Je devrais penser que ses principes étaient excellents, et je ne suppose pas qu'il soit plus ignorant que la plupart des médecins généralistes ; mais sa gentillesse est parfois douloureusement agressive.

Mais le calme de Bertha n'était qu'extérieur, son cerveau tournoyait et son cœur battait d'excitation. Elle était pleine d'impatience de lui annoncer de la nouvelle. Bertha avait un certain sens du drame et attendait avec impatience la scène où, les clés de son royaume lui étant remises, elle annonçait qu'elle avait déjà choisi un roi pour régner à ses côtés. Elle sentait aussi qu'entre elle et Miss Ley seules, les explications nécessaires seraient gênantes. Le franc-parler du Dr Ramsay le rendait plus facile à gérer ; il y a toujours une difficulté à se conduire avec une personne qui croit ostensiblement que chacun doit s'occuper de ses affaires et qui, quelles que soient ses pensées, prend plus de plaisir à les cacher qu'à les exprimer. Bertha envoya une note à Craddock, lui disant de venir à trois heures pour être présenté comme le futur seigneur et maître de Court Leys.

Le Dr Ramsay arriva et déversa immédiatement un flot prodigieux de félicitations, en partie plaisantes, en partie graves et sentimentales, mais entièrement déplaisantes pour la minutie de Miss Ley. Le tuteur de Bertha était un grand homme aux larges épaules, avec une crinière de cheveux blonds, maintenant blancs ; Miss Ley a juré qu'il était la dernière personne sur cette terre à porter des moustaches en côtelette de mouton. Il avait les joues très rouges et, par sa taille, sa jovialité et son teint fleuri, donnait l'idée d'une santé inaltérable. Avec son menton rasé et sa forte voix, il ressemblait à un yeoman de la vieille école, avant que les temps difficiles et la diffusion de l'éducation n'aient fait du fermier une sorte de croisement entre le secrétaire municipal et l'entraîneur de Newmarket. La redingote et le haut-de-forme du Dr Ramsay, malgré l'habitude de plusieurs années, lui paraissaient mal à l'aise avec l'air des vêtements du dimanche pour un ouvrier agricole. Miss Ley, qui aimait trouver des descriptions absurdes des gens ou trouver une comparaison appropriée, n'avait jamais été capable de lui convenir exactement ; et cela l'irritait quelque peu. A ses yeux, le seul lien qui reliait le docteur à l'humanité était un certain amour des antiquités, qui avaient rempli sa maison de vieilles tabatières, de porcelaine et d'autres objets précieux : l'humanité, Miss Ley considérait comme un petit cercle de personnes, pour la plupart des femmes, d'âge moyen, sans attaches et aux moyens indépendants, qui voyageaient à travers le continent, lisaient de la bonne littérature et abhorraient la grande majorité de leurs semblables, surtout lorsque ceux-ci criaient philanthropiquement, vous jetaient leur religion à la face ou cultivaient leur muscle avec une ardeur agressive !

Le Dr Ramsay déjeunait avec un appétit qui, selon Miss Ley, devait être une grande source de satisfaction pour son boucher. Elle demanda poliment des nouvelles de sa femme, à qui elle reprochait secrètement sa douce soumission au médecin. Miss Ley avait pris l'habitude d'éviter les femmes qui s'étaient transformées en simples ombres de leurs seigneurs, plus particulièrement lorsque leur conversation portait sur les affaires domestiques ; et Mme Ramsay, sauf le dimanche, lorsque son esprit était tourné vers les vêtements de la congrégation, ne pensait à rien d'autre qu'à l'énorme appétit de son mari et aux méthodes pour le maîtriser.

Ils retournèrent au salon et le Dr Ramsay commença à parler à Bertha de la propriété, de l'identité de ce locataire et de l'état de cette ferme, aboutissant à l'état pitoyable des temps et à l'impossibilité d'obtenir des loyers.

"Et maintenant, Bertha, que penses-tu faire?" Il a demandé.

C'était l'opportunité que Bertha recherchait.

"JE?" dit-elle doucement : « Oh, j'ai l'intention de me marier.

Le Dr Ramsay, ouvrant la bouche, rejeta la tête en arrière et rit immodérément.

« Très bien, en effet », s'écria-t-il. « Ha, ha ! »

Miss Ley le regarda avec des sourcils levés.

« Les filles arrivent de nos jours », dit-il avec beaucoup d'amusement. « Eh bien, à mon époque, une jeune femme aurait été toute rougissante et tout regard baissé. Si quelqu'un avait parlé de mariage, elle aurait prié le Ciel d'envoyer un tremblement de terre pour l'engloutir.

« Fiddlesticks ! » » dit Miss Ley.

Bertha regardait le Dr Ramsay avec un sourire qu'elle réprimait difficilement, et Miss Ley saisit l'expression.

"Alors tu as l'intention de te marier, Bertha?" dit le docteur en riant de nouveau.

"Oui."

"Quand?" » demanda Miss Ley, qui ne prit pas la remarque de Bertha comme simplement ludique.

Bertha regardait par la fenêtre, se demandant quand Edward arriverait.

"Quand?" répéta-t-elle en se retournant. "Ce jour, quatre semaines!"

"Quoi!" s'écria le Dr Ramsay en se levant d'un bond. « Vous ne voulez pas dire que vous avez trouvé quelqu'un ! Êtes-vous fiancé? Oh, je vois, je vois. Vous avez fait une petite blague avec moi. Pourquoi ne m'avez-vous pas dit que Bertha était fiancée tout le temps, Miss Ley ?

« Mon bon docteur, » répondit Miss Ley avec beaucoup de sang-froid, « jusqu'à présent, je n'en savais rien... Je suppose que nous devrions lui offrir nos félicitations ; c'est une bénédiction de les avoir partout en une seule journée.

Le Dr Ramsay les regardait tour à tour avec perplexité.

«Eh bien, ma parole, dit-il, je ne comprends pas.»

"Moi non plus", répondit Miss Ley, "mais je reste calme."

"C'est très simple", a déclaré Bertha. "Je me suis fiancé hier soir, et comme je l'ai dit, j'ai l'intention de me marier dans exactement quatre semaines à partir d'aujourd'hui avec M. Craddock."

"Quoi!" s'écria le Dr Ramsay en sursautant d'étonnement et en faisant trembler le sol de la manière la plus dangereuse. « Craddock ! Que veux-tu dire ? Quel Craddock ?

"Edward Craddock", répondit calmement Bertha, "de Bewlie's Farm."

"Brr !!" L'exclamation du Dr Ramsay ne peut être retranscrite, mais elle sonnait horriblement ! « Le canaille ! C'est absurde. Vous ne ferez rien de tel.

Bertha le regarda avec un doux sourire, mais ne prit pas la peine de répondre.

"Vous êtes très catégorique, cher docteur", dit Miss Ley. "Qui est ce monsieur?"

« Ce n'est pas un gentleman », dit le Dr Ramsay, violet de vexation.

« Il va être mon mari, docteur Ramsay, » dit Bertha en serrant ses lèvres de la manière qui était devenue habituelle chez Miss Ley ; et se tourna vers cette dame : « Je l'ai connu toute ma vie et mon père était un grand ami de son père. C'est un gentleman-farmer.

« La définition de cela », a déclaré le Dr Ramsay, « est un homme qui n'est ni un agriculteur ni un gentleman. »

«J'ai oublié ce qu'était ton père?» dit Bertha, qui s'en souvenait parfaitement.

« Mon père était agriculteur », répondit le Dr Ramsay avec une certaine chaleur, « et, Dieu merci ! il ne prétendait pas être un gentleman. Il travaillait de ses propres mains ; Je l'ai assez souvent vu avec une fourche, retournant un tas de fumier, quand personne d'autre n'était à portée de main.

«Je vois», dit Bertha.

« Mais mon père ne peut rien avoir à faire là-dedans ; tu ne peux pas l'épouser parce qu'il est mort depuis trente ans, et tu ne peux pas m'épouser parce que j'ai déjà une femme.

Miss Ley, amusée par la franchise du docteur, dissimula un sourire ; mais Bertha, un peu en colère, le trouva singulièrement grossier.

"Et qu'as-tu contre lui ?" elle a demandé.

« Si vous voulez vous ridiculiser, il n'a pas le droit de vous encourager. Il sait qu'il n'est pas un match fait pour toi.

"Pourquoi pas, si je l'aime?"

"Pourquoi pas!" » a crié le Dr Ramsay. « Parce qu'il est le fils d'un fermier – comme moi – et que vous êtes Miss Ley de Court Leys. Parce qu'un homme dans cette position, sans cinquante kilos sur le dos, ne fait pas l'amour en catimini avec une fille qui a une fortune.

« Cinq mille acres qui ne paient aucun loyer », murmura Miss Ley, toujours dans l'opposition.

– Vous n'avez absolument rien contre lui, répliqua Berthe ; tu m'as dit toi-même qu'il avait la meilleure réputation.

"Je ne savais pas que vous me le demandiez en vue du mariage."

«Je ne l'étais pas. Je ne me soucie pas de sa réputation. S'il était ivre, oisif et dissolu, je l'épouserais, parce que je l'aime.

« Ma chère Bertha, dit Miss Ley, le docteur aura une crise d'apoplexie si vous dites de telles choses. »

"Vous m'avez dit qu'il était l'un des meilleurs gars que vous connaissiez, docteur Ramsay", a déclaré Bertha.

«Je ne le nie pas», s'écria le docteur, et ses joues rouges avaient vraiment une teinte violette assez inquiétante. "Il connaît son métier, il travaille dur, et il est droit et stable."

« Mon Dieu, docteur, s'écria Miss Ley, il doit être un miracle de l'excellence rurale. Bertha ne serait sûrement jamais tombée amoureuse de lui s'il avait été irréprochable.

« Si Bertha voulait un agent, poursuivit le Dr Ramsay, je ne pourrais pas recommander quelqu'un de mieux, mais quant à l'épouser… »

"Est-ce qu'il paie son loyer?" » demanda Miss Ley.

"C'est l'un des meilleurs locataires que nous ayons", grogna le docteur, quelque peu agacé par les interruptions frivoles de Miss Ley.

"Bien sûr, en ces temps difficiles", ajouta Miss Ley, qui était déterminée à ne pas permettre au Dr Ramsay de jouer au père lourd avec trop de sérieux, "je suppose que la seule ressource du fermier respectable est d'épouser sa logeuse."

"Il est la!" interrompit Berthe.

« Bon Dieu, est-ce qu'il vient ici ? s'écria son tuteur.

«Je l'ai envoyé chercher. N'oubliez pas qu'il sera mon mari.

"Je suis damné s'il l'est!" dit le Dr Ramsay.

# Chapitre IV

BERTHA se débarrassa de son air troublé et du dépit que lui avait causé la dispute. Elle rougit avec charme lorsque la porte s'ouvrit, et avec l'entrée du prince féerique, son visage s'enveloppa de sourires. Elle s'approcha de lui et lui prit les mains.

"Tante Polly," dit-elle, "voici M. Edward Craddock... Dr Ramsay, vous savez."

Il serra la main de Miss Ley et regarda le médecin, qui lui tourna aussitôt le dos. Craddock rougit et s'assit près de Miss Ley.

"Nous parlions de toi, ma chérie", dit Bertha. La pause à son arrivée avait été déconcertante, et tandis que Craddock réfléchissait plutôt nerveusement à quelque chose à dire, Miss Ley ne faisait aucun effort pour l'aider. «J'ai dit à tante Polly et au Dr Ramsay que nous avions l'intention de nous marier dans quatre semaines.»

C'était la première fois que Craddock entendait parler de cette date, mais il ne montra aucun étonnement particulier. Il essayait en effet de se rappeler le discours qu'il avait composé pour la circonstance.

"Je vais essayer d'être un bon mari pour votre nièce, Miss Ley", commença-t-il.

Mais cette dame l'interrompit : elle était déjà parvenue à la conclusion que c'était un homme susceptible de dire en une occasion donnée le genre de chose à laquelle on pouvait s'attendre ; et cela, à ses yeux, était un crime hideux.

"Oh oui, je n'en doute pas", répondit-elle. "Berthe, comme vous le savez, est sa propre maîtresse et n'est responsable de ses actes envers personne."

Craddock était un peu embarrassé ; il avait voulu exprimer son sentiment d'indignité et son désir de faire son devoir, ainsi que de préciser sa propre position, mais la remarque de Miss Ley semblait interdire de plus amples explications.

"Ce qui est vraiment très pratique", dit Bertha, venant à son secours, "car j'ai envie de gérer ma vie à ma manière, sans interférence de personne."

Miss Ley se demandait si le jeune homme considérait la déclaration de Bertha comme augurant d'une tranquillité totale dans l'avenir, mais Craddock ne semblait y voir rien de menaçant ; il regarda Bertha avec un sourire reconnaissant, et le regard qu'elle lui rendit était plein de la dévotion la plus passionnée.

Depuis son arrivée, Miss Ley avait observé Craddock avec une grande minutie et, étant une femme, elle ne pouvait s'empêcher de trouver un certain plaisir à savoir que Bertha essayait avec anxiété de découvrir son jugement. L'apparence de Craddock était prévenante. Miss Ley aimait les jeunes hommes en général, et celui-ci était un très beau membre de l'espèce. Ses yeux étaient beaux, mais sinon il n'y avait rien de remarquable dans sa physionomie : il avait l'air en bonne santé et de bonne humeur. Miss Ley remarqua même qu'il ne se rongeait pas les ongles et que ses mains étaient fortes et fermes. Il n'y avait vraiment rien qui le distinguait du commun des jeunes Anglais en bonne santé, avec de bonnes mœurs et un beau physique ; mais le cours est agréable. Le seul étonnement de Miss Ley était que Bertha l'avait choisi plutôt que dix mille autres de la même variété, car que Bertha l'avait choisi de manière assez active, il n'y avait dans l'esprit de Miss Ley l'ombre d'un doute.

Miss Ley se tourna vers lui.

« Est-ce que Bertha vous a montré nos poules ? » demanda-t-elle calmement.

« Non », dit-il, surpris par la question ; "J'espère qu'elle le fera."

« Oh, sans aucun doute. Vous savez que je suis assez ignorant en agriculture. Avez-vous déjà été à l'étranger?"

« Non, je m'en tiens à mon propre pays », a-t-il répondu ; "C'est assez bien pour moi."

"J'ose dire que c'est le cas", a déclaré Miss Ley en regardant vers le sol. «Bertha doit certainement vous montrer nos poules. Ils m'intéressent parce qu'ils ressemblent beaucoup aux êtres humains : ils sont tellement stupides.

"Je n'arrive pas du tout à faire pondre le mien à cette période de l'année", a déclaré Craddock.

"Bien sûr, je ne suis pas agricultrice", répéta Miss Ley, "mais les poulets m'amusent."

Le Dr Ramsay commença à sourire et Bertha rougit de colère.

"Tu n'as jamais montré le moindre intérêt pour les poulets auparavant, tante Polly."

« N'est-ce pas, ma chère ? Vous ne vous souvenez pas qu'hier soir, j'ai remarqué à quel point celui que nous avons mangé pour le dîner était dur ?... Depuis combien de temps connaissez-vous Bertha, M. Craddock ?

"Cela semble toute ma vie", a-t-il répondu. "Et je veux la connaître davantage."

Cette fois, Bertha sourit, et Miss Ley, même si elle était certaine que la répartie n'était pas intentionnelle, n'en fut pas mécontente.

Pendant tout ce temps, le Dr Ramsay ne disait pas un mot et son comportement provoqua la colère de Bertha.

«Je ne vous ai jamais vu assis cinq minutes en silence auparavant, docteur Ramsay», dit-elle.

"Je pense que ce que j'ai à dire ne vous plairait guère, Miss Bertha."

Miss Ley tenait à ce qu'aucune altercation ne perturbe l'inconfort poli de la réunion.

« Vous pensez encore à ces loyers, docteur », dit-elle en se tournant vers Craddock : « Le pauvre médecin est mécontent parce que la moitié de nos locataires disent qu'ils ne peuvent pas payer.

Le pauvre docteur grogna et renifla, et Miss Ley pensa qu'il était grand temps pour le jeune homme de prendre congé. Elle regarda Bertha, qui comprit vite, et se levant, dit :

« Laissons-les tranquilles, Eddie ; Je veux vous montrer la maison.

Il se releva avec empressement, visiblement très soulagé de la fin de l'épreuve. Il serra la main de Miss Ley et, cette fois, ne put s'empêcher de faire un petit discours.

« J'espère que tu n'es pas en colère contre moi de t'avoir enlevé Bertha. J'espère que je ferai bientôt mieux votre connaissance et que nous deviendrons de grands amis.

Miss Ley fut déconcertée, mais trouva vraiment que ses efforts n'étaient pas mauvais. Cela aurait pu être pire, et en tout cas il avait gardé à l'écart les références au Tout-Puissant et à son devoir ! Alors Craddock se tourna vers le Dr Ramsay et s'approcha de lui avec une main tendue qui ne pouvait être refusée.

« J'aimerais vous voir un jour, docteur Ramsay, » dit-il en le regardant fixement. « J'imagine que vous voulez avoir une conversation avec moi, et cela me plairait aussi. Quand pouvez-vous me donner rendez-vous ?

Bertha rougit de plaisir à ses paroles franches, et Miss Ley fut ravie du courage avec lequel il avait attaqué le vieux grincheux.

"Je pense que ce serait une très bonne idée", a déclaré le médecin. "Je peux te voir ce soir à huit heures."

"Bien! Au revoir, Miss Ley.

Il est sorti avec Bertha.

Miss Ley n'était pas de ces personnes qui considèrent qu'il est indiscret de se faire une opinion sur de petites preuves. Avant de connaître un homme depuis cinq minutes, elle se décidait à son sujet et n'aimait rien de mieux que de faire part de son impression à quiconque le lui demandait.

« Ma parole, docteur, dit-elle dès que la porte fut fermée, il n'est pas si terrible que je m'y attendais.

"Je n'ai jamais dit qu'il n'était pas beau", a répondu avec insistance le Dr Ramsay, convaincu que toute femme était prête à se ridiculiser avec un bel homme.

Mlle Ley sourit. « La beauté, mon cher docteur, sont trois éléments de l'équipement nécessaire dans la bataille de la vie. Vous ne pouvez pas imaginer l'existence misérable d'une fille vraiment simple.

« Approuvez-vous l'idée ridicule de Bertha ?

« Pour vous dire la vérité, je pense que cela ne fait aucune différence si vous et moi approuvons ou non ; c'est pourquoi nous ferions mieux de prendre l'affaire tranquillement.

"Vous pouvez faire ce que vous voulez, Miss Ley", répondit le médecin très crûment, "mais j'ai l'intention d'arrêter cette affaire."

"Vous ne le ferez pas, mon cher docteur", dit Miss Ley en souriant à nouveau. «Je connais Bertha bien mieux que toi. Je vis avec elle depuis trois ans et j'ai trouvé un divertissement constant dans l'étude de son caractère... Laissez-moi vous raconter comment je l'ai connue pour la première fois. Bien sûr, vous savez que son père et moi ne nous parlions pas depuis des années. Ayant joué aux canards et aux drakes avec son propre argent, il voulait jouer au même jeu idiot avec le mien ; et comme je m'y opposais fortement, il entra dans une violente colère, me traita de misérable ingrat et nourrit ce grief jusqu'à la fin de ses jours. Eh bien, sa santé s'est détériorée après la mort de sa femme et il a passé plusieurs années avec Bertha à errer à travers le continent. Elle a été éduquée du mieux qu'elle peut, dans une demi-douzaine de pays, et je m'étonne qu'elle ne soit pas entièrement ignorante ni entièrement vicieuse. Elle est un brillant exemple en faveur de l'opinion selon laquelle le genre humain est enclin au bien plutôt qu'au mal.»

Miss Ley sourit, car elle était elle-même convaincue du contraire.

« Eh bien, un jour, poursuivit-elle, j'ai reçu un télégramme, envoyé par l'intermédiaire de mes avocats : « Père mort, s'il vous plaît, venez si cela vous convient. — BERTHA LEY . Elle a été adressée depuis Naples et j'étais à Florence. Bien sûr, je me suis précipité, n'emportant qu'un sac, quelques mètres de crêpes et quelques sels odorants. J'ai été accueilli à la gare par Bertha, que je n'avais pas vue depuis dix ans ; J'ai vu une grande et belle jeune femme, très sûre d'elle-même et admirablement vêtue à la dernière mode. Je l'embrassai d'une manière discrète, propre à l'occasion ; et pendant que nous revenions, il demanda quand auraient lieu les funérailles, tenant les sels odorants prêts à éclater en pleurs. «Oh, c'est fini», dit-elle. « Je n'ai envoyé mon télégramme que lorsque tout était réglé ; Je pensais que ça ne ferait que te contrarier. J'ai donné préavis au propriétaire de la villa et aux domestiques. Il n'était vraiment pas nécessaire que vous veniez, seulement le médecin et le pasteur anglais semblaient trouver plutôt bizarre de ma part d'être seul ici. J'ai utilisé les sels odorants moi-même ! Imaginez mon émotion ; Je m'attendais à trouver une fille entravée et hystérique, tout à l'envers et toutes sortes de choses horribles à faire ; au lieu de quoi j'ai trouvé que tout était parfaitement bien arrangé et que la hobbledehoy était plutôt disposée à me gérer si je la laissais faire. Au déjeuner, elle regarda ma robe de voyage. «Je suppose que vous avez quitté Florence précipitamment», remarqua-t-elle. « Si vous voulez quelque chose de noir, vous feriez mieux d'aller chez ma couturière ; elle n'est pas mauvaise. Je dois y aller moi-même cet après-midi pour essayer des choses.

Miss Ley s'arrêta et regarda le médecin pour voir l'effet de ses paroles. Il ne dit rien.

« Et l'impression que j'ai eue à ce moment-là, a-t-elle ajouté, n'a fait que se renforcer depuis. Vous serez un homme très intelligent si vous empêchez Bertha de faire une chose qu'elle a décidée.

« Veux-tu me dire que tu vas approuver le mariage ?

Miss Ley haussa les épaules. « Mon cher Dr Ramsay, je vous le dis, que nous bénissions ou maudissions ne fera aucune différence. Et il semble être un jeune homme moyen – soyons reconnaissants qu'elle n'ait pas fait pire. Il n'est pas sans éducation.

« Non, ce n'est pas ça. Il a passé dix ans à la Regis School de Tercanbury ; donc il devrait savoir quelque chose.

« Quel était exactement son père ? »

« Son père était le même que lui : un gentleman-farmer. Il avait fait ses études à la Regis School, tout comme son fils. Il connaissait la plupart des membres de la noblesse, mais il n'en faisait pas vraiment partie ; il connaissait tous les agriculteurs et il n'en faisait pas vraiment partie non plus. Et c'est ce qu'ils sont depuis des générations, ni chair, ni volaille, ni bon hareng rouge.

"Ce sont ces gens qui, selon les journaux, constituent l'épine dorsale du pays, Dr Ramsay."

— Laissez-les donc à leur place, au fond, dit le médecin. « Vous pouvez faire ce que vous voulez, Miss Ley ; Je vais mettre un terme à cette activité. Après tout, le vieux M. Ley m'a nommé tuteur de la jeune fille, et même si elle a vingt et un ans, je pense qu'il est de mon devoir de veiller à ce qu'elle ne tombe pas entre les mains du premier coquin sans le sou qui lui demande de l'épouser.

"Vous pouvez faire ce que *vous* voulez", rétorqua Miss Ley, qui s'ennuyait un peu. "Tu ne feras rien de bon avec Bertha."

« Je ne vais pas chez Bertha ; Je vais directement à Craddock, et je veux lui dire ce que je pense.

Miss Ley haussa les épaules. Le Dr Ramsay ne voyait évidemment pas qui était la partie active dans cette affaire et elle ne croyait pas qu'il était de son devoir de l'en informer.

« La question est, » dit-elle doucement, « peut-elle épouser quelqu'un de pire ? Je dois dire que je suis assez soulagé que Bertha ne veuille pas épouser une créature de Bayswater.

Le médecin prit congé et, quelques minutes plus tard, Bertha rejoignit Miss Ley. Ce dernier n'entendait visiblement faire aucun effort pour perturber le cours du véritable amour.

« Il faudra penser à commander votre trousseau, ma chère, dit-elle avec un sourire sec.

"Nous allons nous marier en toute confidentialité", répondit Bertha. "Nous ne voulons pas faire d'histoires, ni l'un ni l'autre."

« Je pense que tu es très sage. Bien sûr, la plupart des gens, lorsqu'ils se marient, pensent faire quelque chose de très original. Il ne leur vient jamais à l'esprit qu'un grand nombre de personnes se sont mariées depuis Adam et Ève.

« J'ai demandé à Edward de déjeuner demain », dit Bertha.

# Chapitre V

Le lendemain, après le déjeuner, Miss Ley se retira au salon et déballa les livres qui venaient d'arriver de Mudie. Elle les feuilletait, lisait une page ici et là pour voir à quoi ils ressemblaient, pensant entre-temps au repas qu'ils venaient de terminer. Edward Craddock avait été quelque peu nerveux, assis inconfortablement sur sa chaise, trop officieux peut-être, en donnant des choses à Miss Ley, du sel et du poivre, etc., car il voyait qu'elle les voulait. Il souhaitait visiblement se rendre aimable. En même temps, il était réservé et pas aussi enthousiaste que l'on pourrait s'y attendre d'un amant heureux. Miss Ley ne pouvait s'empêcher de se demander s'il aimait vraiment sa nièce. Bertha était évidemment sans aucun doute sur le sujet. Elle avait été radieuse, gardant tout le temps les yeux fixés sur le jeune homme comme s'il était l'objet le plus délicieux et le plus merveilleux qu'elle ait jamais vu. Miss Ley fut surprise par l'expansion de la jeune fille, contrastant avec son ancienne réserve. Elle ne semblait plus s'en soucier si le monde entier voyait ses émotions. Elle n'était pas seulement heureuse d'être amoureuse, elle était aussi fière. Miss Ley rit tout haut à l'idée du docteur qu'il pouvait perturber le cours d'une telle passion... Mais si Miss Ley, bien consciente que les arrosoirs de la raison ne pouvaient éteindre ces incendies déchaînés, n'avait pas l'intention d'entraver le mariage , elle n'avait pas non plus envie d'en assister aux préliminaires ; et après le déjeuner, remarquant qu'elle se sentait fatiguée et qu'elle voulait se coucher, elle entra seule au salon. Cela lui plaisait de penser qu'elle pouvait à la fois satisfaire le plaisir des amants et sa propre convenance.

Elle choisit dans la liasse le livre qui lui paraissait le plus prometteur et commença à lire. Bientôt, la porte fut ouverte par un domestique et Miss Glover fut annoncée. Une expression d'agacement passa sur le visage de Miss Ley, mais fut immédiatement remplacée par une expression d'amabilité douce.

"Oh, ne vous levez pas, chère Miss Ley", dit la visiteuse tandis que son hôtesse se levait lentement du canapé.

Miss Ley lui serra la main et commença à parler. Elle se dit ravie de voir Miss Glover, pensant en même temps que le sens de l'étiquette de cette estimable personne était très ennuyeux. Les Glovers avaient dîné à Court Leys la semaine précédente, et sept jours plus tard, Miss Glover leur rendait une visite cérémonieuse.

Miss Glover était une personne digne, mais ennuyeuse ; et que Miss Ley ne pouvait pas pardonner. Mieux valait dix mille fois, à son avis, être Becky Sharp et un monstre de méchanceté qu'Amelia et un monstre de stupidité.

*« Pardonnez-moi, Madame, il est bien connu que Thackeray, dans Amelia, nous a donné un type de jeune fille anglaise au cœur pur et à l'esprit doux, dont les qualités sont le fondement de la grandeur de la Grande-Bretagne et de la supériorité de l'Angleterre. - Race saxonne.*

*«Je n'ai aucun doute que telle était son intention. Mais pourquoi pensez-vous que les romanciers, lorsqu'ils dessinent la jeune Anglaise moyenne, devraient invariablement produire un imbécile total ?*

*"Madame, Madame, c'est une hérésie."*

*"Non, monsieur, c'est simplement une question motivée par un désir d'information."*

*"Cela doit être dû à leur manque de compétence."*

*"Je l'espère."*

Miss Glover était l'une des créatures les plus naturelles et les plus charitables de la planète, un miracle d'abnégation et de altruisme ; mais celui qui s'amusait d'elle ne pouvait être qu'un fou absolu.

« Elle est vraiment très gentille », dit Miss Ley à son sujet, « et elle fait un bien infini dans la paroisse – mais elle est vraiment trop ennuyeuse : elle n'est digne que du ciel !

Et l'image de Miss Glover, avec ses cheveux incolores qui lui tombaient dans le dos, ses ailes et sa harpe dorée, chantant des hymnes d'une voix grinçante, matin, midi et soir, traversa l'esprit de Miss Ley, désorientée par les années. En effet, la conception générale du costume paradisiaque convenait très mal à Miss Glover. C'était une femme d'environ vingt-huit ans, mais elle pouvait avoir entre vingt et deux ans ; on sentait qu'elle avait toujours été la même et que les années n'auraient aucun pouvoir sur sa force d'esprit. Elle n'avait pas de silhouette et ses vêtements étaient si rigides et inflexibles qu'ils donnaient l'impression d'une armure. Elle était presque toujours vêtue d'une veste noire moulante en tissu côtelé qui était évidemment la plus résistante, d'une jupe la plus simple et de bottes solides, vraiment solides ! Son chapeau était adapté à tous les temps et elle l'avait confectionné elle-même ! Elle ne portait jamais de voile, et sa peau était sèche et dure, si serrée sur les os qu'elle donnait à son visage une angulaire extraordinaire ; sur ses pommettes saillantes se trouvait une rougeur dont la couleur n'était pas uniformément répandue, mais dont les capillaires se détachaient distinctement et formaient un réseau. Son nez et sa bouche avaient ce qu'on appelle poliment un caractère déterminé, ses yeux bleu pâle légèrement saillants. Dix ans de vents d'East Anglian avaient emporté toute la douceur de son visage, et leur fureur amère semblait avoir blanchi même ses cheveux. On ne pouvait dire si c'était brun et avait perdu sa richesse, ou si c'était de l'or dont le miroitement avait disparu ; et les racines jaillissaient du crâne avec une curieuse distance, de sorte que Miss Ley pensait toujours combien il serait facile dans son cas pour l'Ange de l'Enregistrement de numéroter les cheveux. Mais malgré son extérieur dur et intransigeant qui suggérait une détermination extrême, Miss Glover était si timide, si absurdement gênée, qu'elle rougissait à chaque occasion ; et en présence d'un étranger, souffrir d'une misère totale, incapable de penser à un seul mot à dire. En même temps, elle avait le cœur le plus tendre, sympathique, compatissant ; elle débordait d'amour et de pitié pour ses semblables. Elle était aussi excessivement sentimentale !

« Et comment va ton frère ? » demanda Miss Ley.

M. Glover était le Vicaire de Leanham, qui se trouvait à environ un mile de Court Leys sur Tercanbury Road, et pour lui Miss Glover tenait la maison depuis sa nomination comme vivant.

« Oh, il va très bien. Bien sûr, il s'inquiète plutôt pour les dissidents. Vous savez qu'ils construisent une nouvelle chapelle à Leanham ; c'est parfaitement épouvantable.

"M. Craddock en a parlé au déjeuner.

« Oh, est-ce qu'il déjeunait avec toi ? Je ne savais pas que tu le connaissais assez bien pour ça.

« Je suppose qu'il est ici maintenant », dit Miss Ley ; "Il n'est pas venu dire au revoir."

Miss Glover la regardait avec un certain manque d'intelligence. Mais il ne fallait pas s'attendre à ce que Miss Ley puisse s'expliquer avant de rendre l'affaire encore plus compliquée.

"Et comment va Bertha?" » demanda Miss Glover, dont la conversation concernait principalement des questions sur des connaissances mutuelles.

"Oh, bien sûr, elle est au septième ciel du plaisir."

"Oh!" » dit Miss Glover, ne comprenant pas du tout ce que voulait dire Miss Ley.

Elle avait un peu peur de la dame aînée. Même si son frère Charles disait craindre d'être mondaine, Miss Glover ne pouvait manquer de respecter une femme qui avait vécu à Londres et sur le continent, qui avait rencontré Dean Farrar et vu Miss Marie Corelli.

"Bien sûr", dit-elle, "Bertha est jeune et naturellement pleine d'entrain."

"Eh bien, j'en suis sûr, j'espère qu'elle sera heureuse."

"Vous devez être très inquiète pour son avenir, Miss Ley." Miss Glover trouva les observations de son hôtesse tout simplement énigmatiques et, se sentant stupide, rougit d'un rouge ardent.

"Pas du tout; elle est sa propre maîtresse, aussi valide et raisonnable que la plupart des jeunes femmes. Mais bien sûr, c'est un grand risque.»

« Je suis vraiment désolée, Miss Ley, » dit la sœur du vicaire, si affligée qu'elle donnait à son amie certains scrupules de conscience, « mais je ne comprends vraiment pas. Qu'est-ce qu'un grand risque ?

"Le mariage, ma chère."

« Est-ce que Bertha va se marier ? Oh, chère Miss Ley, permettez-moi de vous féliciter. Comme vous devez être heureux et fier !

«Ma chère Miss Glover, s'il vous plaît, restez calme. Et si vous voulez féliciter quelqu'un, félicitez Bertha, pas moi.

« Mais je suis si heureuse, Miss Ley. Penser au mariage de ma chère Bertha ; Charles sera tellement content.

"C'est à M. Edward Craddock", dit sèchement Miss Ley, interrompant ces transports.

"Oh!" La mâchoire de Miss Glover tomba et elle changea de couleur ; puis, se reprenant : « Vous ne le dites pas !

« Vous semblez surprise, chère Miss Glover, » dit la dame aînée avec un mince sourire.

"Je suis surpris. Je pensais qu'ils se connaissaient à peine ; et en plus... » Miss Glover s'arrêta, embarrassée.

« Et à part quoi ? » demanda brusquement miss Ley.

"Eh bien, Miss Ley, bien sûr, M. Craddock est un très bon jeune homme et je l'aime bien, mais je n'aurais pas dû penser qu'il était un partenaire approprié pour Bertha."

"Cela dépend de ce que vous entendez par un match approprié."

"J'ai toujours espéré que Bertha épouserait le jeune M. Branderton des Tours."

« Hmm ! » dit Miss Ley, qui n'aimait pas la mère du châtelain voisin, je ne sais pas ce que M. Branderton a à lui recommander, à part la possession de quatre ou cinq générations d'ancêtres particulièrement stupides et de deux ou trois mille acres qu'il ne peut ni louer. ni vendre.

"Bien sûr, M. Craddock est un jeune homme très digne", a ajouté Miss Glover, qui craignait d'en avoir trop dit. "Si vous approuvez le match, personne d'autre ne peut se plaindre."

« Je n'approuve pas ce mariage, Miss Glover, mais je ne suis pas assez stupide pour m'y opposer. Le mariage est toujours une idiotie désespérée pour une femme qui a assez d'argent pour vivre.

"C'est une institution de l'Église, Miss Ley", répondit Miss Glover assez sévèrement.

"Est-ce que c'est?" rétorqua Miss Ley. "J'ai toujours pensé qu'il s'agissait d'un arrangement visant à fournir du travail aux juges du tribunal du divorce."

À cette question, Miss Glover ne répondit pas, à juste titre.

"Pensez-vous qu'ils seront heureux ensemble?"

"Je pense que c'est très improbable", a déclaré Miss Ley.

« Eh bien, ne pensez-vous pas que c'est votre devoir – excusez-moi de le mentionner, Miss Ley – de faire quelque chose ?

« Ma chère Miss Glover, je ne pense pas qu'ils seront plus malheureux que la plupart des couples mariés ; et le plus grand devoir de chacun dans ce monde est de laisser les gens tranquilles.

" Là, je ne peux pas être d'accord avec vous ", dit Miss Glover d'un air brouillé. « Si le devoir n'était pas plus difficile que cela, il n'y aurait aucun mérite à l'accomplir. »

" Ah ! ma chère, votre conception d'une vie heureuse est toujours de faire la chose désagréable : la mienne est de cueillir les roses, avec des gants, pour que les épines ne me piquent pas. "

« Ce n'est pas ainsi qu'on gagnera la bataille, Miss Ley. Nous devons tous nous battre.

"Ma chère Miss Glover!" dit la tante de Bertha.

Elle trouvait un peu impertinent qu'une femme de vingt ans plus jeune qu'elle l'exhorte à mener une vie meilleure. Mais l'image de cette pauvre créature mal vêtue luttant contre un diable, aux pieds fourchus, portant une queue et une corne, était aussi pitoyable que comique ; et Miss Ley réprima avec difficulté une envie de discuter et de surprendre un peu son estimable amie.

Mais à ce moment-là, le Dr Ramsay entra. Il serra la main des deux dames.

« J'ai pensé que j'allais voir comment allait Bertha », dit-il.

« Le pauvre M. Craddock a un autre adversaire », remarqua Miss Ley. "Miss Glover pense que je devrais prendre cette affaire au sérieux."

"Oui, en effet", a déclaré Miss Glover.

"Depuis que je suis petite", a déclaré Miss Ley, "j'essaie de ne pas prendre les choses au sérieux, et j'ai peur d'être désespérément frivole."

Le contraste entre cette affirmation et l'attitude guindée de Miss Ley était vraiment drôle, mais Miss Glover n'y voyait que quelque chose d'assez incompréhensible.

« Après tout, ajouta Miss Ley, neuf mariages sur dix sont plus ou moins insatisfaisants. Vous dites que le jeune Branderton aurait été plus approprié ; mais en réalité, une série d'ancêtres ne contribue pas particulièrement à la félicité matrimoniale, et sinon je ne vois aucune différence marquée entre lui et Edward Craddock. M. Branderton a été à Eton et à Oxford, mais il le cache avec un très grand succès. En pratique, il est tout autant un gentleman-farmer que M. Craddock ; mais une famille s'énerve et l'autre s'effondre. Les Branderton représentent le passé et les Craddocks le futur ; et bien que je déteste la réforme et le progrès, en ce qui concerne le mariage, je préfère moi-même l'homme qui fonde une famille à celui qui la met fin. Mais, mon Dieu ! tu me rends sentencieux.

Il était curieux de voir à quel point l'opposition faisait de Miss Ley une championne d'Edward Craddock.

«Eh bien, dit le docteur d'un ton lourd, je suis pour que chacun s'en tienne à sa propre classe. De nos jours, quel qu'il soit, un homme veut devenir le prochain meilleur ; l'ouvrier singe le commerçant, le commerçant singe le professionnel.

« Et l'homme de métier est le pire de tous, cher docteur, dit Miss Ley, car il singe le noble seigneur, qui donne rarement un exemple très admirable. Et ce qui est amusant, c'est que chaque ensemble se croit tout aussi bon que ceux d'en haut, tout en nourrissant un profond mépris pour tous ceux d'en bas. En fait, les seuls membres de la société qui se tiennent en juste estime sont les domestiques. Je pense toujours que les domestiques des maisons de gentlemen de South Kensington sont à plusieurs degrés moins odieux que leurs maîtres.

Ce n'était pas un sujet dont Miss Glover ou le Dr Ramsay pouvaient discuter, et il y eut une pause momentanée.

« Quel argument pouvez-vous apporter en faveur de ce mariage ? » demanda soudain le docteur.

Miss Ley le regarda alors comme si elle pensait, avec un sourire sec : « Mon cher docteur, M. Craddock est si concret que la lune ne l'excitera jamais à des extases poétiques.

« Mlle Ley ! » » dit la sœur du curé d'un ton suppliant.

Miss Ley jeta un regard tour à tour. "Voulez-vous mon avis sérieux?" » demanda-t-elle, un peu plus gravement que d'habitude. « La fille l'aime, mon cher docteur. Après tout, le mariage est un tel risque que seule la passion en vaut la peine.

Miss Glover leva les yeux avec inquiétude au mot *passion* .

"Oui, je sais ce que vous pensez tous en Angleterre", dit Miss Ley, captant le regard et sa signification. "Vous vous attendez à ce que les gens se marient pour toutes les raisons sauf la bonne, une seule - et c'est l'instinct de reproduction."

« Mlle Ley ! » s'exclama Miss Glover en rougissant.

"Oh, vous êtes assez vieux pour avoir une vision raisonnable de la question", répondit Miss Ley, un peu brutalement. « Bertha est simplement la femme attirée par le mâle, et c'est le seul fondement décent du mariage – l'autre voie me semble tout simplement horrible. Et qu'importe si l'homme n'est pas du même rang, l'instinct n'a rien à voir avec la marche dans la vie ; si j'avais jamais été amoureux, je n'aurais pas dû m'en soucier si c'était un garçon de pot, je l'aurais épousé – s'il me l'avait demandé.

– Eh bien, ma foi ! dit le docteur.

Mais Miss Ley fut réveillée et l'interrompit : « La fonction particulière d'une femme est de propager son espèce ; et si elle est sage, elle choisira un homme fort et en bonne santé pour être le père de ses enfants. Je n'ai aucune patience avec ces femmes qui épousent un homme parce qu'il est intelligent. A quoi sert un mari capable de faire des calculs mathématiques abstrus ? Une femme veut un homme avec des bras forts et une digestion de bœuf.

« Miss Ley », interrompit Miss Glover, « je ne suis pas assez intelligente pour discuter avec vous, mais je sais que vous avez tort. Je ne pense pas avoir raison de vous écouter ; Je suis sûr que Charles n'aimerait pas ça.

« Ma chère, vous avez été élevée comme la majorité des filles anglaises, c'est-à-dire comme une idiote. »

La pauvre Miss Glover rougit. « Quoi qu'il en soit, j'ai été élevé dans l'idée que le mariage est une institution sacrée. Nous sommes ici sur terre pour mortifier la chair, pas pour la satisfaire. J'espère que je ne serai jamais tenté d'envisager de telles questions de la façon dont vous me l'avez suggéré. Si jamais je me marie, je sais que rien ne sera plus éloigné de moi que les pensées charnelles. Je considère le mariage comme une union spirituelle dans laquelle il est de mon devoir d'aimer, d'honorer et d'obéir à mon mari, de l'aider et de le soutenir, de vivre avec lui une vie telle que, lorsque la fin viendra, nous puissions y être préparés.

« Fiddlesticks ! » » dit Miss Ley.

« J'aurais dû penser que vous, plus que tout le monde, dit le Dr Ramsay, vous opposeriez à ce que Bertha se marie avec elle.

"Ils ne peuvent pas être heureux", a déclaré Miss Glover.

"Pourquoi pas? J'ai connu en Italie Lady Justitia Shawe, qui a épousé son valet de pied. Elle lui fit prendre son nom, et ils burent comme des poissons. Ils vécurent quarante ans dans une complète félicité, et lorsqu'il s'enivra à mort, la pauvre Lady Justitia fut si affligée que sa prochaine crise de *delirium tremens* l'emporta. C'était très pathétique.

"Je ne peux pas penser que vous attendiez avec plaisir un tel sort pour votre unique nièce, Miss Ley", a déclaré Miss Glover, qui prenait tout au sérieux.

"J'ai une autre nièce, vous savez," répondit Miss Ley, "Ma sœur, Mme Vaudrey, a trois enfants."

Mais le médecin intervint : « Eh bien, je ne pense pas que vous ayez à vous inquiéter à ce sujet, car j'ai le pouvoir de vous annoncer que le mariage de Bertha et du jeune Craddock est rompu. »

"Quoi!" s'écria Miss Ley. "Je n'y crois pas."

"Vous ne le dites pas", s'écria Miss Glover au même moment. "Oh, je *suis* soulagé."

Le Dr Ramsay se frotta les mains, rayonnant de joie. "Je savais que je devais arrêter ça", a-t-il déclaré. « Qu'en pensez-vous maintenant, Miss Ley ?

Il se réjouissait évidemment de son déconvenue, et cette dame devint plutôt fâchée.

"Comment puis-je penser quoi que ce soit jusqu'à ce que tu t'expliques ?" elle a demandé.

« Il est venu me voir hier soir – vous vous souvenez qu'il a demandé un entretien de son propre chef – et je lui ai soumis l'affaire. Je lui ai parlé, je lui ai dit que le mariage était impossible ; et j'ai dit que les gens de Leanham et de Blackstable le traiteraient de chasseur de fortune. Je lui ai fait appel pour le bien de Bertha. C'est un homme honnête et direct – j'ai toujours dit qu'il l'était. Je lui ai fait comprendre qu'il ne faisait pas ce qu'il fallait et il a finalement promis de rompre.

« Il ne tiendra pas une promesse de ce genre », dit Miss Ley.

"Oh, n'est-ce pas !" s'écria le docteur. "Je l'ai connu toute sa vie, et il préfère mourir plutôt que de rompre sa parole."

"Pauvre gars!" dit Miss Glover, cela a dû le faire terriblement souffrir.

"Il l'a supporté comme un homme."

Miss Ley pinça les lèvres jusqu'à ce qu'elles disparaissent pratiquement. « Et quand est-il censé mettre en œuvre votre suggestion ridicule, docteur Ramsay ? elle a demandé.

"Il m'a dit qu'il déjeunait ici aujourd'hui et qu'il en profiterait pour demander sa libération à Bertha."

«Cet homme est un imbécile!» » murmura Miss Ley pour elle-même, mais de manière très audible.

"Je pense que c'est très noble de sa part", a déclaré Miss Glover, "et je me ferai un devoir de le lui dire."

"Je ne pensais pas à M. Craddock", a lancé Miss Ley.

Miss Glover regarda le Dr Ramsay pour voir comment il prenait cette grossièreté ; mais à ce moment-là, la porte s'ouvrit et Bertha entra. Miss Ley devina son humeur d'un coup d'œil. Bertha n'était visiblement pas du tout affligée ; il n'y avait aucune trace de larmes, mais ses joues étaient plus colorées que d'habitude et ses lèvres étaient fermement comprimées ; Miss Ley en conclut que sa nièce était dans une très jolie passion. Cependant, elle chassa l'apparence de colère et son visage était plein de sourires lorsqu'elle saluait ses visiteurs.

« Miss Glover, comme vous êtes gentil d'être venue. Comment allez-vous, docteur Ramsay ?… Oh, à propos, je pense que je dois vous demander… euh… de ne plus vous mêler de mes affaires privées à l'avenir.

" Très chère, " interrompit Miss Glover, " tout va pour le mieux. "

Bertha se tourna vers elle et la rougeur de son visage s'accentua : « Ah, je vois que vous en avez discuté. Comme c'est gentil de votre part ! Edward m'a demandé de le libérer.

Le Dr Ramsay hocha la tête avec satisfaction.

"Mais j'ai refusé !"

Le Dr Ramsay se leva d'un bond et Miss Glover, levant les mains, s'écria : « Oh, mon Dieu ! Oh cher!" C'était l'une des rares occasions dans sa vie où Miss Ley éclatait de rire.

Bertha rayonnait maintenant tout simplement de bonheur. "Il a prétendu qu'il voulait rompre les fiançailles, mais j'ai catégoriquement refusé."

« Veux-tu dire que tu ne le laisserais pas partir quand il te le demanderait ? dit le docteur.

«Pensais-tu que j'allais laisser mon bonheur être détruit par toi?» » demanda-t-elle avec mépris. «J'ai découvert que vous vous êtes mêlé, Dr Ramsay. Pauvre garçon, il pensait que son honneur lui commandait de ne pas profiter de mon inexpérience ; Je lui ai dit, ce que je lui ai dit mille fois, que je l'aime et que je ne peux pas vivre sans lui... Oh, je pense que vous devriez avoir honte de vous, Dr Ramsay. Que veux-tu dire par s'interposer entre moi et Edward ?

Bertha prononça les derniers mots avec passion, en respirant fort. Le Dr Ramsay fut surpris et Miss Glover, trouvant une telle manière de parler presque peu distinguée, baissa les yeux. Les yeux perçants de Miss Ley passaient de l'un à l'autre.

"Penses-tu qu'il t'aime vraiment?" » dit enfin Miss Glover. "Il me semble que s'il l'avait fait, il n'aurait pas été si prêt à vous abandonner."

Miss Ley sourit ; il était certainement curieux qu'une créature d'une bonté tout à fait angélique fasse une suggestion aussi machiavélique.

«Il m'a proposé de m'abandonner parce qu'il m'aimait», dit fièrement Bertha. "Je l'adore dix mille fois plus pour cette suggestion."

«Je n'ai aucune patience avec vous», s'écria le médecin, incapable de se contenir. "Il t'épouse pour ton argent."

Bertha eut un petit rire. Elle se tenait près du feu et se tournait vers la vitre... Elle regardait ses mains posées sur le bord de la cheminée, petites et délicieusement modelées, les doigts effilés, les ongles du rose le plus tendre. C'étaient les mains les plus douces du monde, faites pour les caresses ; et, consciente de leur beauté, elle ne portait pas de bagues. Avec eux, Bertha était très satisfaite. Puis, levant le regard, elle se vit dans le miroir : pendant un moment, elle regarda dans ses yeux sombres, clignotant tantôt, tantôt transmettant des messages brûlants d'amour. Elle regarda ses oreilles, petites et roses comme une coquille ; ils donnaient l'impression qu'aucun matériau n'était aussi reconnaissant aux mains de l'artiste que les matériaux qui composent le corps de l'homme. Ses cheveux étaient noirs aussi, si abondants qu'elle savait à peine comment les porter, les frisant ; on avait envie d'y passer les mains, s'imaginant que son toucher devait être délicieux. Elle écarta ses doigts pour arranger une mèche égarée : ils diraient peut-être ce qu'ils voulaient, pensa-t-elle, mais elle était bien coiffée. Bertha se demandait pourquoi elle était si sombre ; sa peau olivâtre évoquait en effet le midi avec sa passion brûlante : elle avait le teint des femmes blondes de l'Ombrie, clair et doux au-delà de toute description. Un peintre avait dit un jour que sa peau avait toute la couleur du soleil couchant, du soleil couchant sur ses bords où la splendeur se mêle au ciel ; il avait cent teintes douces, crème et ivoire, le jaune le plus pâle du cœur des roses et le vert le plus pâle, le plus pâle, le tout rougi d'une lumière radieuse. Elle regarda ses lèvres charnues et rouges, presque passionnément sensuelles. Bertha se sourit et vit les dents égales et luisantes ; l'examen l'avait fait rougir, et la couleur rendait encore plus exquis le teint pâle et merveilleux. Elle se tourna lentement et fit face aux trois personnes qui la regardaient.

« Pensez-vous qu'il soit impossible à un homme de m'aimer pour moi-même ? Vous n'êtes pas flatteur, cher docteur.

Miss Ley trouva certainement Bertha très audacieuse pour contester ainsi les critiques de deux femmes, toutes deux célibataires ; mais elle l'a fait taire. Les yeux de Miss Ley allèrent du cou sculptural aux bras finement formés et à la silhouette.

"Vous êtes à votre meilleur, ma chère", dit-elle avec un sourire.

Le médecin laissa échapper une expression d'agacement : « Ne pouvez-vous rien faire pour empêcher cette folie, Miss Ley ?

« Mon cher docteur Ramsay, j'ai déjà assez de mal à organiser ma propre vie ; ne me demandez pas d'interférer avec celui des autres.

# Chapitre VI

BERTHA s'abandonna entièrement à la jouissance de son amour. Son tempérament sanguin ne lui permettait jamais de faire quoi que ce soit à contrecœur, et elle ne prenait plus soin désormais de cacher ses sentiments ; l'amour était une grande mer dans laquelle elle se plongeait hardiment, sans se soucier de savoir si elle nagerait ou coulerait.

«Je suis tellement idiote», a-t-elle déclaré à Craddock, «je ne peux pas réaliser que quelqu'un ait déjà aimé. J'ai l'impression que le monde ne fait que commencer.

Elle détestait toute séparation d'avec lui. Le matin, elle n'existait que pour la visite de son amant à l'heure du déjeuner et le retour avec lui à sa ferme ; puis l'après-midi lui parut interminable, et elle compta les heures qui devaient s'écouler avant de le revoir. Mais quel bonheur ce fut quand, une fois son travail terminé, il arriva, et ils s'assirent côte à côte près du feu, discutant ; Bertha n'aurait d'autre lumière que la flamme intermittente des charbons, de sorte que, sans le peu d'espace où ils étaient assis, la pièce était sombre, et la rougeur du feu jetait sur le visage d'Edward une lueur et des ombres étranges. Elle adorait le regarder, ses traits nets et ses yeux gris. Alors sa passion ne connut aucune retenue.

« Ferme les yeux », murmura-t-elle, et elle embrassa les paupières fermées ; elle passa lentement ses lèvres sur ses lèvres, et ce doux contact la fit frissonner et rire. Elle enfouit son visage dans ses vêtements, respirant ces senteurs magistrales de campagne qui l'avaient toujours fascinée.

« Qu'avez-vous fait aujourd'hui, ma chère ?

« Oh, il ne se passe pas grand-chose à la ferme en ce moment. Nous avons juste labouré et arraché les racines.

Cela l'enchantait de recevoir des informations sur des sujets agricoles, et elle aurait pu l'écouter pendant des heures. Chaque mot prononcé par Edward était charmant et original. Bertha ne le quittait jamais des yeux ; elle aimait le voir parler et écoutait souvent à peine ce qu'il disait, se contentant d'observer le jeu de son expression. Il était parfois intrigué de surprendre son sourire de bonheur intense, lorsqu'il discutait du drainage des broussailles, par exemple, d'un champ. Cependant elle s'intéressait vraiment beaucoup à tout son cheptel, et ne manquait jamais de s'enquérir d'un bœuf indisposé ; cela lui plaisait de penser à l'homme fort parmi ses bêtes, et cette pensée donnait une tension à ses propres muscles. Elle résolut d'apprendre l'équitation, le tennis et le golf, afin de pouvoir l'accompagner dans ses divertissements ; ses propres acquis semblaient inutiles et même humiliants. En regardant Edward Craddock, elle réalisa que l'homme était effectivement le seigneur de la création. Elle le voyait parcourir ses champs à grands pas, ordonnant à ses ouvriers ici et là, capables de diriger leurs opérations, intrépide, courageux et libre. Il était étonnant de constater combien d'excellents traits elle dérivait de l'examen de son profil.

Alors, parlant des hommes qu'il employait, elle ne pouvait imaginer de plus grand bonheur que d'avoir un tel maître.

«J'aimerais être laitière dans votre ferme», dit-elle.

«Je ne garde pas de laitières», répondit-il. «J'ai un laitier ; c'est plus utile.

« Espèce de chère vieille chose », cria-t-elle. « Comme vous êtes sérieux ! »

Elle lui saisit les mains et les regarda.

«J'ai un peu peur de toi, parfois», dit-elle en riant. « Tu es si fort. Je me sens tellement faible et impuissante à tes côtés.

"As-tu peur que je te batte?"

Elle leva les yeux vers lui, puis vers les mains fortes.

« Je ne pense pas que cela me dérangerait si tu le faisais. Je pense que je devrais seulement t'aimer davantage.

Il éclata de rire et l'embrassa.

"Je ne plaisante pas", a-t-elle déclaré. « Je comprends maintenant ces femmes qui aiment les bêtes des hommes. On dit que certaines femmes supportent n'importe quoi de la part de leur mari ; ils les aiment d'autant plus qu'ils sont brutaux. Je pense que je suis comme ça; mais je ne t'ai jamais vu en colère, Eddie. Comment es-tu quand tu es en colère ? »

"Je ne suis jamais en colère."

« Miss Glover m'a dit que vous aviez le meilleur caractère du monde. Je suis terrifié par toutes ces perfections.

« N'attends pas trop de moi, Bertha. Je ne suis pas un homme modèle, tu sais.

Bien sûr, elle l'embrassait lorsqu'il faisait des remarques d'une modestie aussi absurde.

«Je suis très contente», répondit-elle; «Je ne veux pas de perfection. Bien sûr, tu as des défauts, même si je ne les vois pas encore. Mais quand je le ferai, je sais que je ne t'aimerai que mieux. Quand une femme aime un homme laid, on dit que la laideur ne fait que le rendre plus attirant et j'aimerai vos défauts comme j'aime tout ce qui est à vous.

Ils restèrent assis un moment sans parler, et le silence était encore plus envoûtant que le discours. Bertha aurait souhaité pouvoir rester ainsi pour toujours, reposant dans ses bras. Elle avait oublié que Craddock allait bientôt développer un bon appétit et gâcher un dîner copieux.

«Laisse-moi regarder tes mains», dit-elle.

Elle les aimait aussi. Ils étaient grands et grossièrement faits, durs de travail et d'exposition, dix fois plus agréables, pensait-elle, que les mains douces des citadins. Elle les sentait fermes et intensément masculins. Ils lui rappelaient une main dans un musée italien, sculptée dans du porphyre, mais laissée inachevée pour une raison quelconque ; et le manque de détails donnait la même impression de force massive. Ses mains aussi auraient pu être celles d'un demi-dieu ou d'un héros. Elle étendit les doigts longs et forts. Craddock, la connaissant très peu, la regarda avec émerveillement et amusement. Elle croisa son regard et, avec un sourire, se pencha pour embrasser les paumes retournées. Elle voulait s'abaisser devant l'homme fort, être basse et humble devant lui. Elle aurait été sa servante, et rien n'aurait pu la satisfaire autant que de lui rendre les services les plus subalternes. Elle ne savait pas montrer l'immensité de sa passion.

Cela faisait plaisir à Bertha d'entrer dans Blackstable avec son amant et d'attirer les regards des gens, sachant à quel point le mariage les intéressait. Qu'importe s'ils étaient surpris qu'elle choisisse Edward Craddock, qu'ils avaient connu toute sa vie ? Elle était fière de lui, fière d'être sa femme.

Un jour, alors qu'il faisait très chaud pour cette période de l'année, elle se reposait sur un montant, tandis que Craddock se tenait à ses côtés. Ils ne parlaient pas, mais se regardaient avec un bonheur extatique.

« Écoutez, » dit soudain Craddock. "Voici Arthur Branderton."

Il jeta un regard inquiet à Bertha, puis de côté et d'autre, comme s'il voulait éviter une rencontre.

« Il est parti, n'est-ce pas ? demanda Berthe. "Je voulais le rencontrer." Elle était tout à fait disposée à ce que le monde entier les voie. « Bon après-midi, Arthur ! » » cria-t-elle alors que le jeune approchait.

"Oh! c'est toi, Bertha ? Salut, Craddock ! Il regarda Edward, se demandant ce qu'il avait fait là avec Miss Ley.

"Nous venions d'entrer dans Leanham et j'étais fatigué."

"Oh!" Le jeune Branderton trouvait étrange que Bertha se promène avec Craddock.

Bertha éclata de rire. « Oh, il ne sait pas, Edward ! C'est la seule personne dans le comté qui n'a pas entendu la nouvelle.

"Quoi de neuf?" demanda Branderton. "Je suis dans le Yorkshire la semaine dernière chez mon beau-frère."

"M. Craddock et moi allons nous marier.

"L'êtes-vous, par Jupiter !" s'écria Branderton ; il regarda Craddock puis, maladroitement, lui présenta ses félicitations. Ils ne purent s'empêcher de voir son étonnement, et Craddock rougit, sachant que Bertha avait consenti à épouser un mendiant sans le sou comme lui, un homme sans famille. "J'espère que vous m'inviterez au mariage", dit le jeune homme pour cacher sa confusion. "Oh, ça va être très calme – il n'y aura que nous-mêmes, le Dr Ramsay, ma tante et le témoin d'Edward."

"Alors je ne peux pas venir?" demanda Branderton.

Bertha regarda rapidement Edward ; cela lui avait causé une certaine inquiétude à l'idée qu'il pouvait être soutenu par une personne sans grande importance dans l'endroit. Après tout, elle était Miss Ley ; et elle avait déjà découvert que certains amis de son amant n'étaient pas très désirables. Le hasard lui offrait les moyens de surmonter la difficulté.

« J'ai bien peur que ce soit impossible », dit-elle en réponse à l'appel de Branderton, « à moins que vous ne parveniez à convaincre Edward de vous offrir le poste important de témoin. »

Elle a réussi à mettre le couple complètement mal à l'aise. Branderton n'avait pas vraiment envie d'exercer cette fonction pour Edward : « Bien sûr, Craddock est un très bon garçon et un excellent sportif, mais ce n'est pas le genre de type que l'on attendrait d'une fille comme Bertha Ley qu'elle épouse. Et Edward, comprenant les sentiments du jeune homme, resta silencieux.

Mais Branderton avait une certaine connaissance de la société polie et rompit la pause momentanée.

"Qui va être ton témoin, Craddock?" Il a demandé; il ne pouvait rien faire d'autre.

"Je ne sais pas, je n'y ai pas pensé."

Mais Branderton, croisant le regard de Bertha, comprit soudain son désir et la raison de son désir.

"Tu ne veux pas de moi?" dit-il rapidement. "J'ose dire que vous me trouverez assez intelligent pour apprendre les devoirs."

« Cela me plairait beaucoup », répondit Craddock. "C'est très gentil de votre part."

Branderton regarda Bertha et elle lui sourit pour la remercier ; il a vu qu'elle était contente.

"Où vas-tu pour ta lune de miel?" demanda-t-il maintenant, pour faire la conversation.

"Je ne sais pas", répondit Craddock. "Nous avons à peine eu le temps d'y penser."

"Vous êtes certainement très vague dans tous vos projets."

Il leur serra la main, recevant de Bertha une pression reconnaissante, et s'en alla.

"N'as-tu vraiment pas pensé à notre lune de miel, imbécile ?" demanda Berthe.

"Non!"

«Eh bien, je l'ai fait. J'ai pris ma décision et j'ai tout réglé. Nous allons en Italie, et je veux vous montrer Florence, Pise et Sienne. Ce sera tout simplement paradisiaque. Nous n'irons pas à Venise, parce que c'est trop sentimental ; les gens qui se respectent ne peuvent pas faire l'amour dans les gondoles à la fin du XIXe siècle... Oh, j'aspire à être avec toi dans le Sud, sous le ciel bleu et les innombrables étoiles de la nuit.

« Je ne suis jamais allé à l'étranger auparavant », dit-il sans grand enthousiasme.

Mais son feu suffisait amplement pour deux. « Je sais, j'aurai le plaisir de vous dévoiler tout cela. J'en profiterai plus que jamais auparavant ; ce sera tellement nouveau pour toi. Et nous pouvons rester six mois si nous le souhaitons.

"Oh, je ne pourrais pas," cria-t-il. "Pensez à la ferme."

« Oh, dérange la ferme. C'est notre lune de miel, *Sposo mio* .

"Je ne pense pas que je pourrais rester absent plus de quinze jours."

"Quelle absurdité! Nous ne pouvons pas aller en Italie pendant quinze jours. La ferme peut continuer sans vous.

"Et en janvier et février aussi, quand tous les agnelages ont lieu."

Il ne voulait pas affliger Bertha, mais en réalité la moitié de ses agneaux mourraient s'il n'était pas là pour surveiller leur entrée dans ce monde méchant.

"Mais tu dois y aller", dit Bertha. «J'y ai mis tout mon cœur.»

Il baissa les yeux pendant un moment, plutôt mécontent.

« Un mois ne suffirait-il pas ? Il a demandé. "Je ferai tout ce que tu veux vraiment, Bertha."

Mais son aversion évidente à l'égard de cette suggestion lui coupa le cœur. Elle n'était encline à s'entêter que lorsqu'elle voyait qu'il pourrait lui résister ; et son premier mot de capitulation la fit se retourner avec pénitence.

« Quelle bête égoïste je suis ! » dit-elle. « Je ne veux pas te rendre malheureux, Eddie. Je pensais que ça te plairait d'aller à l'étranger, et j'avais si bien prévu tout ça... Mais nous n'irons pas ; Je déteste l'Italie. Allons en ville quinze jours, comme deux rustres.

"Oh, mais tu n'aimeras pas ça."

«Bien sûr que je le ferai. J'aime tout ce que tu aimes. Penses-tu que je me soucie de l'endroit où nous allons tant que je suis avec toi ?... Tu n'es pas en colère contre moi, chérie, n'est-ce pas ?

M. Craddock a eu la bonté de laisser entendre que ce n'était pas le cas.


Miss Ley, bien contre sa volonté, avait été poussée par Miss Glover à travailler pour une institution caritative et était en train de tricoter des chaussettes pour bébés (comme les plus petits vêtements qu'elle pouvait confectionner) lorsque Bertha lui a fait part du projet modifié : elle a laissé tomber un point ! Miss Ley était trop sage pour dire quoi que ce soit, mais elle se demandait si le monde touchait à sa fin ; Les projets de Bertha étaient brisés comme du verre fragile, et elle semblait vraiment ravie. Il y a un mois, l'opposition aurait poussé Bertha à traverser les mers et à escalader des précipices plutôt que d'abandonner une idée qui lui était venue en tête. En vérité, l'amour est un prestidigitateur qui peut changer le lion en agneau aussi facilement qu'un mouchoir en pot de fleurs ! Miss Ley commença à admirer Edward Craddock.


Lui, sur le chemin du retour après avoir quitté Bertha, fut accueilli par le Vicaire de Leanham. M. Glover était un homme grand, anguleux, blond, mince et aux joues rouges – une édition quelque peu féminine de sa sœur, mais sentant de la façon la plus remarquable les antiseptiques ; Miss Ley a juré qu'il avait parsemé ses vêtements d'iodoforme et qu'il se baignait quotidiennement dans de l'acide carbolique. Il était travailleur et charitable, détestait les dissidents et avait plus de quarante ans.

"Ah, Craddock, je voulais te voir."

« Pas à propos des bans, Vicaire, n'est-ce pas ? Nous allons nous marier sous licence spéciale.

Comme beaucoup de ses compatriotes, Édouard voyait quelque chose de drôle dans le clergé – il ne faut pas leur en vouloir, car c'est la seule plaisanterie de leur vie – et il avait tendance à traiter le curé avec plus d'humour qu'il n'en utilisait dans les autres affaires de ce monde. . Le Vicaire rit ; c'est l'un des meilleurs traits du clergé de campagne qu'il soit prêt à s'amuser de la plaisanterie de ses paroissiens.

« Le mariage est alors réglé ? Vous êtes un jeune homme très chanceux.

Craddock passa son bras sous celui de M. Glover avec la gentillesse inconsciente qui lui avait valu une centaine d'amis. "Oui, j'ai de la chance", a-t-il déclaré. « Je sais que vous trouvez plutôt bizarre que Bertha et moi nous mariions, mais nous sommes très attachés l'un à l'autre, et j'ai l'intention de faire de mon mieux pour elle. Vous savez que je n'ai jamais fait de racket, Vicaire, n'est-ce pas ?

"Oui, mon garçon," dit le Vicaire, touché par la confiance d'Edward. "Tout le monde sait que tu es assez stable."

« Bien sûr, elle aurait pu trouver des hommes de bien meilleure position sociale que la mienne, mais j'essaierai de la rendre heureuse. Et je n'ai rien à lui cacher comme certains hommes ; Je vais vers elle presque aussi droit qu'elle vient vers moi.

"C'est une chose très heureuse de pouvoir dire."

« Je n'ai jamais aimé une autre femme de ma vie, et pour le reste, eh bien, bien sûr, je suis jeune et je suis parfois allé en ville ; mais je l'ai toujours détesté et détesté. Et le pays et le travail acharné nous tiennent à l'écart de tout ce qui est méchant.

«Je suis très heureux de vous entendre dire cela», répondit M. Glover. "J'espère que vous serez heureux, et je pense que vous le serez."

Le Vicaire eut un léger pincement de conscience, car au début sa sœur et lui-même avaient qualifié ce mariage de *mésalliance* (ils prononçaient le mot vilainement), et ce n'est que lorsqu'ils apprirent que c'était inévitable qu'ils commencèrent à voir que leur attitude manquait un peu. en charité. Les deux hommes se serrèrent la main.

« J'espère que cela ne vous dérange pas que je vous crache ces choses, Vicaire. Je suppose que c'est votre affaire d'une certaine manière. Je voulais dire à Miss Ley quelque chose de ce genre ; mais d'une manière ou d'une autre, je ne pourrai jamais avoir d'opportunité.

# Chapitre VII

EXACTEMENT un mois après son vingt et unième anniversaire, comme Bertha l'avait annoncé, le mariage eut lieu ; et le jeune couple partit passer sa lune de miel à Londres. Berthe, sachant qu'elle ne lirait pas, emporta néanmoins avec elle un livre, à savoir les *Méditations de Marc Aurèle* ; et Edward, pensant que les voyages en train étaient toujours fastidieux, acheta pour l'occasion *Le Mystère de la femme à six doigts* , dont le titre l'attira. Il était déterminé à ne pas s'ennuyer car, non content de son roman, il acheta à la station un *Sporting Times* .

« Oh », dit Bertha lorsque le train fut démarré en poussant un grand soupir de soulagement, « je suis si heureuse d'être enfin seule avec toi. Désormais, nous n'aurons plus personne pour nous inquiéter, personne ne pourra nous séparer, et nous serons ensemble pour le reste de notre vie.

Craddock reposa le journal que, par habitude, il avait ouvert après s'être installé à son siège.

"Je suis également heureux que la cérémonie soit terminée."

« Vous savez, dit-elle, j'étais terrifiée sur le chemin de l'église ; il m'est venu à l'esprit que tu n'étais peut-être pas là, que tu avais peut-être changé d'avis et pris la fuite.

Il rit. « Pourquoi diable devrais-je changer d'avis ? C'est une chose que je ne fais jamais.

« Oh, je ne peux pas m'asseoir solennellement en face de toi comme si nous étions mariés depuis un siècle. Fais-moi de la place, mon garçon.

Elle s'approcha de lui et se blottit près de lui.

"Dis-moi que tu m'aimes", murmura-t-elle.

"Je t'aime beaucoup."

Il se pencha et embrassa sa femme, puis passa son bras autour de sa taille pour la rapprocher de lui. Il était un peu nerveux, il n'aurait pas vraiment été très désolé si une personne officieuse avait ignoré l' *occupé* dans la voiture et était entrée. Il ne se sentait guère à l'aise avec Bertha et était toujours déconcerté par son changement de fortune ; il y avait en effet une grande différence entre Court Leys et Bewlie's Farm.

«Je suis tellement heureuse», a déclaré Bertha. « Parfois j'ai peur... Tu crois que ça peut durer, tu crois qu'on sera toujours aussi heureux ? J'ai tout ce que je veux au monde et je suis absolument et complètement content. Elle resta silencieuse une minute, lui caressant les mains. "Tu m'aimeras toujours, Eddie, n'est-ce pas, même quand je serai vieux et horrible ?"

"Je ne suis pas le genre de type à modifier."

"Oh, tu ne sais pas à quel point je t'adore", s'écria-t-elle avec passion. « *Mon* amour ne changera jamais, il est trop fort. Jusqu'à la fin de mes jours, je t'aimerai toujours de tout mon cœur. J'aimerais pouvoir vous dire ce que je ressens.

Ces derniers temps, la langue anglaise lui avait semblé tout à fait incompétente pour exprimer ses multiples émotions.


Ils sont allés dans un hôtel bien plus cher que ce qu'ils pouvaient se permettre. Craddock avait prudemment suggéré quelque chose de moins extravagant, mais Bertha ne voulait pas en entendre parler ; En tant que Miss Ley, elle n'était pas habituée au médiocre, et elle était trop fière de son nouveau nom pour l'emmener dans un hôtel autre que le meilleur de Londres.

Plus Bertha voyait l'esprit de son mari, plus cela la ravissait. Elle aimait la simplicité et le naturel de l'homme ; elle se débarrassa comme un manteau de soie en lambeaux des sentiments avec lesquels elle avait vécu pendant des années et s'habilla du solide tissu de maison qui convenait si bien à son seigneur et maître. C'était charmant de voir sa jouissance naïve de tout. Pour lui, tout était frais et nouveau ; il éclatait de rire devant les journaux comiques et trouvait continuellement dans les quotidiens des observations qui le frappaient par leur profonde originalité. Il était l'enfant intact de la nature ; son esprit libéré des millions de perversités de la civilisation. Le connaître était, aux yeux de Bertha, une éducation à toute la bonté et la pureté, à la force et à la vertu de l'Anglais !

Ils allaient souvent au théâtre, et Bertha aimait voir la simple jouissance de son mari. Les passages pathétiques d'un mélodrame, qui faisaient friser les lèvres de Bertha avec un mépris à moitié amusé, l'émouvaient aux larmes faciles ; et dans l'obscurité, il lui tenait la main pour la réconforter, imaginant que sa femme éprouvait les mêmes émotions que lui. Ah, elle aurait aimé pouvoir le faire ; elle détestait l'éducation des pays étrangers qui, dans l'étude des tableaux, des palais et des peuples étrangers, avaient libéré son esprit de sa prison de ténèbres, et pourtant avaient détruit la moitié de ses illusions ; maintenant, elle aurait de loin préféré conserver l'analphabétisme simple et sans fioritures, l'ignorance naïve de la jeune Anglaise typique et crémeuse. A quoi sert la connaissance ? Bienheureux les pauvres en esprit : tout ce qu'une femme veut réellement, c'est la pureté et la bonté, et peut-être une certaine connaissance de la cuisine simple.

Mais les amants, l'héroïne blessée et le héros soupçonné à tort, s'étaient fait des adieux déchirants, et le rideau était descendu sous des applaudissements enthousiastes. Edward s'éclaircit la gorge et se moucha.

"N'est-ce pas splendide ?" dit-il en se tournant vers sa femme.

« Espèce de chérie ! elle a chuchoté.

Cela la touchait de voir à quel point il ressentait tout cela profondément. Comme son cœur doit être propre, grand, simple et bon ! Elle l'aimait dix fois plus parce que ses émotions étaient facilement éveillées. Ah oui, elle abhorrait le cynisme froid des sages du monde qui se moquent des larmes brûlantes des simples d'esprit.

Le rideau se leva à l'acte suivant, et dans son impatience de voir ce qui allait se passer, Edward cessa immédiatement d'écouter ce que Bertha était en train de dire et se livra à la pièce. Les sentiments du public ayant été suffisamment tourmentés, le relief comique s'est activé. L'homme drôle faisait des blagues sur divers vêtements, tombant sur les tables et les chaises ; et Bertha fut de nouveau charmée de voir l'hilarité sincère de son mari. Cela la chatouillait énormément d'entendre ses éclats de rire effrénés ; il rejeta la tête en arrière et, les mains sur les côtés, rugit simplement.

« Il a un caractère charmant », pensa-t-elle.

Craddock avait les notions de moralité les plus strictes et refusait absolument d'emmener sa femme au music-hall ; Bertha avait vu à l'étranger de nombreux spectacles dont Edward ne rêvait pas, mais elle respectait son innocence. Cela lui plaisait de voir avec quelle fermeté il défendait ses principes, et cela l'amusait quelque peu d'être traitée comme une petite écolière. Ils allèrent dans tous les théâtres ; Edward, lors de ses rares visites à Londres, avait fait ses visites avec économie, et l'achat d'étals, l'habillement étaient des sensations nouvelles qui lui causaient un grand plaisir. Bertha aimait voir son mari en tenue de soirée ; le noir convenait à son style fleuri, et la chemise blanche à col haut mettait en valeur son visage brûlé par le soleil et les intempéries. Il avait l'air fort par-dessus tout et viril ; et il était son mari, ne se séparait d'elle que par la mort : elle l'adorait.

L'intérêt de Craddock pour la scène était sans faille ; il voulait toujours savoir ce qui allait se passer, et il était capable de suivre avec la plus grande attention même l'intrigue incompréhensible d'une comédie musicale. Rien ne l'ennuyait. Même les plus naïfs trouvent un peu écoeurantes les humeurs et les harmonies d'un burlesque de gaieté ; ils sont comme le caramel au beurre et le caramel au beurre, des délices pour lesquels nous ne pouvons pas comprendre notre envie de jeunesse. Bertha avait appris quelque chose de la musique dans des pays où elle est cultivée comme un plaisir plutôt que comme un devoir, et les mélodies populaires aux refrains évidents lui donnaient des frissons dans le dos ; mais ils remuèrent Craddock jusqu'au plus profond de son âme. Il battait la mesure sur des airs entraînants et vulgaires, et son visage était transfiguré lorsque l'orchestre jouait une marche patriotique avec de grands braiments de cuivres et des battements de tambours. Il l'a sifflé et fredonné pendant des jours. «J'aime la musique», a-t-il déclaré à Bertha dans l' *entracte* . "N'est-ce pas?"

Avec un tendre sourire, elle a avoué qu'elle l'avait fait, et par peur de blesser les sentiments d'Edward, elle n'a pas laissé entendre que la musique en question la faisait presque vomir. Qu'importe si son goût à cet égard n'était pas irréprochable ; après tout, il y avait quelque chose à dire sur les mélodies honnêtes et chaleureuses qui touchaient le cœur des gens. Ce n'est que par convention que la *Symphonie pastorale* est considérée comme un art meilleur que *Tarara-boom-deay* . Peut-être que dans deux ou trois cents ans, quand tout se fera à l'électricité et que tous seront égaux, quand nous serons tous des socialistes heureux, avec une bonne éducation et une meilleure moralité, la complexité de Beethoven sera comme une masse de méchanceté, et seulement la plaine, la convivialité honnête de la chanson comique fera appel à nos sentiments simples.

« Quand nous rentrerons à la maison, dit Craddock, je veux que tu joues avec moi ; Je l'aime tellement.

«J'adorerais», murmura-t-elle. Elle pensait aux longues soirées d'hiver qu'ils passaient au piano, son mari à ses côtés pour tourner les feuilles, tandis qu'à ses oreilles étonnées elle dévoilait les multiples richesses des grands compositeurs. Elle était convaincue que son goût était vraiment excellent.

«J'ai beaucoup de musique que ma mère jouait», dit-il. "Par Jupiter, j'aimerais bien l'entendre à nouveau - certains de ces vieux airs que je n'entends jamais assez souvent - *La dernière rose de l'été* , et *Home, Sweet Home* , et bien d'autres encore."


« Par Jupiter, ce spectacle était à couper le souffle », dit Craddock pendant qu'ils dînaient ; "J'aimerais le revoir avant de rentrer."

"Nous ferons ce que vous voudrez, ma très chère."

«Je pense qu'une soirée comme celle-là fait du bien. Cela me remonte le moral; n'est-ce pas toi ?

"Cela me fait du bien de vous voir amusé", répondit Bertha avec diplomatie.

Le spectacle lui avait paru vulgaire, mais devant l'enthousiasme de son mari, elle ne pouvait que s'accuser d'un dégoût ridicule. Pourquoi devrait-elle s'ériger en juge de ces choses ? N'était-il pas un peu vulgaire de trouver de la vulgarité dans ce qui faisait tant de plaisir aux simples ? Elle était comme le *nouveau riche* affligé par le manque universel de noblesse ; mais elle en avait assez de l'analyse et de la subtilité, et de tous les accompagnements d'une civilisation décadente.

« Pour l'amour de Dieu, pensa-t-elle, soyons simples et amusons-nous facilement. »

Elle se souvenait des quatre demoiselles qui étaient apparues en collants couleur chair et rien d'autre qui valait la peine d'être mentionné, et dansait une gigue singulièrement disgracieuse, que le public, dans sa joie, avait tenu à répéter deux fois.


Sans affaires à faire et sans amis à qui rendre visite, il est difficile de savoir comment passer son temps à Londres. Bertha aurait été contente de rester assise toute la journée avec Edward dans le salon privé, le contemplant ainsi que son extrême félicité. Mais Craddock avait la belle énergie de la race anglo-saxonne, ce désir de toujours faire quelque chose qui a fait les athlètes, les missionnaires et les députés anglais.

Après sa première bouchée de petit-déjeuner, il demandait invariablement : « Qu'allons-nous faire aujourd'hui ? Et Bertha fouillait son cerveau et un *Baedeker* pour trouver des sites à visiter, car traiter Londres comme une ville étrangère et l'explorer systématiquement était leur seule ressource. Ils se rendirent à la Tour de Londres et restèrent bouche bée devant les couronnes et les sceptres, devant les insignes des différents ordres ; à l'abbaye de Westminster et rejoint le groupe d'Américains et de gens de la campagne qui étaient conduits ici et là par un verger en robe noire ; ils visitèrent les tombeaux des rois et virent tout ce qu'ils étaient de leur devoir de voir. Bertha développa un bel enthousiasme pour les antiquités de Londres ; elle appréciait beaucoup les sensations d'ignorance bovine avec lesquelles le touriste du Cook se livre entre les mains d'un gardien, regardant ce qu'on lui dit et avalant bouche bée les informations les plus douteuses. Se sentant encore plus stupide, Bertha était consciente d'un lien plus étroit avec ses semblables. Edward n'aimait pas toutes choses au même degré ; les photos l'ennuyaient (c'étaient les seules choses qui l'ennuyaient vraiment) et leur visite à la National Gallery ne fut pas un succès. Le British Museum n'a pas non plus rencontré son approbation ; D'abord, il eut beaucoup de peine à diriger l'attention de Bertha pour que ses yeux ne s'égarent pas vers les diverses statues nues qui y sont exposées sans aucun égard pour les susceptibilités des personnes modestes. Une fois, elle s'est arrêtée devant un groupe qui ne portait pas assez de boucliers et d'épées et a remarqué leur beauté. Edward regarda autour de lui avec inquiétude pour voir si quelqu'un les remarquait, et convenant brièvement qu'il s'agissait de belles silhouettes, il s'éloigna rapidement vers un objet moins discutable.

« Je ne supporte pas toute cette pourriture », dit-il lorsqu'ils se trouvèrent face aux trois déesses du Parthénon ; "Je ne donnerais pas deux pence pour revenir dans cet endroit."

Bertha avait un peu honte d'avoir une admiration sournoise pour les statues en question.

« Maintenant, dis-moi, dit-il, où est la beauté de ces créatures sans tête ?

Bertha ne pouvait pas le lui dire, et il était triomphant. C'était un cher et bon garçon et elle l'aimait de tout son cœur !

Le Muséum d'histoire naturelle, en revanche, suscita un grand enthousiasme à Craddock. Ici, il était tout à fait chez lui ; il n'y avait aucune irrégularité dont il devait empêcher sa femme, et les animaux étaient le genre de choses que tout homme pouvait comprendre. Mais ils lui rapportèrent avec force le pays du Kent oriental et la vie qu'il lui plaisait le plus de mener. Tout allait très bien à Londres, mais il ne se sentait pas chez lui et cela commençait à lui peser. Bertha commença également à parler de chez elle et de Court Leys ; elle avait toujours vécu plus dans l'avenir que dans le présent, et même en ce moment, époque de son plus grand bonheur, elle attendait avec impatience les jours à venir à Leanham, où une félicité complète serait effectivement la sienne.

Elle était assez contente maintenant : ce n'était que le huitième jour de sa vie conjugale, mais elle désirait ardemment se poser et satisfaire toutes ses attentes. Ils parlèrent des modifications qu'ils devaient apporter à la maison. Craddock avait déjà des projets pour mettre de l'ordre dans le parc, pour reprendre la ferme et l'exploiter lui-même.

«J'aurais aimé que nous soyons à la maison», a déclaré Bertha. "J'en ai marre de Londres."

"Je ne pense pas que cela me dérangerait beaucoup si nous arrivions à la fin de notre quinzaine", répondit-il.

Craddock s'était arrangé pour rester en ville quatorze jours, et il ne pouvait pas changer d'avis. Cela le mettait mal à l'aise de changer ses plans et de penser quelque chose de nouveau ; il se piquait d'ailleurs de toujours faire ce qu'il avait déterminé.

Mais une lettre arriva de Miss Ley annonçant qu'elle avait fait ses valises et qu'elle partait pour le continent.

« Ne devrions-nous pas lui demander de rester ? dit Craddock. "Cela semble un peu difficile de la renvoyer si rapidement."

"Tu ne veux pas qu'elle vive avec nous, n'est-ce pas ?" » demanda Bertha, quelque peu consternée.

« Non, plutôt pas ; mais je ne vois pas pourquoi vous l'enverriez comme une servante avec un mois de préavis.

« Oh ! je lui demanderai de rester », dit Bertha, soucieuse d'obéir au moindre souhait de son mari ; et l'obéissance était facile, car elle savait que Miss Ley ne songerait jamais à accepter cette offre.

Bertha ne souhaitait voir personne à ce moment-là, et encore moins sa tante, sentant confusément que son bonheur serait diminué par l'intrusion d'un acteur dans son ancienne vie. Ses émotions étaient également trop intenses pour être dissimulées, et elle aurait eu honte de les montrer à l'instinct critique de Miss Ley. Bertha ne voyait que du mal à rencontrer la dame aînée, avec sa calme ironie et son mépris poli pour les choses que, à cause de son mari, Bertha chérissait le plus sincèrement.

Mais la réponse de Miss Ley montrait peut-être qu'elle devinait mieux les pensées de sa nièce que Bertha ne le croyait.

*Ma très chère Bertha, je suis très reconnaissante à votre mari de la politesse qu'il a eue en me demandant de rester à Court Leys ; mais je me flatte que vous avez de moi une trop haute opinion pour me croire capable d'accepter. Les gens nouvellement mariés offrent beaucoup de sujets de ridicule (ce qui, disent-ils, est la caractéristique la plus noble de l'homme, étant la seule qui le distingue des brutes) ; mais comme je suis une créature particulièrement renoncement à elle-même, je ne profite pas de cette opportunité. Peut-être que dans un an vous aurez commencé à voir les imperfections de chacun et alors, bien que moins amusants, vous serez plus intéressants. Non, je vais en Italie, pour me jeter une fois de plus dans cette mer de pensions et d'hôtels de second ordre, où c'est le sort des femmes célibataires, aux revenus modestes, de passer leur vie ; et j'emmène avec moi un Baedeker, afin que si jamais j'ai envie de me croire moins stupide que l'homme moyen, je puisse regarder sa couverture rouge et me rappeler que je ne suis qu'un humain. À propos, j'espère ne pas montrer votre correspondance à votre mari, encore moins la mienne. Un homme ne peut jamais comprendre les communications épistolaires d'une femme, car il les lit avec son propre alphabet simple de vingt-six lettres, alors qu'il lui en faut une d'au moins cinquante-deux ; et même cela est peu. C'est une folie pour un couple heureux de prétendre n'avoir aucun secret l'un pour l'autre : cela les entraîne dans tant de tromperies. Si toutefois, comme je le soupçonne, vous estimez qu'il est de votre devoir de montrer à Edward cette note que j'ai écrite, il ne la trouvera peut-être pas inutile pour élucider mon caractère, à l'étude duquel j'ai moi-même passé de nombreuses années amusantes.*

*Je ne vous donne aucune adresse afin que vous ne manquiez pas d'excuse pour laisser cette lettre sans réponse. — Votre affectueuse Tante ,*

*Marie Ley .*

Bertha jeta la lettre à Edward avec impatience.

"Qu'est ce qu'elle veut dire?" » demanda-t-il après l'avoir lu.

Bertha haussa les épaules. « Elle ne croit qu'à la bêtise des autres... Pauvre femme, elle n'a jamais été amoureuse ! Mais nous n'aurons aucun secret l'un pour l'autre, Eddie. Je sais que vous ne me cacherez jamais rien, et je… Que puis-je faire qui ne soit pas à votre disposition ?

"C'est une drôle de lettre", répondit-il en la regardant à nouveau.

"Mais nous sommes libres maintenant, chérie", dit-elle. « La maison est prête pour nous ; allons-nous y aller tout de suite ?

« Mais cela ne fait pas encore quinze jours que nous sommes ici », objecta-t-il.

"Qu'importe? Nous en avons tous les deux marre de Londres ; rentrons chez nous et commençons notre vie. Nous allons le diriger pour le reste de nos jours, nous ferions donc mieux de le commencer rapidement. Les lunes de miel sont des choses stupides.

« Eh bien, cela ne me dérange pas. Par Jupiter, imaginez si nous étions allés en Italie pendant six semaines.

« Oh, je ne savais pas à quoi ressemblait une lune de miel. Je pense que j'ai imaginé quelque chose de complètement différent.

"Vous voyez, j'avais raison, n'est-ce pas?"

« Bien sûr que vous aviez raison, » répondit-elle en lui passant les bras autour du cou ; « tu as toujours raison, ma chérie... Ah ! tu ne peux pas penser à quel point je t'aime.

# Chapitre VIII

La côte du Kent est sombre et grise entre Leanham et Blackstable ; pendant les longs mois d'hiver, les vents de la mer du Nord soufflent sur elle, courbant les arbres devant eux ; et des eaux troubles surgissent perpétuellement les nuages et s'enroulent en lourds bancs. C'est un pays qui offre à ceux qui y vivent ce qu'ils donnent : parfois les couleurs sombres et la mer silencieuse n'expriment que repos et paix ; parfois, les brises fraîches font couler le sang dans les veines ; mais aussi la solitude peut répondre à la mélancolie la plus profonde, ou le ciel morne à une misère plus terrible que la mort. L'ambiance du moment semble toujours reproduite dans les scènes environnantes, et on y trouve comme une synthèse des émotions. Bertha se tenait sur la grande route qui passait devant Court Leys et, du haut, elle contemplait les terres qui lui appartenaient. A proximité, les seules habitations étaient deux humbles chaumières, dont le temps et le mauvais temps avaient presque effacé le caractère envahissant du travail humain. Ils se tenaient à l'écart de la route, parmi les arbres fruitiers – une partie de la nature et non une tache sur celle-ci, comme Court Leys n'avait jamais cessé de l'être. Tout autour se trouvaient des champs, de grandes étendues de terre labourée et des prairies d'herbes grossières. Les arbres étaient peu nombreux et se détachaient çà et là au loin, pliés sous le vent. Au-delà se trouvait Blackstable, des maisons grises éparses bordées de nouvelles villas construites pour les Londoniens qui venaient en été ; et la mer était parsemée des relents du village de pêcheurs.

Bertha regardait la scène avec des sensations qu'elle n'avait jamais connues ; les lourds nuages planaient au-dessus d'elle, fermant le monde entier, et elle sentait une barrière invisible entre elle et toutes les autres choses. C'était le pays de sa naissance d'où elle et ses pères avant elle étaient issus ; ils eurent leur jour, et un à un revinrent d'où ils venaient et se retrouvèrent unis à la terre. Elle s'était retirée des pompes et des vanités de la vie pour vivre comme ses ancêtres, labourant la terre, semant et récoltant ; mais ses enfants, les fils de l'avenir, appartiendraient à une nouvelle souche, plus forte et plus belle que l'ancienne. Les Ley étaient tombées dans les ténèbres de la mort et ses enfants porteraient un autre nom. Toutes ces choses, elle les a rassemblées dans les champs bruns et la brume grise de la mer. Elle était un peu fatiguée et la sensation physique provoquait une fatigue mentale si bien qu'elle ressentit soudain en elle la lassitude d'une famille qui avait trop vécu ; elle savait qu'elle avait raison de choisir du sang neuf à mélanger avec le vieux sang des Ley. Il lui fallait la fraîcheur et la jeunesse, la force massive de son mari, pour redonner vie à cette race déchue. Ses pensées allaient vers son père, le dilettante qui parcourait l'Italie à la recherche de belles choses et d'émotions que son pays natal ne pouvait lui procurer ; de Miss Ley, dont l'attitude envers la vie était un haussement d'épaules et un sourire de mépris bien élevé. N'était-elle pas, la dernière d'entre elles, sage ? Se sentant trop faible pour se tenir seule, elle avait pris un compagnon dont la volonté et la vitalité seraient un pilier de force pour son échec : son mari avait encore dans ses nerfs la puissance de sa mère, la Terre, puissance barbare qui ne connaissait pas le subtilités de faiblesse; il était le conquérant et elle était sa servante. Mais un parapluie était agité vers Mme Craddock depuis le bas de la colline, et elle sourit, reconnaissant la démarche masculine de Miss Glover.

Même de loin, la détermination et la force d'esprit de la jeune fille étaient visibles ; elle s'approcha, le visage plus rouge encore que d'habitude après l'ascension, engouffrée dans la veste tressée qui l'ajustait aussi sévèrement que les sardines sont ajustées dans leur boîte de conserve.

«Je venais te voir, Bertha», cria-t-elle. "J'ai entendu dire que tu étais de retour."

"Nous sommes à la maison depuis plusieurs jours pour remettre les choses en ordre."

Miss Clover serra la main de Bertha avec beaucoup de vigueur, et ensemble ils retournèrent à la maison, le long de l'avenue bordée d'arbres sans feuilles.

"Maintenant, raconte-moi tout sur ta lune de miel, j'ai tellement hâte de tout entendre."

Mais Bertha n'était pas très communicative, elle avait une répugnance instinctive à raconter ses affaires privées et n'avait jamais eu de désir irrésistible de sympathie.

« Oh, je ne pense pas qu'il y ait grand-chose à dire », répondit-elle lorsqu'ils furent dans le salon et qu'elle servait du thé à son invité. "Je suppose que toutes les lunes de miel se ressemblent plus ou moins."

"Espèce de drôle de fille", dit Miss Glover. "Tu n'as pas apprécié ça ?"

"Oui", dit Bertha avec un sourire presque extatique; puis après une petite pause : "Nous avons passé un très bon moment, nous sommes allés dans tous les théâtres."

Miss Glover sentait que le mariage avait fait une différence chez Bertha, et cela la rendait nerveuse de se rendre compte du changement. Elle regardait la femme mariée avec inquiétude et rougissait parfois.

"Et es-tu vraiment heureux?" Lâcha-t-elle soudain. Bertha sourit et, rougissante, parut plus charmante que jamais.

"Oui, je pense que je suis parfaitement heureux."

"Tu n'es pas sûr ?" » demanda Miss Glover, qui cultivait la précision dans tous les aspects de la vie et désapprouvait fortement les personnes qui ne connaissaient pas leur propre esprit.

Bertha la regarda un moment, comme si elle réfléchissait à la question.

« Vous savez, répondit-elle enfin, le bonheur n'est jamais tout à fait ce qu'on s'attendait à ce qu'il soit. Je n'en espérais guère autant ; mais je ne l'imaginais pas vraiment tel qu'il est.

"Ah, eh bien, je pense qu'il vaut mieux ne pas entrer dans ces choses-là", répondit Miss Glover, un peu sévèrement, estimant que la suggestion d'analyse ne convenait guère à une jeune femme mariée. "Nous devons prendre les choses telles qu'elles sont et être reconnaissants."

"N'est-ce pas?" dit Bertha avec légèreté, "Je ne le fais jamais... Je ne suis jamais satisfaite de ce que j'ai."

Ils entendirent l'ouverture de la porte d'entrée et Bertha sursauta.

« Voilà Edward ! Je dois aller le voir. Cela ne vous dérange pas, n'est-ce pas ?

Elle a presque sauté hors de la pièce ; Le mariage, assez curieusement, avait dissipé la gravité de ses manières qui faisait qu'on lui trouvait si peu de jeune fille. Elle paraissait plus jeune, plus légère.

"Quelle drôle de créature elle est!" pensa Miss Glover. "Quand elle était petite, elle avait toutes les manières d'une femme mariée, et maintenant qu'elle est vraiment mariée, elle pourrait être une écolière."

La sœur du curé ne savait pas si l'irresponsabilité de Bertha était adaptée à sa position de responsable, si ses éclats de rire inhabituels étaient propres à un état mystique exigeant la gravité.

« J'espère qu'elle s'en sortira bien », soupira-t-elle.

Mais Bertha se précipita impulsivement vers son mari et l'embrassa. Elle l'a aidé à enlever son manteau.

« Je suis si heureuse de vous revoir », s'écria-t-elle en riant un peu de son propre empressement ; car ce n'était qu'après le déjeuner qu'il l'avait quittée.

"Il y a quelqu'un?" » demanda-t-il en remarquant le parapluie de Miss Glover. Il rendit l'étreinte de sa femme un peu machinalement.

«Viens voir», dit Bertha en lui prenant le bras et en l'entraînant. "Tu dois mourir d'envie de thé, ma pauvre."

"Mlle Glover!" dit-il en serrant la main de la dame avec autant d'énergie qu'elle serrait la sienne. « C'est gentil de votre part de venir nous voir. Je *suis* content de te voir. Vous voyez, nous sommes rentrés à la maison plus tôt que prévu : il n'y a pas d'endroit comme la campagne, n'est-ce pas ?

« Vous avez raison, M. Craddock ; Je ne peux pas supporter Londres.

« Oh ! vous ne le savez pas, » dit Bertha ; "pour vous, ce sont les magasins de pain aéré, Exeter Hall et les congrès de l'Église."

"Berthe!" s'écria Edward d'un ton surpris ; il ne pouvait pas comprendre la frivolité avec Miss Glover.

Cette bonne créature était bien trop bonne pour s'offusquer d'une quelconque remarque de Bertha, et sourit sombrement : elle ne pouvait sourire d'une autre manière.

« Dis-moi ce que tu as fait à Londres. Je ne peux rien retirer de Bertha.

L'esprit de Craddock était communicatif, rien ne lui plaisait plus que de donner des informations aux gens, et il était toujours prêt à partager ses connaissances avec le monde en général. Il ne remarquait jamais un fait sans se précipiter pour le dire à quelqu'un d'autre. Certaines personnes, lorsqu'elles connaissent une chose, se désintéressent immédiatement et cela les ennuie d'en discuter, mais Craddock n'en faisait pas partie. La répétition ne pouvait pas non plus épuiser son désir d'éclairer ses semblables, il annonçait à cent personnes les nouvelles du jour et était toujours aussi frais lorsqu'il s'agissait de la cent unième. Une telle caractéristique est sans aucun doute un don, très utile aux maîtres d'école et aux hommes politiques, mais légèrement ennuyeux pour leurs auditeurs. Craddock a offert à son invité un récit détaillé de toutes leurs aventures à Londres, des pièces de théâtre qu'ils avaient vues, de leurs intrigues et des acteurs qui les jouaient. Il donna la liste complète des musées, des églises et des édifices publics qu'ils avaient visités, tandis que Bertha le regardait, souriant joyeusement devant son enthousiasme. Elle se souciait peu de ce dont il parlait, le simple son de sa voix était une musique à ses oreilles, et elle l'aurait écouté avec plaisir pendant qu'il lisait à haute voix d'un bout à l'autre *l'Almanach de Whitaker* : c'était d'ailleurs une chose qu'il aimait tout à fait. capable de faire. Edward correspondait bien plus à la conception de Miss Glover de l'homme nouvellement marié que Bertha à celle de la femme nouvellement mariée.

«C'est un gentil garçon», dit-elle ensuite à son frère, alors qu'ils dînaient de mouton froid, solennellement assis aux deux extrémités d'une longue table.

"Oui", répondit le Vicaire de sa voix fatiguée et patiente, "je pense qu'il fera un bon mari."

M. Glover était la patience même, ce qui irritait un peu Miss Ley, qui aimait les hommes d'esprit ; et M. Glover n'en a jamais eu un grain. Il était résigné à tout ; il se résignait à ce que sa nourriture soit mal cuite, à la perversité de la nature humaine, à l'existence de dissidents (presque), à son salaire infinitésimal ; c'était la résignation poussée à mort. Miss Ley disait qu'il ressemblait à ces ânes espagnols qu'on voit marcher péniblement en file, portant nonchalamment des charges trop lourdes : patient, patient, patient.

Mais pas aussi patient que M. Glover ; l'âne donnait parfois des coups de pied, le Vicaire de Leanham jamais.

"J'espère que tout se passera bien, Charles", a déclaré Miss Glover.

«J'espère que ce sera le cas», répondit-il; puis après une pause : « Leur avez-vous demandé s'ils venaient à l'église demain ? Il s'est servi de la purée de pommes de terre, remarquant avec patience qu'elles étaient à nouveau brûlées ; les pommes de terre étaient toujours brûlées, mais il ne faisait aucun commentaire.

"Oh, j'avais complètement oublié", dit sa sœur en répondant à la question. «Mais je pense qu'ils en sont sûrs. Edward Craddock a toujours été un employé régulier.

M. Glover ne répondit rien et ils gardèrent le silence pour le reste du repas. Immédiatement après, le pasteur entra dans son bureau pour terminer le sermon du lendemain, et Miss Glover sortit de son panier les chaussettes de laine de son frère et commença à les repriser. Elle travailla plus d'une heure, pensant entre-temps aux Craddock ; elle aimait de plus en plus Edward à chaque fois qu'elle le voyait, et elle sentait qu'il était un homme en qui on pouvait avoir confiance. Elle se reprocha un peu sa désapprobation du mariage ; son acte n'était pas chrétien, et elle se demandait si ce n'était pas son devoir de s'excuser auprès de Bertha ou de Craddock ; l'idée de faire quelque chose d'humiliant pour sa propre estime de soi l'attirait merveilleusement. Mais Bertha était différente des autres filles ; Miss Glover, pensant à elle, devint confuse.

Mais un tic-tac annonçant qu'une heure allait sonner lui fit lever la tête, et elle vit qu'il ne restait que dix heures moins cinq.

"Je ne savais pas qu'il était si tard."

Elle se leva et rangea soigneusement son ouvrage, puis prenant sur le dessus de l'harmonium la Bible et le grand livre de prières qui étaient dessus, et les déposa au bout de la table. Elle avança une chaise pour son frère et s'assit patiemment en attendant son arrivée. Alors que l'horloge sonnait, elle entendit la porte du bureau s'ouvrir et le Vicaire entra. Sans un mot, il se dirigea vers les livres et, s'asseyant, trouva sa place dans la Bible.

"Es-tu prêt?" elle a demandé.

Il leva un instant les yeux par-dessus ses lunettes. "Oui."

Miss Glover se pencha en avant et sonna ; la servante apparut avec un panier d'œufs qu'elle posa sur la table. M. Glover la regarda jusqu'à ce qu'elle soit installée sur sa chaise et commença la leçon. Ensuite, le domestique alluma deux bougies et leur souhaita bonne nuit. Miss Glover comptait les œufs.

« Combien y en a-t-il aujourd'hui ? demanda le curé.

"Sept", répondit-elle, les datant un par un et inscrivant le numéro dans un livre tenu à cet effet.

"Es-tu prêt?" demanda maintenant M. Glover.

"Oui, Charles," dit-elle en prenant une des bougies.

Il éteignit la lampe et, avec l'autre bougie, la suivit à l'étage. Elle s'arrêta devant sa porte et lui souhaita bonne nuit ; il l'embrassa froidement sur le front et ils rentrèrent dans leurs chambres respectives.


Il y a toujours une certaine agitation dans une maison de campagne le dimanche matin. Il y a dans l'air un sentiment particulier au jour, un état de vigilance et d'attente ; car même lorsqu'ils se répètent pendant des années, semaine après semaine, les préparatifs pour l'église ne peuvent pas être pris avec sang-froid. L'odeur du linge propre est indubitable, chacun est très amidonné et quelque peu mal à l'aise ; les membres de la maison se demandent s'ils sont prêts, ils cherchent des livres de prières ; les dames ne sont jamais habillées à temps et sortent enfin en boutonnant leurs gants ; les hommes trépignent, fulminent et sortent leurs montres. Edward, bien sûr, portait un frac et un haut-de-forme, ce qui est tout à fait le costume approprié pour que le châtelain se rende à l'église, et personne ne prêtait plus attention aux convenances qu'Edward. Il se tenait très droit, cultivant la gravité légèrement gênée qu'il jugeait appropriée à l'occasion.

« Nous serons en retard, Bertha, dit-il. « Cela aura l'air si mauvais — aussi la première fois que nous viendrons à l'église depuis notre mariage.

"Ma chère," dit Bertha, "vous pouvez être certaine que même si M. Glover est assez indiscret pour commencer, pour la congrégation, la cérémonie ne commencera vraiment que lorsque nous apparaîtrons."

Ils arrivèrent dans un coupé à l'ancienne mode, utilisé uniquement pour aller à l'église et aux dîners, et le mot fut immédiatement transmis par les transats du porche aux dévots de l'intérieur ; Il y eut un bruissement d'attention alors que M. et Mme Craddock montaient l'allée jusqu'au banc avant qui leur appartenait de droit.

"Il a l'air d'être chez lui, n'est-ce pas ?" murmuraient les indigènes, car la conduite d'Edouard les intéressait plus que celle de sa femme, qui était suffisamment au-dessus d'eux pour être presque une étrangère.

Bertha s'embarqua avec une inconscience royale des yeux fixés sur elle ; elle était satisfaite de son apparence personnelle et extrêmement fière de son beau mari. Mme Branderton, la mère du témoin de Craddock, fixa ses lunettes sur elle et la regarda fixement, comme c'est l'habitude des grandes dames des banlieues. Mme Branderton était une femme qui cultivait la mode au fond de la campagne, une petite créature rieuse aux cheveux gris, qui parlait bêtement d'une voix haute et cassée et qui avait ses bonnets trop juvéniles tout droit venus de Paris. C'était une gentille femme, et cela, bien sûr, est une très belle chose. Elle en était fière (d'une manière plutôt agréable) et avait l'habitude de dire que les gentilshommes étaient des gentilshommes ; ce qui, si vous y réfléchissez, est une remarque des plus profondes.

«J'ai l'intention d'aller parler aux Craddock après», murmura-t-elle à son fils. « Cela aura un bon effet sur les habitants de Leanham ; Je me demande si la pauvre Bertha le ressent déjà.

Mme Branderton avait une suffisance presque sublime ; il ne lui est jamais venu à l'esprit qu'il pourrait y avoir des personnes suffisamment mal conditionnées pour en vouloir à son patronage. Elle faisait tout cela avec bonté : elle prodiguait des conseils à tout le monde, outre des soupes et des gelées aux pauvres, à qui, lorsqu'ils étaient malades, elle envoyait même sa cuisinière lire la Bible. Elle y serait allée elle-même, mais elle désapprouvait fortement la familiarité avec les classes inférieures, qui les rendait indépendantes et souvent grossières. Mme Branderton savait sans aucun doute qu'elle et ses égaux étaient faits d'une argile différente de celle des gens ordinaires ; mais, étant une gentille femme, elle ne jetait pas ce fait à la face de ces derniers, à moins, bien sûr, qu'ils ne se donnent des airs, alors qu'elle pensait qu'une conversation directe leur faisait du bien. Sans aucun avantage frappant de naissance, d'argent ou d'intelligence, Mme Branderton n'a jamais douté de son droit de diriger les affaires et les modes, même les modes de pensée de ses voisins ; et par la seule force de leur estime de soi, ils les avaient amenés à se soumettre pendant trente ans à sa tyrannie, la haïssant et considérant pourtant ses invitations à un mauvais dîner comme quelque chose de tout à fait désirable.

Mme Branderton avait débattu avec elle-même de la manière dont elle devait traiter les Craddock.

« Je me demande si c'est mon devoir de les couper », dit-elle. « Edward Craddock n'est *pas* le genre d'homme qu'une Miss Ley devrait épouser. Mais il y a si peu de gentilshommes dans le quartier et, bien sûr, les gens font des mariages dont ils n'auraient pas rêvé il y a vingt ans. Même la meilleure société est aujourd'hui très mixte. Peut-être que je ferais mieux de pécher par excès de miséricorde ! »

Mme Branderton était un peu heureuse de penser que les Ley avaient besoin de son soutien, comme le prouvait la demande des services de son fils lors du mariage.

"Le fait est que les gentilshommes sont des gentilshommes, et qu'ils doivent se soutenir les uns les autres en ces jours de charcutiers et de marchands de meubles."

Après le service, alors que les paroissiens se tenaient autour du cimetière, Mme Branderton a navigué jusqu'aux Craddocks, suivie par Arthur, et de sa voix haute et cassée a commencé à parler avec Edward. Elle gardait un œil sur les gens de Leanham pour s'assurer que son action était dûment remarquée, parlant à Craddock de la manière qu'une gentille dame devrait adopter avec un homme dont la gentillesse était un peu douteuse. Bien sûr, il était très content et flatté.

# Chapitre IX

Quelques jours plus tard, après les préliminaires que Mme Branderton n'aurait en aucun cas négligés, les Craddock reçurent une invitation à dîner. Bertha le passa silencieusement à son mari.

« Je me demande à qui elle demandera de nous rencontrer », a-t-il déclaré.

"Tu veux y aller?" demanda Berthe.

« Pourquoi, n'est-ce pas ? Nous n'avons aucun engagement, n'est-ce pas ?

"Avez-vous déjà dîné là-bas auparavant?" dit Berthe.

"Non. J'ai assisté à des soirées de tennis et ce genre de choses, mais je n'ai pratiquement pas mis les pieds chez eux.

"Eh bien, je pense que c'est une impertinence de sa part de te demander maintenant."

Edward ouvrit grand la bouche : « Qu'est-ce que tu veux dire ?

"Oh, tu ne vois pas?" s'écria sa femme, ils te le demandent simplement parce que tu es mon mari. C'est humiliant.

"Absurdité!" répondit Edward en riant. « Et si c'est le cas, qu'est-ce que ça m'importe ? Je n'ai pas la peau si fine que ça. Mme Branderton a été très gentille avec moi l'autre dimanche ; ce serait drôle si nous n'acceptions pas.

« Tu pensais qu'elle était gentille ? N'as-tu pas vu qu'elle te traitait comme si tu étais un palefrenier. Cela m'a fait bouillir de rage. Je pouvais à peine tenir ma langue.

Edward rit encore. « Je n'ai jamais rien remarqué. C'est juste ton envie, Bertha.

"Je ne vais pas à son horrible dîner."

"Alors j'irai seul", répondit-il en riant.

Bertha est devenue blanche ; c'était comme si elle avait reçu un coup soudain ; mais il riait, bien sûr il ne pensait pas ce qu'il disait. Elle accepta précipitamment tout ce qu'il demandait.

"Bien sûr, si tu veux y aller, Eddie, je viendrai aussi... C'est seulement pour toi que je ne l'ai pas souhaité."

« Nous devons être voisins. Je veux être ami avec tout le monde.

Elle s'assit sur le côté de sa chaise et lui passa les bras autour du cou. Edward lui tapota la main et elle le regarda avec des yeux pleins d'amour avide, elle se pencha et embrassa ses cheveux. Comme sa pensée soudaine qu'il ne l'aimait pas avait été stupide !

Mais Bertha avait une autre raison pour ne pas vouloir aller chez Mme Branderton. Elle savait qu'Edward serait amèrement critiqué, et cette pensée la rendait malheureuse ; ils parlaient de son apparence et de ses manières, et se demandaient comment ils s'entendaient. Bertha comprenait assez bien la position qu'occupait Edward à Leanham ; les Branderton et leurs semblables, le connaissant toute sa vie, l'avaient traité comme une simple connaissance : pour eux, il avait été une personne avec qui vous êtes courtois, et c'est tout. C'était la première fois qu'il était traité entièrement sur un pied d'égalité ; c'était son introduction dans ce que Mme Branderton se plaisait à appeler les dix supérieurs de Leanham. Cela fit effectivement bouillir le sang de Bertha ; et cela lui brisait le cœur de penser que depuis des années il avait été utilisé d'une façon aussi infâme : cela ne semblait pas le déranger.

« Si j'étais lui, dit-elle, je préférerais mourir plutôt que de partir. Ils l'ont toujours ignoré, et maintenant ils le considèrent comme une faveur pour moi.

Mais Edward ne semblait avoir aucune fierté ; bien sûr, son caractère était charmant et il ne pouvait vouer de la mauvaise volonté à personne. Il n'en voulait ni à l'ancienne négligence des Branderton, ni à leur impertinence actuelle.

"J'aimerais pouvoir lui faire comprendre."

Bertha passa la semaine écoulée dans un tremblement d'anxiété. Elle devina qui seraient les autres invités. Se moqueraient-ils de lui ? Bien sûr, pas ouvertement ; Mme Branderton, la moins charitable de toutes, était fière de son éducation ; mais Edward était timide et maladroit parmi les étrangers. Pour Bertha, c'était un charme plutôt qu'un défaut ; sa candeur à moitié timide la touchait, et elle la comparait favorablement à la sotte mondanité de l'homme imaginaire de la ville, dont elle opposait toujours les dissipations aux vertus de son mari. Mais elle savait qu'une langue méchante trouverait un autre nom à ce qu'elle appelait une délicieuse *naïveté* .


Quand enfin le grand jour arriva et qu'ils partirent à toute allure dans le coupé à l'ancienne, Bertha était tout à fait prête à s'offusquer mortellement à la moindre ombre d'offense faite à son mari. Le Lord Chief Justice lui-même n'aurait pas pu se soucier plus du nom d'un promoteur de société que Mme Craddock ne l'était des susceptibilités de son mari ; Edward, comme le financier, traitait l'affaire avec indifférence.

Mme Branderton avait parcouru toute la campagne pour son spectacle de gentlemen. Ils étaient venus de Blackstable, de Tercanbury et de Faversley, ainsi que des sièges et des demeures qui entouraient ces lieux. Mme Mayston Ryle était là, vêtue d'une magnifique perruque noir de jais et d'une robe volumineuse en soie violette. Lady Wagget était là.

« Simplement la veuve d'un chevalier de la ville, ma chère, dit l'hôtesse à Bertha, mais si elle n'est pas distinguée, elle est bonne ; il ne faut donc pas être trop dur avec elle.

Le général Hancock est arrivé avec deux filles aux cheveux crépus, terriblement simples, mais qui faisaient semblant de ne pas le savoir. Ils avaient marché ; et pendant que le soldat entra en soufflant comme un grampus, les filles (dont les âges réunis faisaient le total respectable de soixante-cinq ans) restaient en arrière pour ôter leurs bottes et mettre les chaussures qu'elles avaient apportées dans un sac. Puis, peu de temps après, arriva le doyen, doux et quelque peu bavard ; M. Glover avait été invité pour lui et, bien sûr, la sœur de Charles ne pouvait pas être omise. Elle avait l'air presque festive dans son satin noir très brillant.

« Pauvre chérie, dit Mme Branderton à un autre invité, c'est sa seule robe de soirée ; Je le vois depuis des années. Je lui offrirais volontiers un de mes anciens, mais j'ai peur de l'offenser en l'offensant. Les gens de cette classe sont ridiculement sensibles.

M. Atthill Bacot a été annoncé ; il avait autrefois brigué le siège et avait toujours été considéré comme une autorité dans les affaires de la nation. M. James Lycett et M. Molson venaient ensuite, tous deux écuyers au visage rouge et aux opinions dogmatiques ; ils se ressemblaient comme deux pois, et c'était une plaisanterie locale depuis trente ans que seules leurs femmes pouvaient les distinguer. Mme Lycett était mince, calme et posée, portant deux petites bandes de dentelle sur ses cheveux pour représenter une casquette ; Mme Molson était si insignifiante que personne n'avait jamais remarqué à quoi elle ressemblait. C'était l'un des rassemblements représentatifs de Mme Branderton ; l'excellence morale se joignait à la noblesse parfaite et le résultat ne pouvait manquer d'être édifiant. Elle était elle-même de bonne humeur et sa voix cassée était haute et stridente. Elle avait conscience d'un costume réussi ; elle avait vraiment beaucoup de goût, et sa robe aurait paru charmante à une femme de la moitié de son âge. Pensant aussi que cela faisait partie du devoir de la femme d'être aimable, Mme Branderton sourit et lorgna les vieux messieurs d'une manière qui les alarma, et M. Atthill Bacot crut réellement qu'elle avait des vues sur sa vertu.

Le dîner manquait de peu d'être mangeable. Mme Branderton était une femme à la mode et dédaignait les plats copieux d'un dîner campagnard : soupe épaisse, soles frites, côtelettes de mouton, mouton rôti, faisan, charlotte russe et gelées. (Les plats du début varient selon la saison, mais la Charlotte russe et la gelée sont inévitables.) Non, Mme Branderton a dit qu'elle devait être un peu plus « distangay » que cela, et a offert à ses invités une soupe claire, *des plats* du restaurant. Magasins, un bonbon moelleux qui avait l'air joli et avait un goût horrible. Le festin était extrêmement élégant, mais il n'était pas copieux, ce qui est désagréable pour les vieux châtelains aux gros appétits.

«Je n'ai jamais assez à manger chez les Branderton», s'est indigné M. Atthill Bacot.

« Eh bien, je connais la vieille femme », a répondu M. Molson. Mme Branderton avait le même âge que lui, mais il était plutôt un chien et se croyait assez jeune pour flirter avec la moins simple des deux Miss Hancock. "Je la connais bien et je me fais un devoir de boire un verre de sherry avec quelques œufs battus avant de venir."

"Les vins sont franchement immoraux", a déclaré Mme Mayston Ryle, fière de son palais. «J'ai toujours tendance à emporter avec moi une flasque contenant un peu de bon whisky.»

Mais si la nourriture n'était pas lourde, la conversation l'était. C'est un axiome du récit que la vérité doit coïncider avec la probabilité, et le réaliste est perpétuellement gêné par l'exagération sauvage des faits réels ; un rapport textuel de la conversation lors du dîner de Mme Branderton se lirait comme une caricature hurlante. L'anecdote régnait en maître. Mme Mayston Ryle était une spécialiste de l'anecdote cléricale ; elle raconta successivement l'histoire de Mgr Thorold et de ses mains blanches, l'histoire de Mgr Wilberforce et de la pelle sanglante. (Cela a quelque peu choqué les dames, mais Mme Mayston Ryle n'a pas pu gâcher son propos en omettant un gros mot.) Le doyen a raconté une anecdote sur lui-même, à laquelle Mme Mayston Ryle a rétorqué avec une histoire sur l'archevêque de Cantorbéry et le curé fastidieux. M. Arthill Bacot a donné des anecdotes politiques, M. Gladstone et la table de la Chambre des communes, Dizzy et l'ouvrier agricole. Le point culminant est venu lorsque le général Hancock a raconté ses célèbres histoires sur le duc de Wellington. Edward se moqua d'eux tous de bon cœur.

Les yeux de Bertha étaient constamment tournés vers son mari. Elle détestait les pensées qui lui traversaient l'esprit, car le fait qu'elles lui viennent à l'esprit le désobligeait ; mais elle était toujours horriblement anxieuse. N'était-il pas parfait, beau et adorable ? Pourquoi devrait-elle trembler devant l'opinion d'une douzaine de stupides ? Mais elle ne pouvait pas s'en empêcher. Même si elle méprisait ses voisins, elle ne pouvait s'empêcher d'être misérablement affectée par leur jugement. Et qu'est-ce qu'Edward a ressenti ? Était-il aussi nerveux qu'elle ? Elle ne pouvait pas supporter l'idée qu'il doive souffrir. Ce fut un immense soulagement lorsque Mme Branderton se leva de table. Bertha regarda Arthur qui tenait la porte ouverte ; elle aurait donné n'importe quoi pour lui demander de s'occuper d'Edward, mais elle n'osait pas. Elle était terrifiée à l'idée que, à sa grande humiliation, ces vieux écuyers l'ignoraient ostensiblement.

En arrivant au salon, Miss Glover se trouva aux côtés de Bertha, un peu séparée des autres, et l'accident semblait conçu par des puissances supérieures pour lui donner l'occasion de se faire pardonner qu'elle estimait de son devoir de faire à Mme Craddock pour elle. ancien dénigrement d'Edward. Elle avait réfléchi à la question et considérait que des excuses étaient tout à fait nécessaires. Mais Miss Glover souffrait terriblement de nervosité, et l'idée d' aborder un sujet aussi délicat lui causait une torture indescriptible ; pourtant le caractère même désagréable de cela la rassurait : si parler était si désagréable, ce devait évidemment être son devoir. Mais les mots restèrent dans sa gorge et elle commença à parler de la météo. Elle se reprochait sa lâcheté ; elle serra les dents et devint écarlate.

«Bertha, je veux te demander pardon», lâcha-t-elle soudain.

"Pourquoi diable?" Bertha ouvrit de grands yeux et regarda la pauvre femme avec étonnement.

«Je sens que j'ai été injuste envers votre mari. Je pensais qu'il n'était pas fait pour toi et j'ai dit des choses sur lui auxquelles je n'aurais même pas dû penser. Je suis vraiment désolé. C'est l'un des hommes les meilleurs et les plus gentils que j'ai jamais vu, et je suis très heureux que vous l'ayez épousé, et je suis sûr que vous serez très heureux.

Les larmes montèrent aux yeux de Bertha alors qu'elle riait ; elle avait envie de jeter ses bras autour du cou de la sinistre Miss Glover, car un tel discours à ce moment était très réconfortant.

"Bien sûr, je sais que tu ne pensais pas ce que tu as dit."

"Oh oui, je l'ai fait, je suis désolé de le dire", répondit Miss Glover, qui ne pouvait permettre aucune atténuation de son propre crime.

« J'avais complètement oublié tout cela ; et je crois que tu seras bientôt aussi follement amoureux d'Edward que moi.

« Ma chère Bertha, » répondit Miss Glover, qui ne plaisantait jamais, « avec votre mari ? Tu blagues."

Mais Mme Branderton les interrompit de sa voix haute.

"Bertha, chérie, je veux te parler." Bertha, souriante, s'assit à côté d'elle, et Mme Branderton procéda à voix basse.

"Je dois vous dire que tout le monde dit que vous êtes le plus beau couple du comté, et nous pensons tous que votre mari est si gentil."

"Il a ri de toutes vos blagues", répondit Bertha.

« Oui, » dit Mme Branderton, regardant vers le haut et de côté comme un canari, « il a un caractère si joyeux. Mais je l'ai toujours aimé, chérie. Je disais à Mme Mayston Ryle que je le connais intimement depuis sa naissance. J'ai pensé que cela vous ferait plaisir de savoir que nous pensons tous que votre mari est gentil.

«Je suis très heureux. J'espère qu'Edward sera également satisfait de vous tous.

La voiture du Craddock est arrivée tôt et Bertha a proposé de reconduire les Glover chez eux.

«Je me demande si cette dame a avalé un tisonnier», dit M. Molson dès que la porte du salon fut fermée.

Les deux Miss Hancock éclatèrent de rire à cette sortie, et même le doyen sourit gentiment.

"D'où vient-elle ses diamants?" dit l'aînée Miss Hancock. "Je pensais qu'ils étaient aussi pauvres que des souris d'église."

« Les diamants et les tableaux sont les seules choses qui leur restent », dit Mme Branderton ; « Sa famille a toujours refusé de les vendre ; mais bien sûr, il est absurde que des gens dans cette situation aient de tels bijoux.

« *C'est* un garçon remarquablement gentil », dit Mme Mayston Ryle de sa voix grave et autoritaire ; "mais je suis d'accord avec M. Molson, elle a nettement tendance à se donner des airs."

"Les Leys depuis des générations sont aussi fiers que des dindes", a ajouté Mme Branderton.

« Je n'aurais pas dû penser que Mme Craddock avait de quoi être fière maintenant, en tout cas, » dit l'aînée Miss Hancock ; elle-même n'avait pas d'ancêtres et considérait que ceux qui en avaient étaient des snobs.

"Peut-être qu'elle était un peu nerveuse", a déclaré Lady Waggett, qui, bien que peu distinguée, était bonne. "Je sais que lorsque j'étais mariée, je tremblais quand j'allais à des dîners."

"C'est absurde", a déclaré Mme Mayston Ryle. « Elle était extrêmement maître d'elle-même ; Je ne pense pas que ce soit bien pour une jeune femme d'avoir autant d'assurance. Et je pense qu'il faudrait lui dire qu'il n'est guère bien élevé pour une jeune femme mariée de quitter une maison avant tout le monde comme si elle était une personne royale, alors qu'il y a des femmes d'un certain âge et d'une position sans doute non inférieure à la sienne. .»

« Oh, ils sont si récemment mariés qu'ils aiment être seuls, les pauvres », dit Lady Waggett. "Je sais que je le faisais quand j'ai été marié pour la première fois à Sir Samuel."

« Ma chère Lady Waggett, » répondit Mme Mayston Ryle d'un ton tonitruant, « les cas ne sont pas similaires ; Mme Craddock était une Miss Ley et devrait réellement connaître les usages de la bonne société.

"Eh bien, que penses-tu qu'elle m'a dit?" dit Mme Branderton en agitant ses bras maigres. "Je lui disais que nous étions tous très contents de son mari - je pensais que cela la réconforterait un peu, la pauvre - et elle a dit qu'elle espérait qu'il serait également satisfait de nous."

Mme Mayston Ryle fut un instant stupéfaite, mais se reprit bientôt.

"Comme c'est amusant", s'écria-t-elle en se levant de sa chaise. "Ha! Ha! Elle espère que M. Edward Craddock sera satisfait de Mme Mayston Ryle.

Les deux Miss Hancock dirent : « Ha ! Ha!" en chœur. Puis, la voiture de la grande dame étant annoncée, elle souhaita bonsoir à l'assemblée et partit avec un grand bruissement de sa soie violette. La fête pouvait maintenant vraiment être considérée comme terminée, et les autres s'en allèrent docilement.


Lorsqu'ils eurent déposé les Glover, Bertha se blottit près de son mari.

"Je suis tellement heureuse que tout soit fini", murmura-t-elle. "Je ne suis heureux que quand je suis seul avec toi."

« C'était une soirée joyeuse, n'est-ce pas ? » dit-il. "Je pensais qu'ils étaient tous en train de déchirer."

"Je suis tellement contente que tu aies apprécié, ma chérie; J'avais peur que tu t'ennuies.

« Mon Dieu, c'est la dernière chose que je devrais faire. Cela fait du bien d'entendre une conversation comme celle-là de temps en temps, cela nous éclaire.

Bertha sursauta un peu.

« Le père Bacot est un homme très instruit, n'est-ce pas ? Je ne devrais pas me demander s'il avait raison de penser que le gouvernement se retirerait au bout de six ans.»

« Il laisse toujours croire qu'il bénéficie de la confiance du premier ministre », a déclaré Bertha.

"Et le général est un drôle de vieux type", ajouta Edward. "C'était une bonne histoire qu'il a racontée sur le duc de Wellington."

D'une manière ou d'une autre, cette remarque produisit un effet curieux sur Bertha ; elle ne put se retenir, mais éclata soudain de rires hystériques. Son mari, croyant qu'elle riait de l'anecdote, éclata aussi en carillon sur carillon.

"Et l'histoire des guêtres de l'évêque !" s'écria Edward en criant de joie.

Plus il riait, plus Bertha devenait hystérique ; et alors qu'ils roulaient à travers la nuit silencieuse, ils criaient, hurlaient et tremblaient d'une gaieté incontrôlable.

# Chapitre X

Et ainsi les Craddocks commencèrent leur voyage le long de la grande route qui ne mène nulle part et qui est appelée la Route du Saint Mariage. Le printemps arriva, et avec lui cent délices nouveaux ; Bertha regardait les jours s'allonger, les crocus colorés sortir du sol, les cloches des neiges ; les journées chaudes et humides de février apportèrent les primevères puis les violettes. Février est un mois de langueurs ; le cœur du monde est lourd, insensible aux troubles d'avril et à la vie vigoureuse de mai. Dans toute la nature, la graine germe et le pouls de toutes choses palpite. Les brumes marines s'élevaient de la mer du Nord et couvraient les terres du Kent d'un voile d'humidité, blanc et presque transparent, de sorte qu'à travers lui on voyait les arbres sans feuilles étrangement déformés, leurs branches comme de longs bras se tordant pour se libérer des chaînes du vent. hiver; l'herbe était très verte dans les marais, et les jeunes agneaux s'agitaient et gambadaient en bêlant pour leurs mères. Déjà les grives et les merles chantaient dans les haies. Le mois de mars arrivait avec fracas, et les nuages, très haut, balayaient le ciel sous les vents déchirants, parfois entassés en masses lourdes puis dispersés, volant vers l'ouest, trébuchant les uns sur les autres dans leur précipitation. La nature se reposait ; retenant sa respiration, pour ainsi dire, avant le grand effort de la naissance.

Peu à peu, Bertha a mieux connu son mari. Lors de son mariage, elle ne savait en réalité rien d'autre que le fait qu'elle l'aimait ; les sens seuls avaient parlé, elle et lui n'étaient que des marionnettes que la nature avait rassemblées et rendues attrayantes l'une à l'autre, pour que la course puisse continuer. Berthe, le désir brûlant en elle comme un feu, s'était jetée dans les bras de son mari, aimant comme aiment les bêtes et comme les dieux. Il était l'homme et elle était la femme, et le monde était un jardin d'Eden, évoqué par le pouvoir de la passion. Mais une plus grande connaissance apportait seulement un plus grand amour. Petit à petit, en lisant dans l'esprit d'Edward, Bertha découvrit pour son plus grand plaisir une pureté inattendue ; ce fut avec un sentiment de bonheur curieux qu'elle reconnut son innocence. Elle vit qu'il n'avait jamais aimé auparavant, que cette femme était pour lui une chose étrange, une chose qu'il connaissait à peine. Elle était fière que son mari soit venu à elle sans être souillé par des étreintes étrangères, les lèvres qui l'embrassaient étaient propres ; aucun discours à ce sujet ne s'était échangé entre eux, et pourtant elle se sentait certaine de son extrême chasteté. Son âme était vraiment virginale.

Et cela étant, comment ne pas l'adorer ! Bertha n'était heureuse qu'en compagnie de son mari, et c'était pour elle un plaisir exquis de penser que leurs liens ne pourraient pas se briser, que tant qu'ils vivraient, ils seraient toujours ensemble, toujours inséparables. Elle le suivait comme un chien, avec une soumission vraiment touchante ; sa fierté avait complètement disparu et elle désirait n'exister qu'en Edward, fusionner son caractère avec le sien et ne faire qu'un avec lui. Elle voulait qu'il soit sa seule individualité, se comparant au lierre grimpant au chêne ; car lui était un chêne, un pilier de force, et elle était très faible. Le matin, après le petit-déjeuner, elle l'accompagnait dans ses promenades dans les fermes et ce n'est que lorsque sa présence était impossible qu'elle restait à la maison pour s'occuper de sa maison. Sa tentative de lecture était vaine et elle avait jeté ses livres de côté. Pourquoi devrait-elle lire ? Pas pour se divertir, puisque son mari était une occupation perpétuelle ; et si elle savait aimer, quelle autre connaissance lui serait utile ? Souvent, laissée seule pendant un moment, elle prenait du volume, mais son esprit s'égarait rapidement et elle repensait à Edward, souhaitant être avec lui.

La vie de Bertha était un rêve exquis, un rêve qui ne devait jamais se terminer ; car son bonheur n'était pas de ce genre bruyant qui a besoin d'excursions et d'alarmes, mais il était égal et doux ; elle habitait un paradis de teintes roses, où il n'y avait ni ombres violentes ni lumières éclatantes. Elle était au ciel, et le seul lien qui la rattachait à la terre était le service hebdomadaire à Leanham. Il y avait une délicieuse humanité dans l'église nue, avec ses bancs en pitchpin et hautement vernis, et ses odeurs de pommade pour cheveux et de Reckitt's Blue. Edward portait ses vêtements de sabbat, l'organiste faisait des sons horribles et la chorale du village chantait faux ; La prestation mécanique des prières par M. Glover en extrayait habilement toute la beauté, et son sermon était intensément prosaïque. Ces deux heures d'église ont donné à Bertha juste la touche terrestre qui était nécessaire pour lui faire comprendre que la vie n'était pas entièrement spirituelle.


Maintenant arriva avril. Les ormes devant Court Leys commençaient à éclater en feuilles ; les bourgeons verts couvraient les branches comme une pluie délicate, une brume verdoyante qui se voyait de loin et disparaissait quand on s'en approchait. Les champs bruns s'habillaient aussi d'un vêtement d'été ; le trèfle est devenu vert et luxueux, et les récoltes se sont montrées prometteuses pour l'avenir. Il y avait des jours où l'air était presque doux, où le soleil était chaud et où le cœur battait, certain enfin que le printemps était proche. La pluie chaude et confortable s'infiltrait dans le sol ; et des branches pendaient continuellement les innombrables gouttes, scintillantes au soleil suivant. La tulipe, timide, dépliait ses pétales et tapissait le sol de couleurs criardes. Les nuages au-dessus de Leanham se sont soulevés et le monde s'est étendu sur un cercle plus grand. Les oiseaux chantaient maintenant sans notes incertaines comme en mars, mais à pleine gorge, remplissant l'air ; et dans l'aubépine derrière Court Leys, le premier rossignol déversa sa richesse. Et les pleins parfums de la terre montèrent, les parfums de moisissure et de pluie, les parfums du soleil et des douces brises.

Mais parfois, sans cesse, il pleuvait du matin au soir, et alors Edward se frottait les mains.

«J'aimerais que cela continue pendant une semaine; c'est exactement ce que veut le pays.

Un de ces jours, Bertha était allongée sur un canapé tandis qu'Edward se tenait à la fenêtre, regardant la pluie crépitante. Elle pensa à l'après-midi de novembre où elle s'était tenue à la même fenêtre, considérant la morosité de l'hiver, mais le cœur plein d'espoir et d'amour.

"Viens t'asseoir à côté de moi, cher Eddie," dit-elle. "Je ne t'ai presque pas vu de la journée."

« Il faut que je sorte », dit-il sans se retourner.

« Oh non, ce n'est pas le cas. Viens ici et asseyez-vous.

"Je viendrai pendant deux minutes, le temps qu'ils installent le piège."

"Embrasse-moi."

Il l'a embrassée et elle a ri. "Espèce de drôle de garçon, je ne crois pas que tu te soucies de m'embrasser un peu."

Il ne pouvait pas répondre, car à ce moment le piège se dirigeait vers la porte et il bondissait.

"Où vas-tu?"

"Je vais voir le vieux Potts à Herne à propos de moutons."

"Est-ce tout? Ne penses-tu pas que tu pourrais rester un après-midi quand je te le demande ?

"Pourquoi?" il a répondu. « Il n'y a rien à faire ici. Personne ne vient, je suppose.

"Je veux être avec toi, Eddie," dit-elle plaintivement.

Il rit. "J'ai bien peur de ne pas pouvoir annuler un rendez-vous juste pour ça."

« Dois-je venir avec toi alors ? »

"Pourquoi diable?" » demanda-t-il avec surprise.

"Je veux être avec vous; Je déteste être toujours séparé de toi.

« Mais nous ne sommes pas toujours séparés. Arrêtez tout, il me semble que nous sommes toujours ensemble.

"Vous ne remarquez pas mon absence comme je remarque la vôtre", dit Bertha à voix basse en baissant les yeux.

"Mais il pleut comme des chats et des chiens, et vous serez mouillé si vous venez."

"Qu'est-ce que ça m'importe si je suis avec toi!"

"Alors viens par tous les moyens si tu veux."

« Vous ne vous souciez pas de savoir si je viens ou non ; ce n'est rien pour toi.

"Eh bien, je pense que ce serait très idiot de ta part de venir sous la pluie. Vous pariez que je ne devrais pas y aller si je pouvais m'en empêcher.

"Alors vas-y", dit-elle. Elle retint avec difficulté les paroles amères qui lui restaient sur le bout de la langue.

« Vous êtes bien mieux à la maison », dit joyeusement son mari. « Je serai là pour prendre le thé à cinq heures. Ta-ta ! »

Il aurait pu dire mille choses. Il aurait pu dire que rien ne lui ferait plus plaisir que qu'elle l'accompagne, que le rendez-vous pourrait aller au diable et qu'il resterait avec elle. Mais il s'en alla en sifflant gaiement. Il s'en fichait. Les joues de Bertha devinrent rouges sous l'humiliation de son refus.

« Il ne m'aime pas », dit-elle, et tout à coup elle fondit en larmes, les premières larmes de sa vie conjugale, les premières qu'elle pleurait depuis la mort de son père ; et ils lui ont fait honte. Elle essaya de les contrôler, mais n'y parvint pas et pleura de façon incontrôlable. Les paroles d'Edward semblaient terriblement cruelles ; elle se demandait comment il avait pu les dire.

«Je m'y attendais», dit-elle; "il ne m'aime pas."

Elle se fâchait contre lui, se rappelant les petites froideurs qui l'avaient souvent blessée. Souvent, il la repoussait presque lorsqu'elle venait le caresser — parce qu'il avait en ce moment autre chose à occuper ; souvent il avait laissé sans réponse ses protestations d'affection éternelle. Ne savait-il pas qu'il l'avait coupée au vif ? Quand elle lui disait qu'elle l'aimait de tout son cœur, il se demandait si l'horloge était remontée ! Berthe réfléchit pendant deux heures sur son malheur, et, ignorant l'heure, fut surprise d'entendre de nouveau le piège à la porte ; sa première impulsion fut de courir et de laisser entrer Edward, mais elle se retint. Elle était très en colère. Il entra et lui criant qu'il était mouillé et qu'il devait se changer, il monta à l'étage. Bien sûr, il n'avait pas remarqué que, pour la première fois depuis leur mariage, sa femme ne l'avait pas rencontré dans le hall lorsqu'il était entré : il n'avait jamais rien remarqué.

Edward entra dans la pièce, son visage rayonnant d'air frais.

« Par Jupiter, je suis content que tu ne sois pas venu. La pluie est simplement tombée à verse. Et le thé ? Je meurs de faim."

Il pensait à son thé quand Bertha voulait des excuses, d'humbles excuses, une demande de pardon. Il était aussi joyeux que d'habitude et totalement inconscient du fait que sa femme pleurait elle-même dans une passion immense.

« Avez-vous acheté votre mouton ? » dit-elle d'un ton indigné. Elle tenait à ce qu'Edward s'aperçoive de son trouble, afin qu'elle puisse lui reprocher ses péchés ; mais il ne remarqua rien.

«Pas grand-chose», crie-t-il. "Je n'aurais pas donné cinq dollars pour tout ça."

"Tu aurais aussi bien pu rester avec moi, comme je te l'ai demandé."

« En ce qui concerne les affaires, je pourrais vraiment le faire. Mais j'ose dire que la traversée du pays m'a fait du bien. C'était un homme qui faisait toujours le meilleur des choses.

Bertha prit un livre et commença à lire.

« Où est le journal ? » demanda Edward. "Je n'ai pas encore lu les principaux articles."

"Je suis sûr que je ne sais pas."

Ils restèrent assis jusqu'au dîner, Edward parcourant méthodiquement le *Standard* , colonne après colonne ; Bertha feuilletait les pages de son livre, essayant de comprendre, mais ne s'occupant que de ses blessures. Ils mangèrent le repas presque en silence, car Edward n'était pas bavard. Il fit simplement remarquer que bientôt ils mangeraient des pommes de terre nouvelles et qu'il avait rencontré le Dr Ramsay. Bertha répondit par monosyllabes.

« Tu es très silencieuse, Bertha », remarqua-t-il plus tard dans la soirée. "Quel est le problème?"

"Rien!"

« Vous avez mal à la tête ? »

"Non!"

Il ne s'enquit plus, convaincu que son silence était dû à des causes naturelles. Il ne semblait pas remarquer qu'elle était différente de d'habitude. Elle se retint aussi longtemps qu'elle le put, mais finit par éclater, faisant référence à sa remarque d'une heure auparavant.

« Est-ce que ça vous importe si j'ai mal à la tête ou pas ? Ce n'était pas tant une question qu'une raillerie.

Il leva les yeux avec surprise. "Quel est le problème?"

Elle le regarda puis, avec un geste d'impatience, se détourna. Mais s'approchant d'elle, il passa son bras autour de sa taille.

"Tu ne vas pas bien, chérie?" » demanda-t-il avec inquiétude.

Elle le regarda de nouveau, mais maintenant ses yeux étaient pleins de larmes et elle ne pouvait réprimer un sanglot.

"Oh, Eddie, sois gentil avec moi", dit-elle, faiblissant soudainement.

"Dites-moi ce qui ne va pas."

Il l'entoura de ses bras et l'embrassa sur les lèvres. Ce contact ranima la passion mourante depuis une heure, et elle fondit en larmes.

« Ne sois pas en colère contre moi, Eddie », sanglotait-elle ; c'est elle qui s'est excusée et a trouvé des excuses. « J'ai été horrible avec toi ; Je n'ai pas pu m'en empêcher. Vous n'êtes pas en colère, n'est-ce pas ?

"Pourquoi diable?" » demanda-t-il, complètement intrigué.

"J'ai été tellement blessé cet après-midi parce que tu ne semblais pas te soucier de moi, deux pailles. Tu dois m'aimer, Eddie ; Je ne peux pas vivre sans.

"Tu *es* idiot", dit-il en riant.

Elle sécha ses larmes en souriant. Son pardon la réconfortait et elle se sentait désormais triplement heureuse.

# Chapitre XI

MAIS Edward n'était certainement pas un amant ardent. Bertha ne pouvait pas dire quand elle avait remarqué pour la première fois son insensibilité ; au début, elle savait seulement qu'elle aimait son mari de tout son cœur, et son ardeur avait éclairé son attachement un peu pâle jusqu'à ce qu'il paraisse briller aussi fort que le sien. Mais peu à peu, elle commença à penser qu'il ne rendait que très peu de chose à la richesse d'affection qu'elle lui prodiguait. Les causes de son mécontentement étaient à peine explicables : un léger mouvement de retrait, une indifférence à ses sentiments, des petits riens qui avaient semblé presque comiques. Berthe compara d'abord Édouard à l'Hippolite de *Phèdre* , il était indompté et sauvage ; les baisers d'une femme lui faisaient peur ; son flegme lui plaisait, déguisé en sauvagerie rustique, et elle disait que sa passion devait faire fondre les glaçons dans son cœur. Mais bientôt elle ne trouva plus sa passivité amusante, parfois elle lui faisait des reproches, et souvent, lorsqu'elle était seule, elle pleurait.

"Je me demande si vous réalisez quelle douleur vous me causez parfois", a déclaré Bertha.

"Oh, je ne pense pas faire quelque chose de ce genre."

"Tu ne le vois pas... Quand je t'embrasse, c'est la chose la plus naturelle au monde que tu me repousses, comme si... presque comme si tu ne pouvais pas me supporter."

"Absurdité!"

Pour lui-même, Edward était le même maintenant que lorsqu'ils s'étaient mariés pour la première fois.

« Bien sûr, après quatre mois de vie conjugale, on ne peut pas s'attendre à ce qu'un homme soit le même que lors de sa lune de miel. On ne peut pas toujours faire l'amour et canoter. Chaque chose en son temps et sa saison », a-t-il ajouté, avec le penchant de l'homme sans originalité pour la philosophie proverbiale.

Après la journée de travail, il aimait lire tranquillement son *Standard* , alors quand Bertha s'approchait de lui, il la mettait doucement à l'écart.

"Laisse-moi tranquille un peu, c'est une gentille fille."

"Oh, tu ne m'aimes pas", s'écria-t-elle alors, ayant l'impression que son cœur allait se briser.

Il ne leva pas les yeux de son journal et ne répondit pas ; il était au milieu d'un article de fond.

"Pourquoi ne réponds-tu pas?" elle a pleuré.

"Parce que tu dis des bêtises."

Il était le meilleur des hommes, et le caractère de Bertha ne troublait jamais son équilibre. Il savait que les femmes se sentaient parfois un peu irritables, mais si un homme leur donnait beaucoup de corde, elles se calmeraient au bout d'un moment.

« Les femmes sont comme des poules », a-t-il déclaré à un ami. "Donnez-leur une bonne course, bien enfermés avec un solide grillage, afin qu'ils ne puissent pas commettre de bêtises, et quand ils gloussent et ricanent, restez assis et n'y prêtez pas attention."

Le mariage n'avait pas fait une grande différence dans la vie d'Edward. Il avait toujours été un homme aux habitudes régulières et il continuait à les cultiver. Bien sûr, il était plus à l'aise.

« C'est indéniable : un homme veut qu'une femme s'occupe de lui », a-t-il déclaré au Dr Ramsay, qu'il rencontrait parfois lors des visites de ce dernier. "Avant de me marier, je trouvais mes chemises usées en un rien de temps, mais maintenant, quand je vois un revers devenir un peu groggy, je le donne simplement à la Missis et elle le rend comme neuf."

"Il y a beaucoup de travail supplémentaire, n'est-ce pas, maintenant que vous avez pris la ferme familiale ?"

« Oh, soyez bénis, j'apprécie ça. Le fait est que je n'arrive pas à avoir assez de travail. Et il me semble que si l'on veut rentabiliser l'agriculture aujourd'hui, il faut le faire à grande échelle.»

Toute la journée, Edward était occupé, sinon aux fermes, du moins aux affaires de Blackstable, Tercanbury et Faversley.

"Je n'approuve pas l'oisiveté", a-t-il déclaré. "On dit toujours que le diable trouve du travail à faire pour des mains oisives, et, ma parole, je pense qu'il y a beaucoup de vérité là-dedans."

Miss Glover, à qui ce sentiment était adressé, approuva naturellement, et quand Edward sortit immédiatement après, la laissant avec Bertha, elle dit :

« Quel brave garçon votre mari ! Cela ne vous dérange pas que je le dise, n'est-ce pas ?

"Pas si cela vous plaît", dit sèchement Bertha.

« J'entends des éloges à son sujet de toutes parts. Bien sûr, Charles a la plus haute opinion de lui.

Bertha ne répondit pas et Miss Glover ajouta : « Vous ne pouvez pas imaginer à quel point je suis heureuse que vous soyez si heureuse.

Berthe sourit. "Tu as un si bon cœur, Fanny."

La conversation s'éternisa et, après cinq minutes de silence pesant, Miss Glover se leva pour partir. Lorsque la porte se fut refermée sur elle, Bertha se laissa tomber sur sa chaise, réfléchissant. C'était l'un de ses jours malheureux : Eddie était entré dans Blackstable et elle avait souhaité l'accompagner.

"Je ne pense pas que tu ferais mieux de venir avec moi", dit-il. "Je suis un peu pressé et je marcherai vite."

« Moi aussi, je peux marcher vite », dit-elle, le visage assombri.

« Non, tu ne peux pas… je sais ce que tu appelles marcher vite. Si tu veux, tu peux venir me retrouver sur le chemin du retour.

« Oh, tu fais tout ce que tu peux pour me blesser. On dirait que vous avez accueilli favorablement une opportunité d'être cruel.

«Comme tu es déraisonnable, Bertha. Ne vois-tu pas que je suis pressé et que je n'ai pas le temps de flâner et de bavarder des boutons d'or.

"Eh bien, entrons en voiture."

"C'est impossible. La jument ne va pas bien et le poney a eu une dure journée hier ; il doit se reposer aujourd'hui.

« C'est simplement parce que tu ne veux pas que je vienne. C'est toujours pareil, jour après jour. Vous inventez n'importe quoi pour vous débarrasser de moi.

Elle fondit en larmes, sachant que ce qu'elle disait était injuste, mais se sentant néanmoins extrêmement maltraitée. Edward sourit avec une bonne humeur irritante.

"Tu seras désolé pour ce que tu as dit quand tu te seras calmé, et tu voudras alors que je te pardonne."

Elle leva les yeux en rougissant. "Vous pensez que je suis un enfant et un imbécile."

"Non, je pense juste que tu n'es pas en forme aujourd'hui."

Puis il sortit en sifflant, et elle l'entendit donner un ordre au jardinier avec son air habituel, aussi gai que si de rien n'était. Bertha savait qu'il avait déjà oublié la petite scène. Rien n'altère sa bonne humeur. Elle pourrait pleurer, elle pourrait lui arracher le cœur (métaphoriquement) et le cogner par terre, Edward ne serait pas dérangé ; il serait toujours placide, de bonne humeur et indulgent. Les mots durs, dit-il, ne brisaient les os de personne : « Les femmes sont comme des poulets, quand elles gloussent et ricanent, elles restent assises et n'y prêtent pas attention !

À son retour, Edward ne parut pas voir que sa femme était de mauvaise humeur. Son moral était toujours égal et il était une personne peu observatrice. Elle lui répondit par monosyllabes, mais il bavardait, ravi d'avoir conclu une bonne affaire avec un homme de Blackstable. Bertha aurait souhaité qu'il fasse des remarques sur son état afin de pouvoir lui faire des reproches, mais Edward était désespérément stupide – ou bien il voyait et ne voulait pas lui donner l'occasion de parler. Bertha, presque pour la première fois, était sérieusement en colère contre son mari et cela lui faisait peur : tout à coup, Edward lui parut un ennemi et elle souhaitait lui infliger du mal. Elle ne comprenait pas elle-même : que allait-il se passer ensuite ? Pourquoi ne dirait-il pas quelque chose pour qu'elle puisse exprimer ses malheurs et se réconcilier ensuite ! La journée avançait et elle gardait un silence maussade ; son cœur commençait à lui faire terriblement mal – la nuit arrivait, et Edward ne faisait toujours aucun signe ; elle cherchait une occasion de déclencher la querelle, mais rien ne lui était proposé. Bertha faisait semblant de s'endormir et elle ne lui donnait pas le baiser, le baiser incessant des amants qu'ils échangeaient toujours. Il le remarquerait sûrement, il lui demanderait sûrement ce qui la troublait, et alors elle pourrait enfin le mettre à genoux. Mais il n'a rien dit ; il était fatigué après une dure journée de travail et, sans un mot, il s'endormit ; au bout de cinq minutes, Bertha entendit sa respiration lourde et régulière.

Puis elle est tombée en panne ; elle ne pouvait jamais dormir sans lui dire bonsoir, sans le baiser de ses lèvres.

« Il est plus fort que moi, dit-elle, parce qu'il ne m'aime pas. »

Bertha pleurait silencieusement ; elle ne pouvait pas supporter d'être en colère contre son mari. Elle se soumettrait à tout plutôt que de passer la nuit dans la colère et le lendemain aussi malheureuse que celle-ci. Elle était entièrement humiliée. Enfin, ne pouvant plus supporter l'agonie, elle le réveilla.

"Eddie, tu ne m'as pas dit bonsoir."

"Par Jupiter, j'ai tout oublié", répondit-il d'un ton endormi. Bertha étouffa un sanglot.

« Salut, qu'est-ce qu'il y a ? il a dit. "Tu ne pleures pas juste parce que j'ai oublié de t'embrasser, j'étais terriblement pédé, tu sais."

En réalité, il n'avait rien remarqué ; tandis qu'elle traversait une détresse totale, il avait été aussi heureux et satisfait de lui-même que d'habitude. Mais la réapparition momentanée de la colère de Bertha fut rapidement apaisée. Elle ne pouvait pas se permettre d'être fière maintenant.

"Tu n'es pas en colère contre moi?" dit-elle. "Je ne peux pas dormir à moins que tu m'embrasses."

"Fille stupide!" Il murmura.

"Tu m'aimes, n'est-ce pas?"

"Oui."

Il l'embrassa comme elle aimait qu'on l'embrasse, et, dans le plaisir, sa colère fut complètement oubliée.

« Je ne peux pas vivre si tu ne m'aimes pas. Oh, j'aimerais pouvoir te faire comprendre à quel point je t'aime… Nous sommes à nouveau amis maintenant, n'est-ce pas ?

"Nous n'avons jamais été autrement."

Bertha poussa un soupir de soulagement et resta dans ses bras complètement heureuse. Une minute de plus et la respiration d'Edward lui dit qu'il s'était déjà endormi ; elle n'osait pas bouger de peur de le réveiller.

L'été apporta à Bertha de nouveaux plaisirs et elle se mit à profiter de la vie pastorale qu'elle avait imaginée. Les ormes de Court Leys étaient maintenant sombres de feuilles ; et la verdure dense et bien ajustée donnait à la maison un aspect assez majestueux. L'orme est le plus respectable des arbres, trop pompeux, mais parfaitement bien élevé ; et l'ombre qu'elle projette n'est pas une ombre ordinaire, mais solide et sûre d'elle, comme il sied à la propriété d'une famille de comté. Le tronc tombé avait été enlevé et, à l'automne, de jeunes arbres devaient être plantés dans les espaces vacants. Edward s'était fixé la volonté de remettre les lieux en ordre. Le printemps avait vu une nouvelle couche de peinture sur Court Leys, de sorte qu'elle ressemblait à la villa de banlieue d'un agent de change. Les lits qui avaient été négligés pendant des années étaient désormais garnis des abominations de la moquette ; des carrés de géraniums rouges contrastant avec des cercles de calcellarias jaunes ; les buis envahis par la végétation ont été coupés à juste hauteur ; la haie d'aubépines était condamnée et Edward avait fait en sorte de clôturer le terrain avec une palissade en bois et des buissons de lauriers. L'allée était agrémentée de plusieurs charges de gravier, de sorte qu'elle devenait un objet de fierté pour le successeur d'une race ancienne et nonchalante. Craddock n'avait pas régné à leur place depuis quinze jours avant que les moutons crasseux soient expulsés des pelouses des deux côtés de l'avenue, et depuis lors, l'herbe avait été assidûment tondue et roulée. Maintenant, un court de tennis avait été délimité, ce qui, comme le disait Edward, donnait aux choses un aspect simple. Enfin, les portes en fer étaient magnifiques en noir et or, ce qui convenait à l'entrée d'un manoir de gentleman, et le pavillon rénové prouvait à tout le monde que Court Leys était entre les mains d'un homme qui savait ce qui se passait et se réjouissait des convenances.

Bien que Bertha abhorrait toutes les innovations, elle avait docilement accepté les améliorations d'Edward : elles constituaient un sujet de conversation inépuisable, et son enthousiasme lui plaisait toujours.

« Par Jupiter, dit-il en se frottant les mains, les changements feront sursauter ta tante, n'est-ce pas ?

"Ils le feront effectivement", dit Bertha en souriant.

Elle frémit un peu à la perspective des éloges sarcastiques de Miss Ley.

« Elle reconnaîtra à peine l'endroit ; la maison a l'air comme neuve, et le terrain aurait pu être aménagé il y a seulement une demi-douzaine d'années... Donnez-moi encore cinq ans et même vous ne connaîtrez plus votre ancienne maison.


Miss Ley avait finalement accepté l'une des invitations qu'Edward avait insisté pour qu'elle lui soit adressée, et elle avait écrit pour lui dire qu'elle viendrait passer une semaine. Edward était bien sûr très content ; comme il le disait, il voulait être ami avec tout le monde, et il ne semblait pas naturel que le seul parent de Bertha se fasse un devoir de les éviter.

"On dirait qu'elle n'approuve pas notre mariage, et ça fait parler les gens."

Il rencontra la bonne dame à la gare et, à son grand dégoût, la salua avec effusion.

« Ah, vous voilà enfin ! » beugla-t-il, à sa manière joviale. « Nous pensions que vous ne viendriez jamais. Ici, porteur ! Il éleva la voix de telle sorte que la plate-forme trembla et gronda.

Il saisit les deux mains de Miss Ley, et la pensée terrifiante lui traversa l'esprit qu'il l'embrasserait devant la multitude assemblée.

« Il cultive des airs de châtelain », pensa-t-elle. "J'aurais aimé qu'il ne le fasse pas."

Il prit les innombrables sacs avec lesquels elle voyageait et les dispersa parmi les assistants. Il essaya même de la convaincre de porter son bras vers la charrette à chiens, mais elle refusa catégoriquement cet honneur.

« Maintenant, viens de ce côté et je vais t'aider à te relever. Vos bagages viendront ensuite avec le poney.

Il gérait tout avec assurance et maestria ; Miss Ley remarqua que le mariage avait dissipé la timidité qui était chez lui un trait plutôt attrayant. Il devenait bluffant et chaleureux. Il remplissait aussi. La prospérité et une connaissance plus importante lui avaient élargi le dos et redressé les épaules ; il mesurait bien trois pouces de plus en tour de poitrine que lorsqu'elle l'avait connu pour la première fois, et sa taille avait augmenté proportionnellement.

« S'il continue à se développer ainsi, pensait-elle, l'homme bon sera colossal à quarante ans. »

"Bien sûr, tante Polly", dit-il en laissant tomber hardiment la respectueuse *Miss Ley* , qu'il avait jusqu'ici invariablement utilisée, bien que sa nouvelle parente ne soit pas une femme que la plupart des hommes auraient osé traiter familièrement. « Bien sûr, c'est vraiment pourri que vous nous quittiez dans une semaine ; vous devez rester au moins deux mois.

"C'est très gentil de votre part, cher Edward," répondit sèchement Miss Ley, "mais j'ai d'autres engagements."

« Alors vous devez les briser ; Je ne peux pas laisser les gens quitter ma maison immédiatement après leur arrivée.

Miss Ley haussa les sourcils et sourit ; c'était déjà *sa* maison ? Cher moi!

« Mon cher Edward, répondit-elle, je ne reste jamais plus de deux jours : le premier jour où je parle aux gens, le deuxième je les laisse me parler et le troisième je pars... Je reste une semaine à hôtels pour aller *en pension* et faire bien aérer mon linge.

"Vous nous traitez comme un hôtel," dit Edward en riant.

"C'est un grand compliment : dans les maisons privées, on est si abominablement servi."

« Eh bien, nous n'en dirons pas plus. Mais je ferai porter votre malle au débarras et j'en garde la clef.

Miss Ley eut un rire court et sec qui dénotait que la remarque de son interlocuteur ne l'avait pas amusée, mais quelque chose dans son esprit. Bientôt, ils arrivèrent à Court Leys.

"Voyez-vous toutes les différences depuis votre dernière visite ici?" » demanda Edward jovialement.

Miss Ley regarda autour d'elle et pinça les lèvres.

«C'est charmant», dit-elle.

«Je savais que ça te ferait asseoir», crie-t-il en riant.

Bertha reçut sa tante dans le hall et l'embrassa avec le grave décorum qui avait toujours caractérisé leurs relations.

« Comme vous êtes intelligente, Bertha », dit Miss Ley ; "tu parviens à préserver ta belle silhouette."

Puis elle se mit solennellement à enquêter sur le bonheur conjugal du jeune couple.

# Chapitre XII

La passion d'analyser les autres créatures occasionnelles était le vice le plus absorbant que possédait Miss Ley ; et aucun lien de parenté ou d'affection (les deux ne vont pas toujours ensemble) ne l'empêchait d'exercer ses talents dans ce sens. Elle observa Bertha et Edward pendant le déjeuner : Bertha était bavarde, bavardant avec une vivacité qui semblait suspecte, à propos des voisins – Mme. les nouveaux bonnets et les nouveaux cheveux de Branderton, les bonnes œuvres de Miss Glover et les visites de M. Glover à Londres ; Edward resta silencieux, sauf lorsqu'il pressa Miss Ley de prendre une seconde portion. Il mangeait beaucoup, et la demoiselle remarquait les énormes bouchées qu'il prenait et la cordialité avec laquelle il buvait sa bière. Bien sûr, elle en tirait des conclusions ; et elle tira d'autres conclusions, quand, après avoir dévoré une demi-livre de fromage et bu une dernière gorgée de bière, il repoussa sa chaise et, avec une sorte de rugissement sourd, rappelant celui d'une bête de proie gorgée de nourriture, dit :

« Ah, eh bien, je suppose que je dois me mettre à mon travail. Il n'y a pas de repos pour ceux qui sont fatigués.

Il sortit de sa poche une nouvelle pipe en bois de bruyère, la remplit et l'alluma.

« Je me sens mieux maintenant… Eh bien, pour toujours ; Je viendrai prendre le thé.

Les conclusions bourdonnaient à propos de Miss Ley, comme des moucherons un jour d'été. Elle les a dessinés tout l'après-midi ; elle les a dessinés tout au long du dîner. Bertha était également expansive, ce qui était inhabituel ; et Miss Ley se demanda une douzaine de fois si ce flot de bavardages, ces éclats de rire provenaient d'un cœur léger ou d'un désir vil de tromper une tante d'âge moyen et curieuse. Après le dîner, Edward, lui disant que bien sûr elle faisait partie de la famille et qu'il espérait qu'elle ne souhaitait pas qu'il participe à une cérémonie, commença à lire le journal. Lorsque Bertha, à la demande de Miss Ley, jouait du piano, les bonnes manières lui faisaient le mettre de côté, et il bâillait une douzaine de fois en un quart d'heure.

"Je ne dois plus jouer", dit Bertha, "sinon Eddie va dormir, n'est-ce pas, chérie?"

"Je ne devrais pas me le demander", répondit-il en riant. "Le fait est que les choses que Bertha joue quand nous avons de la compagnie me donnent la chance!"

"Edward n'accepte d'écouter que lorsque je joue *The Blue Bells of Scotland* ou *Yankee Doodle* ."

Bertha fit cette remarque en souriant gentiment à son mari, mais Miss Ley en tira des conclusions.

« Cela ne me dérange pas d'avouer que je ne supporte pas toute cette musique étrangère. Ce que je dis à Bertha, c'est : pourquoi ne peux-tu pas jouer des trucs anglais ?

"Si vous devez jouer du tout", intervint sa femme.

"Après tout, *les Blue Bells of Scotland* ont une mélodie à ce sujet dans laquelle un gars peut se mettre sous la dent."

"Vous voyez, il y a la différence", dit Bertha en grattant quelques mesures de *Rule Britannia* , "ça me met en colère."

"Eh bien, je suis patriote", rétorqua Edward. « J'aime les bons airs anglais honnêtes et simples. Je les aime parce qu'ils sont anglais. Je n'ai pas honte de dire que pour moi, le meilleur morceau de musique jamais écrit est *God Save the Queen* .

"Qui a été écrit par un Allemand, cher Edward", dit Miss Ley en souriant.

"C'est comme ça," dit Edward, sans vergogne, "mais le sentiment est anglais et c'est tout ce qui m'importe."

"Entendre! entendre!" s'écria Berthe. «Je crois qu'Edward aspire à une carrière politique. Je sais que je finirai comme l'épouse du député local »

"Je suis patriote", a déclaré Edward, "et je n'ai pas honte de l'avouer."

« Rule Britannia », chantait Bertha, « Britannia règne sur les vagues, les Britanniques ne seront jamais, jamais esclaves. Ta-ra-ra-boom-de-ay ! Ta-ra-ra-boom-de-ay !

« C'est partout pareil maintenant », poursuit l'orateur. « Nous sommes remplis d'étrangers et de leurs biens. Je pense que c'est scandaleux. La musique anglaise n'est pas assez bonne pour vous : vous l'obtenez de France et d'Allemagne. D'où sors-tu ton beurre ? Bretagne! D'où viens-tu ta viande ? Nouvelle-Zélande!" » Il dit cela avec beaucoup de mépris, et Bertha ponctua cette observation d'une corde sensible. « Et en ce qui concerne le beurre, ce n'est pas du beurre, c'est de la margarine. D'où vient votre pain ? Amérique. Vos légumes de Jersey.

"Votre poisson de la mer", intervint Bertha.

"Et c'est ainsi tout au long de la ligne : l'agriculteur britannique n'a aucune chance !"

Bertha joua à ce discours un accompagnement burlesque qui eût irrité un homme plus sensible que Craddock ; mais il se contenta de rire avec bonhomie.

« Bertha ne prendra pas ces choses au sérieux », dit-il en passant affectueusement la main dans ses cheveux.

Elle cessa brusquement de jouer, et sa bonne humeur, jointe à ce geste affectueux, la remplit de remords. Ses yeux se remplirent de larmes.

"Tu es une bonne et chère chose", balbutia-t-elle, "et je suis tout à fait horrible."

« Maintenant, ne dis rien devant tante Polly. Tu sais qu'elle se moquera de nous.

"Oh, je m'en fiche", dit Bertha en souriant joyeusement. Elle se leva et attacha son bras au sien. "Eddie est la personne la mieux trempée au monde, il est tout à fait merveilleux."

"Il doit l'être, en effet", dit Miss Ley, "si vous avez conservé votre confiance en lui après six mois de mariage."

Mais la jeune fille avait accumulé tant d'observations qu'elle éprouva le besoin urgent de se retirer dans l'intimité de sa chambre et de les trier. Elle embrassa Bertha et tendit la main à Edward.

"Oh, si tu embrasses Bertha, tu dois m'embrasser aussi", dit-il en se penchant en riant.

"Sur ma parole!" » dit Miss Ley, quelque peu déconcertée ; puis, comme il insistait visiblement, elle l'embrassa sur la joue. Elle rougit franchement.


Le résultat des investigations de Miss Ley fut qu'une fois de plus le chemin hyménéen avait été retrouvé parsemé de roses ; et l'idée lui traversa l'esprit alors qu'elle le posait sur l'oreiller, que le Dr Ramsay viendrait certainement se réjouir d'elle : ce n'était pas dans la nature humaine masculine, pensa-t-elle, de rater une occasion de se réjouir devant un ennemi vaincu.

« Il jurera que j'ai été la cause directe du mariage. Ce cher homme, il sera si content de mon déconvenue que je n'en saurai jamais la fin. Il appellera sûrement demain.

En effet, la nouvelle de l'arrivée de Miss Ley avait été divulguée avec zèle par Edward, et Mme Ramsay avait immédiatement revêtu sa tenue de velours bleu et, dans le coupé du docteur, l'avait accompagné à Court Leys. Les Ramsay trouvèrent Miss Glover et le Vicaire de Leanham déjà en possession du terrain. M. Glover paraissait plus mince et plus âgé que la dernière fois que Miss Ley l'avait vu ; il était plus las, plus doux et plus sourd ; Miss Glover n'a jamais changé.

"La paroisse?" » dit le pasteur, en réponse à la question polie de Miss Ley, « j'ai bien peur que ce soit dans une mauvaise direction. Les dissidents ont une nouvelle chapelle, vous savez, et ils disent que l'Armée du Salut va installer des « casernes », comme ils les appellent. C'est vraiment dommage que le gouvernement n'intervienne pas : après tout, nous sommes établis par la loi et la loi devrait nous protéger contre toute ingérence.»

« Vous ne croyez pas à la liberté de conscience ? » demanda Miss Ley.

« Ma chère Miss Ley, dit le Vicaire de sa voix fatiguée, tout a ses limites. J'aurais dû penser qu'il y avait dans l'Église établie suffisamment de liberté de conscience pour chacun.

« Les choses deviennent épouvantables à Leanham », dit Miss Glover. "Maintenant, pratiquement tous les commerçants vont à la chapelle, ce qui rend la tâche très difficile pour nous."

– Oui, répondit le Vicaire avec un soupir las ; "et comme si nous n'avions pas assez de choses à supporter, j'ai entendu dire que Walker avait cessé de venir à l'église."

"Oh mon Dieu, oh mon Dieu!" » dit Miss Glover.

« Walker, le boulanger ? » » demanda Edward.

"Oui; et maintenant, le seul boulanger de Leanham qui va à l'église est Andrews.

"Eh bien, nous ne pouvons pas nous occuper de lui, Charles," dit Miss Glover, "son pain est trop mauvais."

"Ma chérie, nous le devons", gémit son frère. « Ce serait contre tous mes principes d'avoir affaire à un commerçant qui va à la chapelle. Vous devez dire à Walker d'envoyer son livre, à moins qu'il ne donne l'assurance qu'il viendra régulièrement à l'église.

"Mais le pain d'Andrews vous donne toujours une indigestion, Charles", s'écria Miss Glover.

« Je dois le supporter. Si aucun de nos martyrs n'était plus grave que cela, nous n'aurions aucune raison de nous plaindre.

"Eh bien, c'est assez facile d'obtenir votre pain à Tercanbury", a déclaré Mme Ramsay, qui était très pratique.

M. Glover et sa sœur ont levé les mains avec consternation.

«Alors Andrews allait aussi à la chapelle. La seule chose qui les retient à l'église, je suis désolé de le dire, c'est la coutume du Vicariat, ou l'espoir de l'obtenir.

Bientôt Miss Ley se retrouva seule avec la sœur du curé.

"Vous devez être très heureuse de revoir Bertha, Miss Ley."

«Maintenant, elle va chanter», pensa la bonne dame. "Bien sur que je le suis."

"Et cela doit être un tel soulagement pour vous de voir à quel point tout s'est bien passé."

Miss Ley regarda Miss Glover avec insistance, mais n'y vit aucune trace d'ironie.

« Oh, je pense que c'est beau de voir un couple marié si heureux. Cela me fait vraiment me sentir une meilleure femme quand je viens ici et que je vois comment ces deux-là s'adorent.

« Bien sûr, cette pauvre créature est une parfaite idiote », pensa Miss Ley. « Oui, c'est très satisfaisant », dit-elle sèchement.

Elle jeta un coup d'œil vers le Dr Ramsay, attendant avec impatience, même si elle était du côté des perdants, la bagarre qu'elle prévoyait. Elle avait l'instinct d' une bonne combattante et, même si la défaite était inévitable, elle n'évitait jamais une rencontre. Le médecin s'approcha.

« Eh bien, Mlle Ley. Vous êtes donc revenu vers nous. Nous sommes tous ravis de vous voir.

« Comme ces gens sont cordiaux », pensa Miss Ley, quelque peu irritée, considérant la remarque du Dr Ramsay comme un préliminaire à une plaisanterie grossière ou à un reproche. « Allons-nous faire un tour dans le jardin ; Je suis sûr que vous souhaitez vous disputer avec moi.

« Il n'y a rien que j'aimerais mieux : me promener dans le jardin, je veux dire : bien sûr, personne ne pourrait se disputer avec une personne aussi charmante que vous. »

« Il ne serait jamais aussi poli s'il n'avait pas l'intention d'être très grossier par la suite », pensa Miss Ley. "Je suis content que tu aimes le jardin."

«Craddock l'a amélioré à merveille. C'est un plaisir parfait de regarder tout ce qu'il a fait.

Cette Miss Ley envisagea une plaisanterie et chercha une répartie, mais n'en trouvant aucune, elle resta silencieuse : Miss Ley était une femme sage ! Ils firent quelques pas sans un mot, puis le Dr Ramsay éclata soudain :

"Eh bien, Miss Ley, vous aviez raison après tout."

Elle s'arrêta et regarda l'orateur : il avait l'air très sérieux.

« Oui, » dit-il, « cela ne me dérange pas de le reconnaître. J'ai eu tort. C'est un grand triomphe pour vous, n'est-ce pas ?

Il la regarda et fut secoué d'un rire de bonne humeur.

"Est-ce qu'il se moque de moi?" » se demanda Miss Ley, avec quelque chose qui n'était pas très éloigné de l'agonie. C'était la première fois qu'elle ne comprenait pas seulement le bon docteur, mais aussi ses pensées les plus intimes. "Alors vous pensez que le domaine a été amélioré ?" dit-elle précipitamment.

« Je n'arrive pas à comprendre comment cet homme a fait autant de choses en si peu de temps. Eh bien, regardez-le !

Miss Ley pinça les lèvres. " Même dans ses jours les plus délabrés, Court Leys avait l'air d'un gentleman : maintenant tout cela, " elle regarda autour d'elle le nez retroussé, " pourrait être le manoir de campagne d'un charcutier. "

"Ma chère Miss Ley, vous devez me pardonner de dire cela, mais l'endroit n'était même pas respectable."

« Mais c'est le cas maintenant ; c'est ma plainte. Mon cher docteur, autrefois, le passant pouvait constater que les propriétaires de Court Leys étaient des gens honnêtes ; qu'ils ne parvenaient pas à joindre les deux bouts, c'était un détail ; c'était peut-être parce qu'ils brûlaient un bout trop vite, ce qui est le signe d'un esprit assez délicat. Miss Ley mélangeait ses métaphores. « Et le passant a moralisé en conséquence. Pour un gentleman, il n'y a que deux états convenables : la pauvreté absolue ou la richesse écrasante ; la condition intermédiaire est vulgaire. Désormais, le passant voit une gestion économe et prudente, les deux bouts sont joints, mais il le fait de manière agressive, comme s'il s'agissait de quelque chose dont il pouvait être fier. Les centimes sont examinés avant d'être dépensés ; et, mon Dieu ! les Leys servent à énoncer une morale et à orner un conte. Les Ley, qui jouaient et dilapidaient leurs biens, qui achetaient des diamants quand ils n'avaient pas de pain et qui mettaient les diamants en gage pour offrir au roi une garden-party, forment aujourd'hui la tête d'un cahier et l'idéal d'un maraîcher.

Miss Ley avait les caractéristiques d'une véritable faiseuse de phrases, car tant que ses règles étaient bien remplies, elle ne se souciait pas du nombre d'absurdités qu'elles contenaient. Arrivant à la fin de sa tirade, elle regarda le médecin à la recherche des signes de désapprobation qu'elle croyait avoir raison, mais il se contenta de rire.

"Je vois que tu veux le souligner", dit-il.

« Que diable signifie cette créature ? » » se demanda Miss Ley.

"J'avoue que je pensais que les choses allaient mal tourner", a poursuivi le médecin. « Et je ne pouvais m'empêcher de penser qu'il serait tenté de jouer aux canards et aux drakes avec toute la propriété. Eh bien, cela ne me dérange pas de reconnaître franchement que Bertha n'aurait pas pu choisir un meilleur mari ; c'est un très bon garçon ; personne n'a réalisé ce qu'il avait en lui, et on ne sait pas jusqu'où il ira.

Un homme aurait exprimé les sentiments de Miss Ley avec un petit sifflement, mais cette dame haussa simplement ses fins sourcils. Alors le Dr Ramsay partageait l'opinion de Miss Glover ?

« Et quelle est précisément l'opinion du comté ? elle a demandé. « De cette odieuse Mme Branderton, de Mme Ryle (elle n'a aucun droit au *Mayston* du tout), des Hancock et du reste ?

« Edward Craddock a gagné des opinions en or dans tous les domaines. Tout le monde l'aime et pense bien à lui. Non, je vous l'assure, même si je n'aime pas tellement avouer que j'avais tort, c'est l'homme qu'il faut, au bon endroit. C'est extraordinaire comme les gens l'apprécient et le respectent déjà... Je vous en donne ma parole, Bertha a de quoi se féliciter : une fille ne vient pas chercher un mari comme ça tous les jours de la semaine.

Miss Ley sourit ; c'était un grand soulagement de constater qu'en réalité elle n'était pas plus stupide que la plupart des gens (c'est ce qu'elle disait modestement), car un doute à ce sujet lui avait donné une certaine inquiétude.

« Alors tout le monde se croit heureux comme des tourterelles ?

«Eh bien, ils le sont», s'écria le docteur; " *Tu* ne penses sûrement pas le contraire?"

Miss Ley n'a jamais considéré comme un devoir de dissiper les erreurs de ses semblables, et chaque fois qu'elle avait un petit morceau de connaissance, elle préférait de loin le garder pour elle.

"JE?" elle a répondu à la question du médecin. « Je me fais un devoir de réfléchir avec la majorité : c'est le seul moyen d'acquérir une réputation de sagesse ! Mais Miss Ley, après tout, n'était qu'humaine. « Selon vous, quel est le partenaire prédominant ? » demanda-t-elle en souriant sèchement.

"L'homme, comme il se doit", répondit le médecin d'un ton bourru.

"Pensez-vous qu'il a plus de cerveau?"

« Ah, vous êtes féministe », a déclaré le Dr Ramsay avec beaucoup de mépris.

"Mon cher docteur, mes gants sont six et je reconnais mes chaussures." Elle présenta au vieux gentleman une chaussure à talon très pointu, montrant en même temps le travail ajouré d'un bas de soie.

"Voulez-vous que je prenne cela comme une reconnaissance de la supériorité de l'homme ?"

« Ciel, comme tu es argumentatif ! » Miss Ley rit, car elle entrait dans son propre élément. « Je savais que tu voulais te disputer avec moi. Voulez-vous vraiment mon avis ?

"Oui."

« Eh bien, il me semble que si vous prenez une femme très intelligente et que vous la placez à côté d'un homme ordinaire, vous ne prouvez rien. C'est ainsi que les femmes argumentent le plus souvent. Nous plaçons George Eliot (qui, soit dit en passant, n'avait de femme que des jupons — et ceux-là, pas toujours) à côté du simple John Smith, et nous nous demandons tragiquement si une telle femme peut être considérée comme inférieure à un tel homme. Mais c'est idiot ! La question que je me pose depuis vingt-cinq ans est de savoir si l'idiot moyen d'une femme est plus idiot que l'idiot moyen d'un homme.

"Et la réponse?"

"Eh bien, ma parole, je ne pense pas qu'il y ait beaucoup de choix entre eux."

"Alors vous n'avez pas vraiment d'opinion sur le sujet ?" s'écria le docteur.

"C'est pourquoi je te le donne."

« Hmm ! » grogna le Dr Ramsay. "Et comment cela s'applique-t-il aux Craddocks ?"

"Cela ne s'applique pas à eux... Je ne pense pas que Bertha soit une imbécile."

"Elle ne pouvait pas l'être, ayant eu le pouvoir discrétionnaire de naître ta nièce, hein?"

"Eh bien, docteur, vous devenez assez colérique."

Ils avaient terminé la visite du jardin et Mme Ramsay apparut dans le salon, faisant ses adieux à Bertha.

« Maintenant, sérieusement, Miss Ley, dit le docteur, ils sont plutôt heureux, n'est-ce pas ? Tout le monde le pense.

« Tout le monde a toujours raison », dit Miss Ley.

"Et quelle est votre opinion?"

« Mon Dieu, quel homme insistant ! Eh bien, Dr Ramsay, tout ce que je suggérerais, c'est que — pour Bertha, vous savez, le livre de la vie est entièrement écrit en italique ; pour Edward, tout est dans la grande écriture ronde des titres du cahier... Ne pensez-vous pas que cela rendra la lecture du livre quelque peu difficile ?

# Chapitre XIII

Au cours de l'été, Edward commença à enseigner le tennis sur gazon à Bertha ; et pendant les longues soirées, quand il avait fini son travail et enfilé les flanelles qui lui allaient si bien, ils jouaient d'innombrables sets. Il était fier de son habileté dans ce domaine et trouvait naturellement ennuyeux de jouer avec un débutant ; mais il était très patient, espérant que Bertha finirait par acquérir suffisamment d'adresse pour lui offrir un bon match. Faire quelque chose avec son mari amusait suffisamment Bertha. Elle aimait qu'il corrige ses erreurs, qu'il lui montre tel ou tel coup ; elle admirait sa bonhomie et son entrain inépuisable. Mais son plus grand plaisir était de s'allonger sur la chaise longue près de la pelouse quand ils avaient fini, et de savourer le sentiment d'épuisement, de bavarder sur les petits riens que l'amour rendait passionnants et intéressants.

Miss Ley avait été persuadée de prolonger son séjour. Elle avait juré d'y aller à la fin de sa semaine ; mais Édouard, de sa manière autoritaire, avait ordonné qu'on lui donne la clé du débarras et avait refusé de la rendre.

« Oh non, dit-il, je ne peux pas faire venir les gens ici, mais je peux les empêcher de partir. Dans cette maison, chacun doit faire ce que je lui dis ; n'est-ce pas, Bertha ?

"Si tu le dis, Edward," répondit sa femme.

Miss Ley accéda gracieusement au désir de son neveu, ce qui était d'autant plus facile que la maison était confortable, qu'elle n'avait en réalité aucun engagement urgent et que son esprit était résolu à approfondir l'examen de la vie conjugale de ses parents. Cela aurait été une faiblesse, indigne d'elle, de maintenir son intention par souci de cohérence.

Pourquoi pendant des jours ensemble Edward et Bertha étaient-ils les amants les plus heureux, et puis tout à coup pourquoi Bertha se comportait-elle presque brutalement envers son mari, alors qu'il restait invariablement de bonne humeur et aimable ? La raison évidente était qu'une petite querelle avait surgi, comme celle qui, depuis Adam et Ève, trouble tous les couples mariés du monde ; mais la raison évidente était celle à laquelle Miss Ley était la moins susceptible de croire. Elle n'a jamais vu quoi que ce soit qui puisse constituer un désaccord, Bertha a accepté toutes les propositions de son mari ; et avec une telle docilité d'un côté, une telle bonne humeur de l'autre, qu'est-ce qui pourrait bien constituer une pomme de discorde ?

Miss Ley avait découvert que lorsque les feuilles vertes de la vie deviennent rouges et dorées à l'approche de l'automne, la plupart des plaisirs peuvent être obtenus par un mélange judicieux et simple des dons de la nature et des ressources de la civilisation. Elle se contentait de venir le soir sur le terrain de tennis et de s'asseoir sur une chaise confortable à l'ombre des arbres et protégée par un parasol rouge des rayons du soleil couchant. Elle n'était pas femme à se distraire dans les travaux d'aiguille et emportait donc avec elle un volume de Montaigne, son écrivain favori. Elle lut une page puis leva ses yeux perçants vers les joueurs. Edward était certainement très beau – il avait l'air si propre, et il était évident pour l'observateur le plus occasionnel qu'il se lavait quotidiennement : il faisait partie de ces hommes qui portent le bain du matin gravé sur chaque ligne de leur visage. Vous pensiez que Pear's Soap était pour lui aussi essentiel que sa croyance dans le Parti conservateur, le Derby Day et la dépression agricole. Comme Bertha le disait souvent, son énergie était surabondante. Malgré sa taille croissante, il était très agile et accomplissait perpétuellement des exploits de force inutiles, comme sauter et sauter par-dessus le filet, tenant des chaises avec le bras tendu.

« Si la santé et une bonne digestion sont tout ce qui est nécessaire à un mari, Bertha devrait certainement être la femme la plus heureuse du monde. »

Miss Ley n'a jamais cru si implicitement à ses propres théories qu'on l'empêchait d'en rire. Elle avait un esprit impartial et voyait assez clairement les deux côtés d'une question pour ne pas trouver de choix entre eux ; par conséquent, elle était capable et désireuse d'argumenter avec la même force des deux points de vue.

Le décor était terminé et Bertha se jeta sur une chaise, haletante.

"Trouvez les balles, il y a une chérie", cria-t-elle.

Edward partit à la recherche et Bertha le regarda avec un délicieux sourire.

«C'est une personne de très bon caractère», dit-elle à Miss Ley. « Parfois, il me fait vraiment honte. »

« Il a toutes les vertus. Le Dr Ramsay, les Glovers, et même Mme Branderton, n'ont cessé de me faire l'éloge.

« Oui, ils l'aiment tous. Arthur Branderton est toujours là, lui demandant son avis sur quelque chose ou autre. C'est une bonne et chère chose.

"OMS? Arthur Branderton ?

"Non, bien sûr que non, Eddie."

Bertha ôta son chapeau et s'allongea plus confortablement sur la chaise longue. Ses cheveux étaient quelque peu en désordre, et les riches mèches erraient sur son front et sur sa nuque d'une manière qui aurait distrait n'importe quel poète mineur de moins de soixante-dix ans. Miss Ley regarda le beau profil de sa nièce et s'étonna à nouveau du teint, composé des couleurs les plus douces au soleil couchant. Ses yeux étaient maintenant liquides d'amour, langoureux avec l'ombre de longs cils ; et sa bouche pleine et sensuelle était entrouverte avec un sourire.

« Mes cheveux sont-ils très en désordre ? » demanda Bertha, captant le regard de Miss Ley et sa signification.

"Non, je pense que ça te convient quand ce n'est pas fait trop sévèrement."

« Edward déteste ça ; il aime que je sois primitif... Et bien sûr, je me fiche de mon apparence tant qu'il est content. Ne trouvez-vous pas qu'il est très beau ? Puis, sans attendre de réponse, elle posa une deuxième question.

"Pensez-vous que je suis un grand imbécile d'être si amoureux, tante Polly?"

"Ma chérie, c'est sûrement le comportement approprié avec son conjoint légitime."

Le sourire de Bertha devint un peu triste lorsqu'elle répondit :

"Edward semble trouver cela inhabituel." Elle le suivit des yeux, ramassant les balles une à une, chassant parmi les buissons : elle avait envie de confidences cet après-midi-là. « Tu ne sais pas à quel point tout a été différent depuis que je suis tombé amoureux. Le monde est plus rempli... C'est le seul État dans lequel il vaut la peine de vivre. Edward avança avec les huit balles de sa raquette. "Viens ici et laisse-toi embrasser, Eddie," cria-t-elle.

"Pas si je le sais," répondit-il en riant. « Bertha est une véritable terreur. Elle veut que je passe toute ma vie à l'embrasser... Tu ne trouves pas que c'est déraisonnable, tante Polly ? Ma devise est : chaque chose à sa place et à sa saison.

« Un baiser le matin, dit Bertha, un baiser le soir suffira à faire taire votre femme ; et le reste du temps, vous pouvez vaquer à votre travail et lire votre article.

Bertha sourit à nouveau avec charme, mais Miss Ley ne voyait aucun amusement dans ses yeux.

"Eh bien, on peut avoir trop de bonnes choses", dit Edward, en équilibre sa raquette sur le bout de son nez.

« Même de philosophie proverbiale », remarqua Bertha.


Quelques jours plus tard, son invitée ayant définitivement annoncé qu'elle devait partir, Edward proposa une soirée tennis en guise d'honneur d'adieu. Miss Ley aurait volontiers échappé à un après-midi de bavardage avec les notables de Leanham, mais Edward était déterminé à accorder toute l'attention à sa tante, et sa conscience intérieure lui assurait qu'au moins une petite fête était nécessaire à l'occasion. Ils sont venus, M. et Miss Glover, les Branderton, les Hancock, M. Atthill Bacot, le grand homme politique (du district). Mais M. Atthill Bacot était plus que politique, il était galant et il se consacrait au divertissement de Miss Ley. Il discuta avec elle des péchés du gouvernement et de l'incapacité de l'armée.

« Plus d'hommes, plus d'armes ! » il a dit. « Une éducation élémentaire de bon sens pour les officiers, et des rudiments de grammaire s'il reste du temps !

« Bon Dieu, monsieur Bacot, il ne faut pas dire de telles choses. Je pensais que vous étiez conservateur.

« Madame, j'ai représenté la circonscription en 1985. Je peux dire que si un député conservateur avait pu être élu, j'aurais dû être élu. Mais il y a des limites. Même les conservateurs convaincus se retourneront. Maintenant, regardez le général Hancock.

« S'il vous plaît, ne parlez pas si fort », dit Miss Ley avec inquiétude, car M. Bacot avait instinctivement adopté son attitude de plate-forme, et sa voix pouvait être entendue dans tout le jardin.

« Regardez le général Hancock, dis-je », répéta-t-il sans prêter attention à l'interruption. « Est-ce le genre d'homme que vous souhaiteriez voir diriger dix mille de vos fils ?

"Oh, mais soyez juste", s'écria Miss Ley en riant. "Ils ne sont pas tous aussi stupides que le pauvre général Hancock."

« Je vous en donne ma parole, Madame, je pense qu'ils le sont... Autant que je sache, quand un homme s'est montré incapable de faire autre chose, on le nomme général, juste pour encourager les autres. Je comprends la raison. C'est bien sûr une bonne chose que les parents qui envoient leurs fils dans l'armée puissent dire : "Eh bien, c'est peut-être un imbécile, mais il n'y a aucune raison pour qu'il ne devienne pas général."

« Vous ne voudriez pas nous voler nos généraux, » dit Miss Ley ; « ils sont si utiles lors des goûters. Dans ma jeunesse, l'idiot de la famille était envoyé dans l'Église, mais maintenant, je suppose, il est envoyé dans l'armée.

M. Bacot était sur le point de faire une réplique très enflammée quand Edward l'appela :

« Nous voulons que vous fassiez un set au tennis. Jouerez-vous avec Miss Hancock contre ma femme et le général ? Allez, Bertha.

"Oh non, je veux m'asseoir, Eddie", dit rapidement Bertha. Elle vit qu'Edward mettait tous les mauvais joueurs dans un seul set, afin de pouvoir s'en débarrasser. "Je ne vais pas jouer."

« Vous devez le faire, sinon vous perturberez le prochain lot. Tout est réglé ; Miss Glover et moi allons affronter Miss Jane Hancock et Arthur Branderton.

Bertha le regarda avec des yeux brillants de colère. Bien entendu, il ne remarqua pas son dépit. Il préférait jouer avec Miss Glover, se dit-elle ; la sœur du curé jouait bien, et pour un bon match, il n'hésiterait jamais à sacrifier les sentiments de sa femme. Outre Bertha, seuls Miss Glover et le jeune Branderton étaient à portée de voix, et de son air jovial et agréable, Edward dit en riant :

« Bertha est vraiment une idiote. Bien sûr, elle ne fait que commencer. Cela ne vous dérange pas de jouer avec le général, n'est-ce pas, mon cher ?

Arthur Branderton rit et Bertha sourit à la sortie, mais elle rougit.

«Je ne vais pas jouer du tout. Je dois m'occuper du thé ; et j'ose dire que davantage de personnes viendront actuellement.

"Oh, j'avais oublié ça," dit Edward. "Non; peut-être que tu ne devrais pas jouer. Puis, sortant sa femme de ses pensées et attachant son bras à celui du jeune Branderton, il s'éloigna d'un pas nonchalant. « Venez, mon vieux ; il faut trouver de la poterie pour composer le set de pat-ball. Edward avait des manières si charmantes et si franches qu'on ne pouvait s'empêcher de l'aimer.

Bertha regarda les deux hommes partir et devint très blanche.

« Il faut que je rentre dans la maison un instant », dit-elle à Miss Glover. "Va divertir Mme Branderton, il y a une chérie." Et précipitamment, elle s'enfuit.

Elle courut à sa chambre, se jeta sur le lit et fondit en larmes. L'humiliation semblait terrible. Elle se demandait comment Eddie, qu'elle aimait par-dessus tout au monde, pouvait la traiter avec autant de cruauté. Qu'avait-elle fait ? Il savait – ah, oui, il savait assez bien le bonheur qu'il pouvait lui causer – et il faisait tout son possible pour être brutal. Elle pleura amèrement et la jalousie de Miss Glover (Miss Glover, entre tous !) la poignarda au cœur.

« Il ne m'aime pas », gémit-elle, ses larmes redoublant.

Bientôt, on frappa à la porte.

"Qui est-ce?" elle a pleuré.

La poignée fut tournée et Miss Glover entra, rouge de nervosité.

« Pardonnez-moi d'être entrée, Bertha. Mais je pensais que tu avais l'air malade. Je ne peux pas faire quelque chose pour toi ?

"Oh, je vais bien", dit Bertha en séchant ses larmes, "seulement la chaleur me dérange et j'ai mal à la tête."

« Dois-je vous envoyer Edward ? »

"Qu'est-ce que je veux avec Edward?" répondit Bertha avec irritabilité. « Tout ira bien dans cinq minutes. J'ai souvent des crises comme celle-ci.

« Je suis sûr qu'il ne voulait rien dire de méchant. Il est la gentillesse même, je sais.

Bertha rougit. « Que veux-tu dire, Fanny ? Qui n'a rien dit de méchant ?

"Je pensais que tu étais blessé par le fait qu'Edward disait que tu étais un idiot et un débutant."

"Oh, ma chérie, tu dois me prendre pour un imbécile." Bertha rit hystériquement. « C'est vrai que je suis un nul. Je vous dis que c'est seulement la météo. Eh bien, si mes sentiments étaient blessés à chaque fois qu'Eddie dit une chose pareille, je devrais mener une vie misérable.

« J'aimerais que vous me laissiez vous l'envoyer », dit Miss Glover, peu convaincue.

"Bonté divine! Pourquoi? Vous voyez, je vais bien maintenant. Elle se lava les yeux et passa la houppette sur son visage. "Ma chérie, ce n'était que le soleil."

Avec un effort, elle se ressaisit et éclata d'un rire assez joyeux pour tromper la sœur du curé.

"Maintenant, nous devons descendre, ou Mme Branderton se plaindra plus que jamais de mes mauvaises manières."

Elle passa son bras autour de la taille de Miss Glover et la fit descendre les escaliers, avec la terreur et l'étonnement mêlés de cette bonne créature. Pendant le reste de l'après-midi, même si ses yeux ne se posèrent jamais sur Edward, elle était parfaitement charmante — de la plus haute humeur, bavardant sans cesse, riant ; chacun remarquait sa bonne humeur et commentait son bonheur évident.

« Cela fait du bien de voir un couple comme celui-là », a déclaré le général Hancock, « aussi heureux que la journée est longue ».

Mais la petite scène n'avait pas échappé aux yeux perçants de Miss Ley, et elle remarqua avec agonie que Miss Glover était allée voir Bertha. Elle ne pouvait pas l'arrêter, étant actuellement aux prises avec Mme Branderton.

« Oh, ces braves gens sont trop officieux ! Pourquoi ne peut-elle pas laisser la fille seule et se débrouiller seule ! »

Mais l'explication de tout apparut maintenant à Miss Ley.

"Quel imbécile je suis!" pensa-t-elle, et elle était capable de cogiter très clairement tout en échangeant des impertinences mielleuses avec Mme

Branderton. «Je l'ai remarqué le premier jour où je les ai vus ensemble. Comment pourrais-je un jour l'oublier ! » Elle haussa les épaules et murmura la maxime de La Rochefoucauld :

*« Entre deux amants il-ya toujours un qui aime, et un qui se laisse aimer. »*

Et à cela elle en ajouta un autre, dans la même langue, que, ne connaissant aucun original, elle osa revendiquer comme sienne ; cela semblait résumer la situation.

*« Celui qui aime a toujours tort. »*

# Chapitre XIV

BERTHA et Miss Ley passèrent une nuit troublée, tandis qu'Edward, bien sûr, après beaucoup d'exercice et un copieux dîner, dormit du sommeil du juste et du cœur pur. Bertha nourrissait sa colère ; elle s'était difficilement résolue à embrasser son mari avant que, selon son habitude, il lui tourne le dos et se mette à ronfler. Miss Ley, consciente des difficultés qui attendent le couple, se demande si elle peut faire quelque chose. Mais que pourrait-elle faire? Ils lisaient chacun à leur manière le livre de vie, l'un en italique, l'autre en grosses lettres rondes du cahier ; et comment pourrait-elle les aider à trouver un caractère commun ? Bien sûr, la première année de vie conjugale est difficile, et la lassitude de la chair s'ajoute à l'inévitable désillusion. Chaque mariage a ses moments de désespoir total. Le grand danger réside dans le spectateur, qui pourrait y prêter trop d'attention et, en intervenant, rendre la difficulté permanente, en coupant le nœud au lieu de laisser le temps le défaire. Les réflexions de Miss Ley l'amenèrent, non sans raison, à la voie qui convenait le mieux à son tempérament ; elle en concluait que le meilleur plan était de loin de ne rien tenter et de laisser les choses s'arranger du mieux qu'elles pouvaient. Elle ne reporta pas son départ, mais, comme convenu, partit le lendemain.

"Eh bien, tu vois," dit Edward en lui disant au revoir, "je t'ai dit que je devrais te faire rester plus d'une semaine."

"Vous êtes une personne merveilleuse, Edward", dit sèchement Miss Ley. "Je n'en ai jamais douté un seul instant."

Il était heureux de ne voir aucune ironie dans ce compliment. Miss Ley prit congé de Bertha avec un soupçon de tendresse maladroite tout à fait inhabituel ; elle détestait montrer ses sentiments et trouvait cela difficile, mais elle voulait dire à Bertha que si jamais elle rencontrait des difficultés, elle trouverait toujours en elle une vieille amie et une véritable amie. Tout ce qu'elle a dit, c'est...

« Si tu veux faire du shopping à Londres, je peux toujours t'héberger, tu sais. Et d'ailleurs, je ne vois pas pourquoi tu ne devrais pas venir rester un mois environ avec moi – si Edward peut t'épargner. Ce sera un changement.

Lorsque Miss Ley accompagna Edward jusqu'à la gare, Bertha ressentit soudain une extrême solitude. Sa tante avait été une barrière entre elle et son mari, opportunément lorsque, après les premiers mois de folle passion, elle commençait à se voir liée à un homme qu'elle ne connaissait pas. Une troisième personne dans la maison constituait une contrainte. Elle envisageait déjà l'avenir avec quelque chose comme de la terreur ; son amour pour Edward était un chagrin amer. Oh oui, elle l'aimait bien, elle l'aimait passionnément ; mais il... il l'aimait, à sa manière placide et calme ; cela la rendait furieuse d'y penser.

Le temps était pluvieux et pendant deux jours il ne fut pas question de tennis. Le troisième, cependant, le soleil revint et la pelouse fut bientôt sèche. Edward s'était rendu à Tercanbury, mais était revenu vers le soir.

« Salut ! » il a dit : « tu n'as pas mis tes affaires de tennis. Tu ferais mieux de te dépêcher.

C'était l'opportunité que Bertha recherchait. Elle était fatiguée de toujours céder, de s'humilier ; elle voulait une explication.

"Tu es très bon", dit-elle, "mais je ne veux plus jouer au tennis avec toi."

"Pourquoi diable pas ?"

Elle éclata furieusement : « Parce que j'en ai marre d'être une commodité de votre part. Je suis trop fier pour être traité comme ça. Oh, n'aie pas l'air de ne pas comprendre. Tu joues avec moi parce que tu n'as personne d'autre avec qui jouer. N'est-ce pas vrai ? C'est comme ça que tu es toujours avec moi. Vous préférez la compagnie du plus fou du monde à la mienne. Vous semblez faire tout ce que vous pouvez pour me montrer votre mépris.

"Pourquoi, qu'ai-je fait maintenant?"

« Oh, bien sûr, tu oublies. Vous ne rêvez jamais que vous me rendez terriblement malheureux. Pensez-vous que j'aime être traité devant les gens comme une sorte de pauvre idiot dont on peut rire et se moquer ?

Edward n'avait jamais vu sa femme aussi en colère, et cette fois il fut obligé de lui prêter attention. Elle se tenait devant lui, à la fin de son discours, les dents serrées, les joues enflammées.

« C'est à propos de l'autre jour, je suppose. J'ai vu à l'époque que tu étais en colère.

"Et je m'en fichais."

"Tu es trop idiot", dit-il en riant. « Nous ne pouvions pas jouer ensemble quand nous avions du monde ici. Ils se moquent de nous parce que nous sommes si dévoués les uns aux autres.

"S'ils savaient à quel point tu tiens peu à moi !"

"J'aurais peut-être réussi un set avec toi plus tard, si tu n'avais pas boudé et refusé du tout de jouer."

"Cela ne te serait jamais venu à l'esprit, je te connais mieux que ça. Vous êtes absolument égoïste.

« Allons, allons, Bertha, s'écria-t-il avec bonne humeur, c'est une chose dont je n'ai jamais été accusé auparavant. Personne ne m'a jamais traité d'égoïste.

"Oh non, ils te trouvent charmant. Ils pensent que c'est parce que vous êtes joyeux et d'humeur égale, parce que vous êtes un camarade apprécié de tous ceux que vous connaissez, que vous avez un si bon caractère. S'ils vous connaissaient aussi bien que moi, ils comprendraient que c'est simplement parce que vous leur êtes parfaitement indifférent. Vous traitez les gens comme s'ils étaient vos amis intimes et puis, cinq minutes après leur départ, vous les oubliez... Et le pire, c'est que je ne suis pas plus pour vous que pour tout le monde. autre."

"Oh, viens, je ne pense pas que tu puisses vraiment trouver des choses aussi horribles qui ne vont pas chez moi."

"Je ne t'ai jamais vu sacrifier ton moindre caprice pour satisfaire mon désir le plus sincère."

"Vous ne pouvez pas vous attendre à ce que je fasse des choses que je considère déraisonnables."

« Si tu m'aimais, tu ne te demanderais pas toujours si les choses que je veux sont raisonnables. Je n'ai pas pensé à la raison quand je t'ai épousé.

Edward ne répondit rien, ce qui ajouta naturellement à l'irritation de Bertha. Elle arrangeait des fleurs pour la table et cassait sauvagement les tiges. Edward, après une pause, se dirigea vers la porte.

"Où vas-tu?" elle a demandé.

"Puisque tu ne joueras pas, je vais juste faire quelques services pour m'entraîner."

"Pourquoi n'envoyez-vous pas Miss Glover venir jouer avec vous?"

Une idée nouvelle lui vint soudain (elles arrivaient à des intervalles suffisamment rares pour ne pas gâcher son calme), mais son absurdité le fit rire.

"Tu n'es sûrement pas jalouse d'elle, Bertha?"

"JE?" » commença Bertha avec un immense mépris, puis se ravisant : « Tu préfères jouer avec elle que jouer avec moi.

Il a sagement ignoré une partie de l'accusation. « Regardez-la et regardez-vous. Pensez-vous que je pourrais la préférer à vous ?

"Je pense que tu es assez idiot."

Les mots sortirent de la bouche de Bertha presque avant qu'elle ait compris qu'elle les avait prononcés, et le ton amer et méprisant ajouta à leur violence.

Ils lui firent peur, et, devenue toute blanche, elle jeta un coup d'œil à son mari.

"Oh, je ne voulais pas dire ça, Eddie."

Craignant maintenant qu'elle ne l'ait vraiment blessé, Bertha en était entièrement désolée ; elle aurait donné n'importe quoi pour que ces mots ne soient pas prononcés. Edward tournait les pages d'un livre, le regardant avec apathie. Elle s'approcha de lui.

« Je ne t'ai pas offensé, n'est-ce pas, Eddie ? Je ne voulais pas dire ça.

Elle mit son bras dans le sien ; Il n'a pas répondu.

« Ne sois pas en colère contre moi », balbutia-t-elle encore, puis, s'effondrant, elle enfouit son visage dans sa poitrine. « Je ne pensais pas ce que j'ai dit : j'ai perdu le contrôle de moi-même. Tu ne sais pas à quel point tu m'as humilié l'autre jour. Je n'arrive pas à dormir la nuit, en y pensant… Embrasse-moi.

Il détourna le visage, mais elle ne voulut pas le laisser partir ; elle trouva enfin ses lèvres.

"Dis que tu n'es pas en colère contre moi."

"Je ne suis pas en colère contre toi."

"Oh, je veux tellement ton amour, Eddie," murmura-t-elle. "Maintenant plus que jamais... je vais avoir un enfant."

Puis en réponse à son exclamation étonnée :

« Je n'en étais pas sûr jusqu'à aujourd'hui… Oh, Eddie, je suis si heureux. Je pense que c'est ce que je voulais me rendre heureux.

"Je suis content aussi", a-t-il déclaré.

« Mais tu seras gentil avec moi, Eddie, et cela ne te dérangera pas si je suis agité et de mauvaise humeur. Tu sais que je n'y peux rien, et je suis toujours désolé après.

Il l'embrassa aussi passionnément que sa nature froide le lui permettait, et la paix revint dans le cœur tourmenté de Bertha.


Bertha avait eu l'intention de garder le plus longtemps possible sa nouvelle secrète ; c'était un réconfort dans sa détresse et un rempart contre ses désillusions croissantes. Elle était incapable de se réconcilier avec la découverte, encore vaguement perçue, que le tempérament froid d'Edward ne pouvait satisfaire ses passions ardentes : l'amour était pour elle un feu brûlant, une flamme qui absorbait le reste de la vie ; l'amour était pour lui une institution commode et nécessaire de la Providence, une affaire pour laquelle il y avait aussi peu besoin de s'exciter que pour la commande d'un costume. Le dévouement intense de Bertha avait pendant un moment obscurci le sang-froid de son mari, et elle ne voulait pas voir que son tempérament était à blâmer. Elle l'accusait de ne pas l'aimer, et se demandait distraitement comment gagner son affection ; sa fierté était humiliée parce que son amour était bien plus grand que le sien. Depuis six mois, elle l'aimait aveuglément ; et maintenant, ouvrant les yeux, elle refusait de regarder le fait brut, mais insistait pour ne voir que ce qu'elle souhaitait.

Pourtant, la vérité, se coudant dans la foule de ses illusions, la tourmentait. Elle avait peur qu'Edward ne l'aime ni ne l'ait jamais aimée ; et elle hésitait entre l'ancienne dévotion passionnée et une haine nouvelle, également passionnée. Elle se disait qu'elle ne pouvait pas faire les choses à moitié ; elle doit aimer ou détester, mais dans les deux cas, farouchement. Et maintenant, l'enfant a tout rattrapé. Maintenant, peu importe qu'Edward aimait ou non, cela ne lui faisait plus mal de réaliser à quel point ses espoirs avaient été insensés, avec quelle rapidité son idéal avait été brisé. Elle sentait que les mains infantiles de son fils brisaient déjà, un à un, les liens qui l'attachaient à son mari. Lorsqu'elle devina sa grossesse, elle poussa un cri non seulement de joie et de fierté, mais aussi d'exultation à l'idée de sa liberté prochaine.

Mais lorsque le soupçon se changea en certitude, ses sentiments se retournèrent ; car ses émotions étaient toujours instables comme les vents légers d'avril. Une extrême faiblesse lui faisait désirer le soutien et la sympathie de son mari ; elle ne pouvait s'empêcher de le lui dire. Dans la dispute haineuse du jour même, elle s'était forcée à dire des choses amères, mais elle voulait toujours qu'il la prenne dans ses bras, en lui disant qu'il l'aimait. Il en fallait si peu pour raviver son affection mourante ; elle voulait son aide et elle ne pouvait pas vivre sans son amour.

Les semaines passèrent et Bertha fut touchée de constater un changement dans le comportement d'Edward, plus visible après son indifférence passée. Il la considérait désormais comme une invalide et, en tant que telle, avait droit à une certaine considération ; il était vraiment très bon et, pendant ce temps, il faisait tout ce qui n'impliquait pas pour sa femme un sacrifice de sa convenance. Lorsque le médecin lui suggéra une friandise pour tenter son appétit, Edward fut ravi de se rendre à Tercanbury pour la chercher ; et en sa présence il marchait plus doucement et parlait d'une voix plus douce. Au bout d'un moment, il insistait pour porter Bertha dans les escaliers, et bien que le Dr Ramsay leur ait assuré que c'était une procédure tout à fait inutile, Bertha ne permettait pas à Edward d'y renoncer. Cela l'amusait de sentir un petit enfant dans ses bras forts, et elle aimait se blottir contre son sein. Puis, avec l'hiver, quand il faisait trop froid pour sortir en voiture, Bertha restait allongée de longues heures sur un canapé près de la fenêtre, regardant la rangée d'ormes, à nouveau sans feuilles et mélancoliques, regardant les gros nuages qui arrivaient de là. la mer : son cœur était plein de paix.


Un jour du nouvel an, elle était assise comme d'habitude à sa fenêtre quand Edward arriva à cheval dans l'allée. Il s'arrêta devant elle et agita son fouet.

"Que penses-tu de mon nouveau cheval?" il pleure.

A ce moment, l'animal se mit à gambader et recula dans un parterre de fleurs. « Calme-toi, mon vieux », s'écria Edward. « Maintenant, ne faites pas d'histoires ; calme!" Le cheval se dressa sur ses pattes arrière et recula vicieusement ses oreilles. Bientôt, Edward descendit de cheval et le conduisit vers Bertha. « N'est-il pas stupéfiant ? Regardez-le.

Il passa la main sur les pattes antérieures de la bête et caressa son pelage élégant.

« Je n'ai donné que trente-cinq livres pour cela », a-t-il fait remarquer. "Je dois juste l'emmener à l'écurie et ensuite j'entrerai."

Quelques minutes plus tard, Edward rejoignit sa femme. Le costume d'équitation lui allait bien et, dans ses bottes, il avait plus que jamais l'apparence du châtelain campagnard chasseur de renard, qui avait toujours été son idéal. Il était de bonne humeur suite à ce nouvel achat.

« C'est la bête qui a lancé Arthur Branderton lorsque nous étions dehors la semaine dernière... Arthur boitait maintenant avec une cheville foulée et un doigt cassé. Il dit que le cheval est le plus grand diable qu'il ait jamais monté ; il a peur de l'utiliser à nouveau. Edward rit avec mépris.

"Mais tu ne l'as pas acheté ?" demanda Bertha avec inquiétude.

"Bien sûr que oui," dit Edward. « Je ne pouvais pas rater une telle opportunité. Eh bien, il est d'une beauté parfaite, mais il a un caractère colérique, comme nous tous.

« Mais est-il dangereux ?

« Un peu… c'est pour ça que je l'ai acheté à bas prix. Arthur lui a donné cent guinées et il m'a dit que je pourrais l'avoir pour soixante-dix. « Non, dis-je, je vous en donne trente-cinq et je prends le risque de me briser le cou. Eh bien, il lui suffisait d'accepter mon offre ! le cheval a une mauvaise réputation dans le comté, et il ne voudrait pas que quiconque l'achète à la hâte. Un homme doit se lever tôt s'il veut me faire du mal ! »

À ce moment-là, Bertha était complètement effrayée.

« Mais, Eddie, tu ne vas pas le monter, à supposer que quelque chose arrive. Oh, j'aurais aimé que tu ne l'aies pas acheté.

"Il va bien", a déclaré Craddock. « Si quelqu'un peut le monter, c'est moi qui le peux – et, par Jupiter, je vais prendre le risque. Eh bien, si je l'achetais et ne l'utilisais pas, je n'en entendrais jamais parler.

« Pour me faire plaisir, Eddie, ne le fais pas ! Qu'importe ce que disent les gens ? J'ai tellement peur. Et maintenant, tu pourrais faire quelque chose pour me plaire. Ce n'est pas souvent que je te demande de me rendre un service.

"Eh bien, quand vous demandez quelque chose de raisonnable, je fais toujours de mon mieux pour le faire, mais en réalité, après avoir payé trente-cinq livres pour un cheval, je ne peux pas le découper pour de la viande de chat."

"Cela signifie que tu feras toujours n'importe quoi pour moi tant que cela n'interfère pas avec tes propres goûts et dégoûts."

"Ah, eh bien, nous sommes tous comme ça, n'est-ce pas ?... Allons, allons, ne sois pas méchante, Bertha."

Il lui pinça la joue avec bonhomie : les femmes, nous le savons tous, aimeraient la lune si elles pouvaient l'obtenir ; et le fait qu'ils ne le peuvent pas ne les empêche pas de le demander avec insistance. Edward s'assit à côté de sa femme, lui tenant la main.

« Maintenant, dites-nous ce que vous avez fait aujourd'hui. Est-ce que quelqu'un l'a été ?

Bertha soupira profondément. Elle n'avait absolument aucune influence sur son mari. Aucune prière, aucune larme ne l'empêcherait de faire une chose sur laquelle il avait décidé - même si, selon elle, il parvenait toujours à lui donner l'impression d'avoir tort, puis elle partit en se réjouissant. Mais elle avait son enfant maintenant.

"Dieu merci pour ça !" murmura-t-elle.

# Chapitre XV

C RADDOCK sortit sur son nouveau cheval et revint triomphalement.

"Il était aussi silencieux qu'un agneau", a-t-il déclaré. « Je pourrais le monter avec les bras attachés derrière le dos ; et quant au saut, il franchit une porte à cinq barreaux dans sa foulée.

Bertha lui en voulait un peu de lui avoir causé tant de terreur, et elle-même aussi de l'avoir troublée.

« Et c'était plutôt une chance de l'avoir aujourd'hui. Le vieux Lord Philip Dirk était là et il a demandé à Branderton qui j'étais. « Vous lui dites, dit-il, que ce n'est pas souvent que j'ai vu un homme chevaucher aussi bien que lui. Vous devriez voir Branderton, il n'est pas à moitié content de m'avoir laissé prendre la bête pour trente-cinq livres. Et M. Molson s'est approché de moi et m'a dit : « Je savais que ce cheval tomberait entre vos mains d'ici peu, vous êtes le seul homme dans cette région à pouvoir le monter, mais s'il ne vous brise pas le cou, vous » J'aurai de la chance.'

Il a raconté avec une grande satisfaction les compliments qui lui ont été adressés.

« Nous avons fait une très bonne course aujourd'hui... Et comment vas-tu, ma chérie, te sens-tu à l'aise ? Oh, j'ai oublié de vous dire... vous connaissez Rodgers, le chasseur, eh bien, il m'a dit : « C'est un très bon hack que vous avez là, monsieur, mais il prend du temps à monter. » - « Je sais que c'est le cas, ' J'ai dit; mais je me flatte d'en connaître une ou deux de plus que la plupart des chevaux. Ils pensaient tous que je devrais me faire retourner avant la fin de la journée, mais j'ai juste tout fait pour montrer que je n'avais pas peur.

Puis il donna des détails sur l'affaire ; et il avait une passion pour les choses méticuleuses aussi grande qu'un historien allemand. Il était de ces hommes qui se soucient infiniment des bagatelles, se flattant de ne jamais faire les choses à moitié. Bertha avait mal à la tête et son mari l'ennuyait ; elle se considérait comme une grande idiote de s'inquiéter autant de sa sécurité.

Au fil des mois, Miss Glover devint très attentive. La sœur du curé considérait la naissance comme une affaire mystérieusement palpitante, que, cependant, la modestie exigeait que les gens honnêtes ignorent. Elle traitait son amie d'une manière absurdement gênée et rougit comme une pivoine lorsque Bertha faisait franchement allusion à l'événement à venir. Le plus grand tourment de la vie de Miss Glover était que, en tant que dame du presbytère, elle devait gérer le sac de maternité, une institution destinée à fournir des vêtements aux enfants des nécessiteux et à leurs mères des jupons de flanelle. Elle ne pouvait jamais, sans beaucoup de confusion, demander les renseignements nécessaires aux bénéficiaires de son œuvre caritative ; sentant que tout cela ne devait pas être discuté du tout, elle gardait les yeux détournés et agissait généralement de manière à provoquer une grande indignation.

«Eh bien», a déclaré une bonne dame, «je préfère ne pas avoir son sac du tout plutôt que d'être traitée comme ça. Eh bien, elle vous traite comme si... enfin, comme si vous n'étiez pas marié.

« Oui, » dit un autre, « c'est justement de cela dont je me plains : je vous promets que j'ai bien envie de sortir mes lignes de mariage de ma poche et de les montrer. Il n'y a pas de quoi avoir honte : ce serait bien après seize ans, si j'étais timide.

Mais bien sûr, plus un devoir était désagréable, plus Miss Glover l'accomplissait avec zèle ; elle sentait qu'il était bon de rendre visite à Bertha fréquemment et supportait vaillamment l'insistance de la jeune épouse à évoquer un sujet déplaisant. Elle poussa son héroïsme jusqu'à tricoter des chaussettes pour le bébé à venir, même si cela lui faisait palpiter le cœur de manière inconfortable ; et lorsqu'elle fut surprise par le travail de son frère, ses joues brûlèrent comme deux feux.

«Maintenant, Bertha chérie», dit-elle un jour en se ressaisissant et en redressant le dos comme elle le faisait toujours lorsqu'elle mortifiait la chair. "Maintenant, Bertha chérie, je veux te parler sérieusement."

Berthe sourit. « Oh non, Fanny ; tu sais à quel point cela te met mal à l'aise.

– Il le faut, répondit gravement la bonne créature. "Je sais que tu me trouveras ridicule, mais c'est mon devoir."

«Je ne penserai rien de tel», dit Bertha, touchée par l'humilité de son amie.

"Eh bien, vous parlez beaucoup de... de ce qui va se passer" - Miss Glover rougit - " mais je ne suis pas sûre si vous y êtes vraiment préparé. "

"Oh, c'est tout ?" s'écria Berthe. "L'infirmière sera là dans quinze jours, et le Dr Ramsay dit que c'est une femme des plus fiables."

"Je ne pensais pas aux préparatifs terrestres", a déclaré Miss Glover. «Je pensais à l'autre. Êtes-vous bien sûr d'aborder la—la *chose* dans le bon esprit ?

"Que voulez-vous que je fasse?"

« Ce n'est pas ce que je veux que tu fasses. C'est ce que tu devrais faire. Je ne suis personne. Mais avez-vous pensé au côté spirituel ?

Bertha poussa un soupir surtout voluptueux. « J'ai pensé que j'allais avoir un fils, c'est le mien et celui d'Eddie ; et je suis extrêmement reconnaissant.

« N'aimeriez-vous pas que je vous lise la Bible de temps en temps ?

"Mon Dieu, tu parles comme si j'allais mourir."

« On ne peut jamais le savoir, chère Bertha, » répondit sombrement miss Glover ; "Je pense que vous devez être préparé... 'Au milieu de la vie, nous sommes dans la mort' - on ne peut jamais prédire ce qui peut arriver."

Bertha la regarda avec une certaine inquiétude. Elle s'était efforcée ces derniers temps d'être gaie et avait jugé nécessaire d'étouffer un pressentiment récurrent d'une mauvaise fortune. La sœur du Vicaire n'a jamais réalisé qu'elle faisait tout son possible pour rendre Bertha complètement malheureuse.

« J'ai apporté ma propre Bible avec moi », a-t-elle déclaré. « Ça vous dérange si je vous lis un chapitre ? »

« Cela me plairait », dit Bertha, et un frisson froid la parcourut.

« Avez-vous une préférence pour une partie en particulier ? » » demanda Miss Glover en sortant le livre d'un petit sac noir qu'elle portait toujours.

À la réponse de Bertha selon laquelle elle n'avait aucune préférence, Miss Glover suggéra d'ouvrir la Bible au hasard et de continuer à lire à partir de la première ligne qui traversait son regard.

« Charles n'approuve pas tout à fait cela », dit-elle ; « Il pense que cela sent la superstition. Mais je ne peux m'empêcher de le faire, et les premiers protestants faisaient constamment de même.

Miss Glover, ayant ouvert le livre les yeux fermés, se mit à lire : « *Les fils de Pharez ! Hetsron et Hamul. Et les fils de Zérach ; Zimri, Ethan, et Héman, et Calcol, et Dara ; cinq d'entre eux en tout* . Miss Glover s'éclaircit la gorge. « *Et les fils d'Ethan ; Azaria. Les fils aussi de Hetsron, qui lui naquirent ; Jerahmeel, Ram et Chelubai. Et Ram engendra Amminadab ; et Amminadab engendra Nahshon, prince des enfants de Juda.* » Elle était tombée sur le tableau généalogique du début du Livre des Chroniques. Le chapitre était très long et se composait uniquement de noms grossiers et difficiles à prononcer ; mais Miss Glover n'en a pas évité un seul. Avec un ton grave et quelque peu aigu, calqué sur celui de son frère, elle lut la liste ahurissante. Bertha la regarda avec étonnement.

« C'est la fin du chapitre », dit-elle enfin ; " Voudrais-tu que je t'en lise un autre ? "

« Oui, cela me plairait beaucoup ; mais je ne pense pas que la partie que vous avez évoquée soit tout à fait pertinente.

« Ma chère, je ne veux pas vous réprimander – ce n'est pas mon devoir – mais toute la Bible va droit au but. »

Et à mesure que le temps passait, Bertha perdait courage et était souvent prise d'une peur panique. Soudain, sans cause évidente, son cœur se serra et elle se demanda frénétiquement comment elle pourrait s'en sortir. Elle pensait qu'elle allait mourir et se demandait ce qui se passerait si elle le faisait. Que ferait Edward sans elle ? En pensant à son amer chagrin, les larmes lui montèrent aux yeux, mais ses lèvres tremblèrent d'apitoiement sur lui-même quand le soupçon lui vint qu'il n'aurait pas le cœur brisé : il n'était pas homme à ressentir ni le chagrin ni la joie de manière très poignante. Il ne pleurerait pas ; tout au plus sa gaieté serait-elle obscurcie pendant quelques jours, puis il continuerait à vaquer à ses occupations comme avant. Elle l'imaginait savourant la sympathie de ses amis. En six mois, il l'aurait presque oubliée, et le souvenir qui lui resterait ne serait pas extraordinairement agréable. Il se remarierait ; Edward détestait la solitude et, la prochaine fois, il choisirait sans doute un autre type de femme, moins éloignée de son idéal. Edward ne se souciait pas de l'apparence, et Bertha imaginait son successeur simple comme Miss Hancock ou ringard comme Miss Glover ; et l'ironie de la situation résidait dans le fait de savoir que l'une ou l'autre de ces deux femmes ferait une épouse plus adaptée qu'elle à son caractère, répondant mieux à sa conception d'une compagne.

Bertha imaginait qu'Edward aurait volontiers donné sa beauté en échange d'un avantage solide, comme une connaissance en couture ; son goût, ses arts et ses réalisations n'étaient rien pour lui, et sa passion impulsive était un défaut positif. « Beau est ce qui est beau, dit-il ; c'était un homme clair et simple et il voulait une femme simple et simple.

Elle se demandait si sa mort lui causerait vraiment beaucoup de chagrin ; Le testament de Bertha lui donnait tout ce qu'elle possédait, et il le dépenserait avec une seconde épouse. Elle était prise d'une folle jalousie.

"Non, je ne mourrai pas", cria-t-elle entre ses dents, "je ne mourrai pas !"

Mais un jour, alors qu'Edward chassait, ses fantaisies morbides prirent une autre tournure. Et si il devait mourir ? Cette pensée était insupportable, mais l'horreur même de cette pensée la fascinait ; elle ne pouvait chasser les scènes que son imagination lui présentait avec une étrange netteté. Elle était assise au piano et entendit soudain un cheval s'arrêter devant la porte d'entrée. Edward était rentré tôt : mais la cloche sonna ; pourquoi Edward devrait-il sonner ? Il y eut un murmure de voix à l'extérieur et Arthur Branderton entra. Dans son esprit, elle voyait chaque détail très clairement. Il était en tenue de chasse ! Quelque chose s'était produit, et sachant ce que c'était, Bertha était encore capable de réaliser son étonnement terrifié, alors qu'une possibilité et une autre se précipitaient dans son cerveau. Il était inquiet, il avait quelque chose à dire, mais il n'osait pas le dire ; elle le regarda, horrifiée, et un malaise la prit au point qu'elle pouvait à peine se tenir debout.

Le cœur de Bertha battait vite. Elle se disait que c'était absurde de laisser son imagination s'enfuir avec elle ; mais, malgré cela, les images se déroulaient avec vivacité : elle semblait assister à une horrible pièce dans laquelle elle était l'acteur principal.

Et que ferait-elle quand on lui apprendrait enfin qu'Edward était mort ? Elle s'évanouissait ou criait.

« Il y a eu un accident, dit Branderton ; votre mari est plutôt blessé.

Bertha se porta les mains aux yeux, l'agonie était terrible.

« Tu ne dois pas t'énerver, » continua-t-il, essayant de le lui dire.

Puis, passant rapidement sur les détails intermédiaires, elle se retrouva avec son mari. Il était mort, étendu sur le sol – et elle se l'imaginait, elle savait exactement à quoi il ressemblerait ; parfois il dormait si profondément, si tranquillement, qu'elle était nerveuse et approchait son oreille de son cœur pour savoir s'il battait. Maintenant, il était mort. Le désespoir l'envahit soudain de manière accablante. Bertha essaya encore une fois de se débarrasser de ses fantaisies, elle alla même au piano et joua quelques notes ; mais l'attirance morbide était trop forte pour elle et la scène continua. Maintenant qu'il était mort, il ne pouvait pas contrôler sa passion, maintenant il était impuissant et elle l'embrassait de tout son amour ; elle passa ses mains dans ses cheveux et lui caressa le visage (il avait détesté ça dans la vie), elle embrassa ses lèvres et ses yeux fermés.

Le chagrin imaginé était si poignant que Bertha fondit en larmes. Elle restait près du corps, refusant de s'en séparer : Bertha enfouissait son visage dans les coussins pour que rien ne trouble son illusion, elle avait cessé de chercher à la chasser. Ah, elle l'aimait passionnément, elle l'avait toujours aimé et ne pouvait pas vivre sans lui. Elle savait qu'elle allait bientôt mourir – et elle avait eu peur de la mort. Ah, maintenant c'était le bienvenu ! Elle lui baisa les mains – il ne pouvait plus l'en empêcher maintenant – et, avec un petit frisson, lui ouvrit les yeux ; ils étaient vitreux, sans expression, immobiles. S'accrochant à lui, elle sanglotait d'amour et d'angoisse. Elle ne laisserait personne le toucher à part elle-même ; c'était un soulagement d'accomplir les derniers offices pour celui qui avait été toute sa vie. Elle ne savait pas que son amour était si grand.

Elle déshabilla le corps et le lava ; elle lavait les membres un à un et les épongeait, puis les essuyait très doucement avec une serviette. Le contact de la chair froide la faisait frissonner voluptueusement – elle pensait à lui la prenant dans ses bras forts, l'embrassant sur la bouche. Elle l'enveloppa dans le linceul blanc et l'entoura de fleurs. On l'a mis dans le cercueil, et son cœur s'est arrêté : elle ne pouvait pas le quitter. Elle passait avec lui toute la journée et toute la nuit, regardant toujours ce visage calme et reposant. Le Dr Ramsay est venu et Miss Glover est venue, la pressant de s'en aller, mais elle a refusé. Quel était le souci de sa propre santé maintenant, elle n'avait voulu vivre que pour lui ?

Le cercueil était fermé, et elle voyait les gestes des croque-morts ; elle avait vu pour la dernière fois le visage de son mari, son bien-aimé : son cœur était comme une pierre, et elle se frappait la poitrine de douleur.

En toute hâte, les images affluèrent sur elle : le trajet jusqu'au cimetière, le service, le cercueil parsemé de fleurs et enfin le côté de la tombe. Ils ont essayé de la garder à la maison. Que lui importait la sottise, l'abominable convention qui cherchait à l'empêcher d'aller aux funérailles ? N'était-ce pas son mari, l'unique lumière de sa vie, qu'on enterrait ? Ils ne pouvaient pas se rendre compte de l'horreur de cette situation, du désespoir total. Et distinctement, dans la pénombre de la journée d'hiver, dans son salon de Court Leys, Bertha vit le cercueil s'abaisser, entendit le bruit de la terre projetée dessus.

Quelle serait sa vie après ? Elle essaierait de vivre, elle s'entourerait des affaires d'Edward, pour que son souvenir soit toujours avec elle ; la solitude était épouvantable. Court Leys était vide et nu. Elle voyait la succession interminable de jours gris ; les saisons n'apportaient aucun changement, et continuellement les nuages pesaient lourdement au-dessus d'elle ; les arbres étaient toujours sans feuilles et c'était désolé. Elle ne pouvait pas imaginer que le voyage lui apporterait du réconfort : toute la vie était vide, et qu'étaient pour elle maintenant les tableaux et les églises, le ciel bleu de l'Italie ? Son seul bonheur était de pleurer.

Puis, distraitement, Bertha pensa qu'elle allait se suicider, car la vie était insupportable. L'absence de vie, le vide de la tombe étaient préférables aux douleurs qui lui rongeaient continuellement le cœur. Ce serait facile d'en finir, avec un peu de morphine pour fermer le livre des ennuis ; le désespoir lui donnerait du courage, et la piqûre de l'aiguille était la seule douleur. Mais sa vision s'obscurcit et elle dut faire un effort pour la retenir : ses pensées devenaient moins cohérentes, remontant aux incidents précédents, à la scène de la tombe, au plaisir voluptueux de laver le corps.

Tout cela était si frappant que l'entrée d'Edward la surprit. Mais le soulagement était trop grand pour être décrit, c'était le réveil d'un horrible cauchemar. Lorsqu'il s'avança pour l'embrasser, elle lui jeta les bras autour du cou, les yeux humides de larmes passées, et le serra passionnément contre son cœur.

"Oh, Dieu merci!" elle a pleuré.

« Salut, quoi de neuf maintenant ? »

"Je ne sais pas ce qui m'arrive... J'ai été si malheureux, Eddie, je pensais que tu étais mort !"

"Tu as pleuré!"

"C'était tellement horrible que je n'arrivais pas à me sortir cette idée de la tête... Oh, je devrais mourir aussi."

Bertha avait du mal à se rendre compte que son mari était à ses côtés, en chair et en os, bien vivant.

« Seriez-vous désolé si je mourais ? » elle lui a demandé.

"Mais vous n'allez rien faire de tel", dit-il joyeusement.

« Parfois, j'ai tellement peur que je ne crois pas que je m'en remettrai. »

Il se moquait d'elle et son ton joyeux était particulièrement réconfortant. Elle le fit asseoir à ses côtés et lui tint ses mains fortes, des mains qui étaient pour elle les signes visibles de sa virilité puissante. Elle les caressa et embrassa les paumes. Elle était complètement brisée par les émotions passées ; ses membres tremblaient et ses yeux brillaient de larmes.

# Chapitre XVI

L' infirmière arriva, apportant une nouvelle appréhension. C'était une vieille femme qui, depuis vingt ans, aidait la noblesse voisine à venir au monde ; et elle avait une réserve abondante d'anecdotes horribles. Dans sa bouche, les terreurs de la naissance étaient innombrables, et elle racontait ses histoires avec un art cumulatif épouvantable. Bien sûr, dans son esprit, elle a agi pour le mieux ; Bertha était nerveuse, et l'infirmière ne voyait pas de meilleur moyen de la rassurer que de lui raconter en détail des patients qui, depuis des jours, étaient aux portes de la mort, abandonnés par tous les médecins et pourtant finalement guéris.

L'invention rapide de Bertha a amplifié l'angoisse à venir au point que, en y pensant, elle pouvait à peine dormir. L'impossibilité même de le concevoir le rendait plus redoutable ; elle voyait devant elle une très longue agonie, puis la mort. Elle ne pouvait pas supporter qu'Edward soit hors de sa vue.

"Eh bien, bien sûr, vous vous en remettrez", dit-il. "Je vous promets qu'il n'y a pas de quoi faire toute une histoire."

Il élevait des animaux depuis des années et était assez habitué au procédé qui lui permettait de fournir du veau, du mouton et du bœuf aux bouchers locaux. C'était une histoire ridicule que les êtres humains faisaient à propos d'un phénomène naturel et ordinaire.

« Oh, j'ai tellement peur de la douleur. Je suis sûr que je ne m'en remettrai pas, c'est affreux. J'aurais aimé ne pas avoir à vivre ça.

« Mon Dieu, s'écria le docteur, on croirait que personne n'a jamais eu de bébé avant vous. »

« Oh, ne vous moquez pas de moi. Tu ne vois pas à quel point j'ai peur ! J'ai le pressentiment que je vais mourir.

«Je n'ai encore jamais connu de femme», a déclaré le Dr Ramsay, «qui n'ait pas le pressentiment qu'elle allait mourir, même si elle n'avait rien de pire qu'une douleur au doigt.»

"Oh, tu peux rire", dit Bertha. "Je dois passer par là."

Un autre jour passa et l'infirmière dit qu'il fallait immédiatement faire venir le médecin. Bertha avait fait promettre à Edward de rester avec elle tout le temps.

"Je pense que j'aurai du courage si je peux te tenir la main", dit-elle.

"C'est absurde", a déclaré le Dr Ramsay, quand Edward lui a dit cela, "je ne vais pas laisser un homme se mêler de mes affaires."

"Je ne le pensais pas", dit Edward, "mais j'ai juste promis de la faire taire."

« Si vous voulez bien vous taire, répondit le docteur, c'est tout ce à quoi je m'attends. »

« Oh, tu n'as pas à craindre pour moi. Je sais tout sur ces choses… eh bien, mon cher docteur, j'ai mis au monde bien plus d'êtres vivants que vous, je parie.

Edward, calme, maître de lui et sans imagination, était la personne idéale en cas d'urgence.

« Ça ne sert à rien que je frappe à la maison tout l'après-midi », dit-il. "Je ne devrais que me morfondre, et si on me recherche, on peut toujours me faire appeler."

Il a laissé entendre qu'il se rendait à la ferme Bewlie pour voir une vache malade, ce qui l'inquiétait beaucoup.

«C'est la meilleure laitière que j'ai jamais eue. Je ne sais pas ce que je devrais faire si quelque chose n'allait pas chez elle. Elle lui donne autant de pintes par jour, aussi régulièrement que possible. Elle m'a toujours rapporté l'argent que je lui avais donné.

Il marchait du pas libre et facile que Bertha admirait tant, jetant de temps à autre un coup d'œil aux champs qui bordaient la route. Il s'est arrêté pour examiner les haricots d'un agriculteur rival.

« Ce sol n'est pas bon », dit-il en secouant la tête. "Cela ne rapporte rien de cultiver des haricots sur un champ comme celui-là."

Lorsqu'il arriva à Bewlie's Farm, Edward appela l'ouvrier responsable de l'invalide.

"Eh bien, comment va-t-elle?"

"Elle ne va pas mieux, écuyer."

"Mauvais travail... Thompson est-il allé la voir aujourd'hui ?" Thompson était le vétérinaire.

"'Il ne peut rien en faire - il pense que c'est un problème qu'elle a, mais je n'ai pas beaucoup confiance en Monsieur Thompson: 'son père était un ouvrier comme moi, mais il ne l'a pas fait'. ça a à voir avec l'agriculture, être maçon ; et ce que son fils peut savoir sur le bétail me dépasse complètement.

"Eh bien, allons la voir," dit Edward.

Il se dirigea vers la grange, suivi de l'ouvrier. La bête se tenait dans un coin, encore plus méditative que d'habitude avec les vaches, baissant la tête et se cognant le dos. Elle semblait profondément pessimiste.

"J'aurais dû penser que Thompson pouvait faire quelque chose", a déclaré Edward.

« Je dis que le boucher est tout ce qu'il y a pour lui », dit l'autre avec un grand mépris.

Edward renifla avec indignation. « Boucher en effet ! J'aimerais le massacrer si j'en ai l'occasion.

Il entra dans la ferme, qui était sa maison depuis des années ; mais c'était un garçon pratique et sensé et cela ne lui apportait aucun souvenir, aucune émotion particulière.

«Eh bien, Mme Jones», dit-il à la femme du locataire. « Comment vas-tu ? »

« Moyen, monsieur. Et « comment allez-vous, vous et Mme Craddock ? »

"Je vais bien, la Missus va avoir un bébé, vous savez."

Il parlait avec une manière joviale et insouciante qui le rendait nécessairement apprécié du monde entier.

« Béni soit mon âme, est-ce qu'elle est bien, monsieur ? Et je vous ai connu quand vous étiez un garçon ! Quand l'attendez-vous ?

«Je m'y attends à chaque minute. Pourquoi, pour autant que je sache, je serai peut-être un père heureux quand je retournerai prendre le thé.

"Vous le prenez plutôt cool, gouverneur", a déclaré Farmer Jones, qui avait connu Edward à l'époque de sa pauvreté.

"Moi?" s'écria Edward en riant. « Je sais tout sur ce genre de choses, voyez-vous. Eh bien, regardez tous les veaux que j'ai eu - et remarquez que je n'ai pas eu d'accident avec une vache plus de deux fois, tout le temps que j'ai fait de la reproduction... Mais je ferais mieux d'y aller. pour voir comment va la Missus. Bonjour à vous, Mme Jones.

« Maintenant, ce que j'aime chez le châtelain, dit Mme Jones, c'est qu'il n'a rien de méchant en lui. "Je ne suis pas trop fier de prendre une tasse de thé avec toi, même si c'est lui le châtelain maintenant."

« C'est le meilleur écuyer que nous ayons eu depuis trente ans, » dit le fermier Jones, « et, comme vous le dites, ma chère, il n'y a pas une goutte de méchanceté en lui, ce qui est plus que ce qu'on peut dire pour son madame.

"Eh bien, elle est jeune", répondit sa femme. "Ils disent que c'est le maître, et j'ose dire qu'il lui apprendra mieux."

« Faites-lui confiance pour que sa femme s'attache ; Ce n'est pas un homme qui supporte les bêtises de qui que ce soit.

Edward se balançait le long de la route, faisant tournoyer son bâton, sifflant et parlant aux chiens qui l'accompagnaient. Il était plein d'espoir et ne pensait pas qu'il serait nécessaire d'abattre sa meilleure vache. Il ne croyait pas au vétérinaire. moitié moins qu'en lui-même, et sa ferme conviction était qu'elle s'en remettrait. Il remonta l'avenue de Court Leys, regardant les jeunes ormes qu'il avait plantés pour combler les vides ; ils étaient dans l'ensemble en assez bonne santé et il était satisfait de son travail.

Il se rendit dans la chambre de Bertha et frappa à la porte. Le Dr Ramsay l'ouvrit, mais, avec sa silhouette robuste, barra le passage.

"Oh, n'aie pas peur," dit Edward, "je ne veux pas entrer. Je sais quand je suis le mieux à l'écart… Comment va-t-elle?"

« Eh bien, j'ai bien peur que ce ne soit pas une tâche aussi facile que je le pensais », murmura le médecin ; "mais il n'y a aucune raison de s'alarmer."

"Je serai en bas si vous me voulez pour quoi que ce soit."

« Elle vous demandait beaucoup tout à l'heure, mais la nourrice lui a dit que cela vous dérangerait si vous étiez là ; alors elle a dit : « Ne le laissez pas venir ; Je le supporterai seul.

« Oh, tout va bien. Dans une période comme celle-ci, le mari se porte bien mieux, je pense.

Le Dr Ramsay lui a fermé la porte.

"C'est un type sensé," dit-il. « Je l'aime de mieux en mieux. Eh bien, la plupart des hommes s'agiteraient et deviendraient hystériques, et Dieu sait quoi.

"C'était Eddie ?" » demanda Bertha, sa voix tremblante de récente agonie.

"Oui; il est venu voir comment tu allais.

« Il n'est pas très contrarié, n'est-ce pas ? Ne lui dis pas que je suis très mauvais, ça le rendrait malheureux. Je le supporterai seul.

Edward, en bas, se dit que cela ne servait à rien de se mettre en état, ce qui était tout à fait vrai, et prenant la chaise la plus confortable de la pièce, s'installa pour lire son journal. Avant le dîner, il alla se renseigner davantage. Le Dr Ramsay est sorti en disant qu'il avait donné de l'opium à Bertha, et pendant un moment elle est restée silencieuse.

"C'est une chance que tu l'aies fait juste à l'heure du dîner," dit Edward en riant. "Nous pourrons prendre une collation ensemble."

Ils s'assirent et commencèrent à manger. Ils rivalisaient d'appétit ; et le médecin, appréciant de plus en plus Edward, dit que cela lui faisait du bien de voir un homme qui savait bien manger. Mais avant qu'ils aient atteint le pudding, un message est venu de l'infirmière pour dire que Bertha était réveillée, et le Dr Ramsay a quitté la table à regret. Edward continua à manger avec régularité. Enfin, avec le soupir heureux de l'homme conscient de la vertu et de l'estomac satisfait, il alluma sa pipe et s'installant de nouveau dans le fauteuil, il commença bientôt à somnoler. Mais la soirée fut longue et il s'ennuyait.

« Tout devrait être fini maintenant », dit-il. "Je me demande si je dois rester debout?"

Le Dr Ramsay parut un peu inquiet lorsqu'Edward alla le voir une troisième fois.

« J'ai bien peur que ce soit une affaire difficile », a-t-il déclaré. «C'est très malheureux. Elle a beaucoup souffert, la pauvre.

"Eh bien, est-ce que je peux faire quelque chose ?" » demanda Edward.

"Non, sauf pour rester calme et ne pas faire d'histoires."

« Oh, je ne ferai pas ça ; vous n'avez pas à craindre. Je dirai que pour ma part, j'ai du courage.

"Vous êtes splendide", a déclaré le Dr Ramsay. "Je vous dis que j'aime voir un homme garder si bien sa tête dans un travail comme celui-ci."

« Eh bien, ce que je suis venu vous demander, c'est : est-ce qu'il y a quelque chose de bon à m'asseoir ? Bien sûr, je le ferai si quelque chose peut être fait ; sinon, autant aller me coucher.

« Oui, je pense que tu ferais bien mieux ; Je t'appellerai si tu es recherché. Je pense que vous pourriez entrer et dire un mot ou deux à Bertha ; cela l'encouragera.

Edward entra. Bertha gisait avec des yeux fixes et terrifiés – des yeux qui semblaient avoir récemment vu des choses entièrement nouvelles et brillaient d'un air vitreux. Son visage était plus blanc que jamais, le sang s'était enfui de ses lèvres et ses joues étaient enfoncées : elle avait l'air de mourir. Elle salua Edward avec un léger sourire.

"Comment vas-tu, petite femme?" Il a demandé.

Sa présence semblait la rappeler à la vie et une légère couleur illumina ses joues.

« Je vais bien », dit-elle en faisant un effort. "Tu ne dois pas t'inquiéter, chérie."

« Vous avez passé un mauvais moment ? »

«Non», dit-elle courageusement. "Je n'ai pas vraiment beaucoup souffert, il n'y a pas de quoi vous inquiéter."

Il est sorti et elle a appelé le Dr Ramsay. « Vous ne lui avez pas dit ce que j'ai vécu, n'est-ce pas ? Je ne veux pas qu'il le sache.

« Non, ça va. Je lui ai dit d'aller se coucher.

« Oh, je suis content. Il ne supporte pas de ne pas avoir sa bonne nuit de sommeil... Combien de temps pensez-vous que cela va durer ? J'ai déjà l'impression d'avoir été torturé pour toujours, et cela semble interminable.

"Oh, ce sera bientôt fini maintenant, j'espère."

« Je suis sûre que je vais mourir », murmura-t-elle ; « J'ai l'impression que la vie s'éloigne progressivement de moi – cela ne me dérangerait pas s'il n'y avait pas Eddie. Il sera tellement déchiré.

"Quelle absurdité!" dit l'infirmière, vous dites tous que vous allez mourir.

Edward – un homme cher, viril, calme et pur d'esprit – se coucha tranquillement et s'endormit bientôt profondément. Mais son sommeil était quelque peu troublé : en général, il appréciait le sommeil lourd et sans rêves de l'homme qui n'a pas de nerfs et qui a beaucoup d'exercice. Cette nuit pourtant, il a rêvé. Il rêvait non seulement qu'une vache était malade, mais que tout son bétail était tombé malade : les vaches se tenaient là avec des yeux sombres et des bosses, maussades et dangereuses, visiblement avec leur foie complètement dérangé ; les bœufs étaient « soufflés » et gisaient sur le dos, les jambes battant faiblement en l'air.

« Il faut les envoyer tous chez le boucher, dit le vétérinaire ; "il n'y a rien à faire avec eux."

« Bon Dieu, délivre-nous », dit Edward ; "Je ne leur en donnerai pas quatre la pierre."

Mais son rêve fut perturbé par un coup frappé à la porte, et Edward se réveilla et trouva le Dr Ramsay en train de le secouer.

"Réveille-toi, mec, lève-toi et habille-toi vite."

"Quel est le problème?" s'écria Edward en sautant du lit et en saisissant ses vêtements. "Quelle heure est-il?"

« Il est quatre heures et demie... Je veux que vous alliez à Tercanbury chercher le docteur Spocref ; Bertha va très mal.

"Très bien, je vais le ramener avec moi." Edward s'habilla rapidement.

"Je vais faire le tour et réveiller l'homme pour qu'il mette le cheval dedans."

« Non, je le ferai moi-même ; ça me prendra la moitié du temps. Il laça méthodiquement ses bottes.

« Bertha ne court aucun danger immédiat. Mais je dois avoir une consultation. J'espère toujours que nous allons lui permettre de s'en sortir.

"Par Jupiter," dit Edward, "je ne savais pas que c'était si grave que ça."

« Ne vous inquiétez pas pour l'instant : l'essentiel est que vous gardiez votre calme et que vous ameniez Spocref le plus rapidement possible. Ce n'est pas encore désespéré.

Edward, avec toute sa vivacité d'esprit, fut bientôt prêt et avec la même rapidité se mit à atteler le cheval ; il alluma soigneusement les lampes, tandis que le proverbe « *plus de hâte, moins de vitesse* » lui traversait l'esprit. En deux minutes, il était sur la route principale et fouettait le cheval. Il marchait d'un trot rapide et régulier à travers la nuit silencieuse.

Le Dr Ramsay, de retour à la chambre du malade, pensa quel objet splendide était un homme sur lequel on pouvait compter pour tout, qui ne perdait jamais la tête ni ne s'excitait. Son admiration pour Edward grandissait à pas de géant.

# Chapitre XVII

E DWARD CRDDOCK était un homme fort, mais également dépourvu d'imagination. En conduisant toute la nuit à Tercanbury, il ne se laissa pas aller à des pensées pénibles, mais maintint facilement son anxiété dans les limites appropriées et consacra toute son attention à la conduite du cheval ; il gardait les yeux fixés sur la route devant lui, et la bête sortait d'un pas rapide et régulier, franchissant rapidement les bornes. Edward appela le Dr Spocref et lui remit le message qu'il portait. Le médecin descendit aussitôt, un homme de petite taille avec une voix grinçante et une manière gesticulative. Il regarda Edward avec méfiance.

"Je suppose que tu es le mari?" dit-il alors qu'ils claquaient dans la rue. « Voudriez-vous que je conduise ? J'ose dire que tu es plutôt contrarié.

"Non, et je ne veux pas l'être", répondit Edward en riant. Il méprisait un peu les gens qui vivaient dans les villes, et ne faisait jamais confiance à un homme mesurant moins de six pieds de haut et costaud en proportion !

«Je suis plutôt nerveuse face aux maris anxieux qui me conduisent à un rythme effréné au milieu de la nuit», explique le médecin. « Les fossés ont pour eux un attrait presque irrésistible. »

"Eh bien, je ne suis pas nerveux, docteur, donc peu importe si vous l'êtes."

Lorsqu'ils atteignirent la campagne, Edward fit avancer le cheval au plus vite ; il s'amusait un peu de l'envie de conduire du docteur, petit homme absurde !

« Est-ce que vous tenez bon ? » demanda-t-il avec un mépris bon enfant.

«Je vois que vous savez conduire», dit le médecin.

"Ce n'est pas la première fois que j'ai les rênes entre les mains", répondit modestement Edward. "Nous voilà!"

Il a montré au spécialiste la chambre et lui a demandé si le Dr Ramsay avait besoin de lui davantage.

« Non, je ne veux pas de toi tout de suite ; mais tu ferais mieux de rester debout pour être prêt, s'il arrive quelque chose... J'ai bien peur que Bertha ne soit vraiment très mauvaise : tu dois être prêt à tout.

Edward se retira dans la pièce voisine et s'assit. Il était véritablement perturbé, mais même maintenant, il ne pouvait pas se rendre compte que Bertha était en train de mourir : son esprit était paresseux et il était incapable d'imaginer l'avenir. Un homme plus émotif aurait été blanc de peur, son cœur battant douloureusement et ses nerfs frémissant de cent terreurs anticipées. Il aurait été tout à fait inutile ; tandis qu'Edward était apte à faire face à n'importe quelle urgence, on aurait pu lui faire confiance pour parcourir encore dix milles à la recherche d'un appareil et, avec une parfaite stabilité, pour aider à toute opération nécessaire.

« Vous savez, dit-il au Dr Ramsay, je ne veux pas vous gêner ; mais si je dois être utile dans la pièce, vous pouvez me faire confiance pour ne pas m'énerver.

« Je ne pense pas que vous puissiez faire quelque chose ; l'infirmière est très digne de confiance et compétente.

« Les femmes, » dit Edward, « sont tellement excitées ; ils se ridiculisent toujours s'ils le peuvent.

Mais l'air de la nuit avait endormi Craddock, et après une demi-heure passée dans le fauteuil à essayer de lire un livre, il s'assoupit. Bientôt cependant il se réveilla, et les premières lueurs du jour remplissèrent la pièce d'une froideur grise. Il a regardé sa montre.

« Par Jupiter, c'est un long travail », dit-il.

On frappa à la porte et l'infirmière entra.

"Veux-tu venir, s'il te plaît."

Le Dr Ramsay l'a rencontré dans le passage. « Dieu merci, c'est fini. Elle a vécu une période terrible.

"Est-ce qu'elle va bien?"

"Je pense qu'elle n'est plus en danger maintenant, mais je suis désolé de dire que nous n'avons pas pu sauver l'enfant."

Un serrement de cœur traversa le cœur d'Edward. "Est-ce qu'il est mort?"

«Il était mort-né. J'avais peur que ce soit désespéré. Tu ferais mieux d'aller voir Bertha maintenant, elle te veut. Elle ne sait rien de l'enfant.

Bertha était allongée dans une attitude d'épuisement complet : elle était allongée sur le dos, les bras tendus dans une extrême faiblesse le long de son corps. Son visage était gris d'angoisse passée, ses yeux ternes et sans vie, à moitié fermés ; et sa mâchoire pendait presque comme la mâchoire d'un cadavre. Elle essaya de sourire en voyant Edward, mais dans sa faiblesse, les lèvres bougèrent à peine.

« N'essayez pas de parler, ma chérie », dit l'infirmière en voyant que Bertha essayait de parler.

Edward se pencha et l'embrassa, la moindre rougeur colora ses joues, et elle se mit à pleurer ; les larmes coulaient furtivement sur ses joues.

"Viens plus près de moi, Eddie," murmura-t-elle.

Il s'agenouilla à côté d'elle, soudain touché. Il lui prit la main, et ce contact eut un effet vivifiant ; elle inspira longuement et ses lèvres formèrent un sourire las, las.

"Dieu merci, c'est fini", gémit-elle, à moitié chuchotée. "Oh, Eddie, chérie, tu ne peux pas penser à ce que j'ai enduré."

"Eh bien, tout est fini maintenant."

« Et tu t'inquiètes aussi, Eddie. Cela m'a encouragé à penser que vous partagiez mes problèmes. Tu dois aller dormir maintenant. C'était gentil de votre part de conduire jusqu'à Tercanbury pour moi.

« Vous ne devez pas parler », dit le Dr Ramsay en revenant dans la pièce après avoir vu le spécialiste partir.

"Je vais mieux maintenant", a déclaré Bertha, "depuis que j'ai vu Eddie."

"Eh bien, tu dois aller dormir."

« Tu ne m'as pas encore dit si c'est un garçon ou une fille ; dis-moi, Eddie, tu sais.

Edward regarda le docteur avec inquiétude.

«C'est un garçon», a déclaré le Dr Ramsay.

«Je savais que ce serait le cas», murmura-t-elle. Une expression de plaisir extatique apparut sur son visage, chassant la grisaille de la mort. "Je suis si content. L'as-tu vu, Eddie ?

"Pas encore."

« C'est notre enfant, n'est-ce pas ? Cela vaut la peine de souffrir pour avoir un bébé. Je suis tellement heureux."

"Tu dois aller dormir maintenant."

"Je n'ai pas du tout sommeil et je veux voir mon garçon."

"Non, vous ne pouvez pas le voir maintenant", a déclaré le Dr Ramsay, "il dort et vous ne devez pas le déranger."

« Oh, j'aimerais le voir, juste une minute. Vous n'avez pas besoin de le réveiller.

« Vous le verrez après vous être endormi », dit le docteur d'une manière apaisante. "Ça va t'exciter trop."

"Eh bien, va le voir, Eddie, et embrasse-le, et ensuite j'irai dormir."

Elle semblait si anxieuse qu'au moins son père voie son enfant, que l'infirmière conduisit Edward dans la pièce voisine. Sur une commode se trouvait quelque chose recouvert d'une serviette. La nourrice le souleva et Edward vit son enfant ; il était nu et très petit, à peine humain, repoussant et pourtant très pitoyable. Les yeux étaient fermés, les yeux qui n'avaient jamais été ouverts. Edward le regarda pendant une minute.

"J'ai promis de l'embrasser", murmura-t-il.

Il se pencha et toucha de ses lèvres le front blanc ; l'infirmière passa la serviette sur le corps et ils retournèrent auprès de Bertha.

"Est-ce qu'il dort?" elle a demandé.

"Oui."

"L'as-tu embrassé?"

"Oui."

Berthe sourit. "Envie d'embrasser bébé devant moi."

Mais la potion du Dr Ramsay faisait son effet, et presque immédiatement Bertha tomba dans un sommeil agréable.

« Faisons un tour dans le jardin », a déclaré le Dr Ramsay. "Je pense que je devrais être là quand elle se réveillera."


L'air était frais, parfumé par les fleurs printanières et l'odeur de la terre. Les deux hommes lui inspirèrent du soulagement après l'atmosphère étroite de la chambre du malade. Le Dr Ramsay mit son bras dans celui d'Edward.

« Courage, mon garçon, » dit-il. « Vous avez tout supporté magnifiquement. Je n'ai jamais vu un homme traverser une nuit comme celle-ci mieux que toi ; et, ma foi, vous êtes frais comme de la peinture ce matin.

"Oh, je vais bien," dit Edward. « Que faut-il faire à propos de… à propos du bébé ?

« Je pense qu'elle pourra mieux le supporter après avoir dormi. Je n'osais vraiment pas dire qu'il était mort-né. Le choc aurait été trop fort pour elle.

Ils entrèrent, se lavaient et mangèrent, puis attendirent que Bertha se réveille. Finalement, l'infirmière les appela.

« Pauvres créatures », s'écria Bertha en entrant dans la pièce. « Tu n'as pas dormi du tout ?... Je me sens très bien maintenant et je veux mon bébé. L'infirmière dit qu'il dort et que je ne peux pas l'avoir, mais je le ferai. Je veux qu'il couche avec moi, je veux regarder mon fils.

Edward et l'infirmière regardèrent le Dr Ramsay, qui pour une fois fut déconcerté.

« Je ne pense pas que tu ferais mieux de l'avoir aujourd'hui, Bertha, » dit-il. "Cela vous dérangerait."

« Oh, mais je dois avoir mon bébé. Infirmière, amenez-le-moi immédiatement.

Edward s'agenouilla à nouveau près du lit et lui prit les mains. "Maintenant, Bertha, tu ne dois pas t'inquiéter, mais le bébé ne va pas bien, et..."

"Qu'est-ce que tu veux dire?" Bertha surgit soudain dans le lit.

"Allongez-vous. Allongez-vous », crièrent le Dr Ramsay et l'infirmière, la forçant à se reposer sur l'oreiller.

« Qu'a-t-il, docteur ? » s'écria-t-elle avec une terreur soudaine.

"C'est comme Edward le dit, il ne va pas bien."

"Oh, il ne va pas mourir, après tout ce que j'ai enduré."

Elle les regarda tour à tour. « Oh, dis-moi ; ne me tiens pas en suspens. Je peux le supporter, quoi que ce soit.

Le Dr Ramsay toucha Edward, l'encourageant.

« Tu dois te préparer à de mauvaises nouvelles, chérie. Tu sais---"

« Il n'est pas mort ? elle a crié.

"Je suis terriblement désolé, chérie... Il était mort-né."

"Oh mon Dieu!" gémit Bertha, c'était un cri de désespoir. Et puis elle éclata en sanglots passionnés.

Ses sanglots étaient terribles, incontrôlables ; c'était sa vie qu'elle pleurait, son espoir de bonheur, tous ses désirs et ses rêves. Son cœur semblait brisé. Elle porta ses mains à ses yeux avec un geste de profonde agonie.

"Ensuite, j'ai enduré tout cela pour rien... Oh, Eddie, tu ne connais pas l'effroyable douleur que cela provoque ; toute la nuit, j'ai cru que je devrais mourir... J'aurais donné n'importe quoi pour être mis hors de ma vie." souffrance. Et tout cela était inutile.

Elle sanglotait encore plus irrésistiblement, écrasée par le souvenir de ce qu'elle avait vécu et de sa futilité.

"Oh, j'aimerais pouvoir mourir."

Les larmes étaient dans les yeux d'Edward et il lui baisa les mains.

« Ne cède pas, chérie, » dit-il, cherchant en vain des mots pour la consoler. Sa voix vacilla et se brisa.

« Oh, Eddie, dit-elle, tu souffres autant que moi. J'ai oublié... Laissez-moi le voir maintenant.

Le Dr Ramsay fit un signe à l'infirmière et elle alla chercher l'enfant mort. Elle le porta au chevet et le montra à Bertha.

Bertha ne dit rien et finit par se détourner ; l'infirmière se retira. Les larmes de Bertha avaient maintenant cessé, mais sa bouche était plongée dans un malheur désespéré.

"Oh, je l'aimais déjà tellement."

Edward se pencha. "Ne t'afflige pas, chérie."

Elle passa ses bras autour de son cou comme elle avait eu plaisir à le faire. "Oh, Eddie, aime-moi de tout ton cœur. Je veux tellement ton amour.

# Chapitre XVIII

PENDANT des jours, Bertha fut accablée par le chagrin. Elle pensait toujours à l'enfant mort qui n'avait jamais vécu, et son cœur lui faisait mal. Mais elle était surtout tourmentée par l'idée que toutes ses souffrances avaient été vaines ; elle avait traversé tellement de choses, son sommeil était encore plein de l'agonie passée, et cela avait été complètement, complètement inutile. Son corps était mutilé au point qu'elle se demandait s'il était possible qu'elle s'en remette ; elle avait perdu son ancien entrain, cette vitalité qui lui avait été si agréable, et elle se sentait comme une vieille femme. Son sentiment de lassitude était insupportable : elle était si fatiguée qu'il lui semblait impossible de se reposer. Elle restait au lit, jour après jour, dans une posture de fatigue désespérée, sur le dos, les bras étendus à côté d'elle, les oreillers soutenant sa tête : tous ses membres étaient singulièrement impuissants.

La récupération fut très lente et Edward suggéra d'envoyer chercher Miss Ley, mais Bertha refusa.

« Je ne veux voir personne », dit-elle ; "Je veux simplement rester immobile et me taire."

Cela l'ennuyait de parler avec les gens, et même ses affections, pour le moment, étaient en sommeil : elle considérait Edward comme quelqu'un à part d'elle, sa présence et son absence ne provoquaient aucune émotion particulière. Elle était fatiguée et désirait seulement qu'on la laisse seule. Toute sympathie était inutile et inutile, elle savait que personne ne pouvait entrer dans l'amertume de son chagrin, et elle préférait le supporter seule.

Peu à peu, cependant, Bertha reprit des forces et consentit à voir les amis qui l'appelaient, certains sincèrement désolés, d'autres poussés simplement par le sens du devoir ou par une curiosité de goule. Miss Glover, à cette époque, était une grande épreuve ; la bonne créature éprouvait pour Bertha la sympathie la plus sincère, mais ses sentiments étaient une chose, son sens du bien et du mal en était une autre. Elle ne pensait pas que la jeune épouse prenait son affliction avec l'humilité voulue. Peu à peu, un sentiment de rébellion avait remplacé l'extrême prostration du début, et Bertha se mettait en colère contre l'injustice de son sort. Miss Glover venait chaque jour, apportant des fleurs et de bons conseils ; mais Bertha n'était pas docile et refusait de se contenter des pieuses consolations de Miss Glover. Quand la bonne créature lisait la Bible, Bertha écoutait en fermant plus fermement les lèvres, d'un air maussade.

« Aimeriez-vous que je vous lise la Bible, ma chérie ? » demanda un jour la sœur du curé.

Et Bertha, poussée au-delà de sa patience, ne pouvait, comme d'habitude, maîtriser sa langue.

"Si ça t'amuse, ma chérie," répondit-elle amèrement.

"Oh, Bertha, tu ne le prends pas dans le bon esprit - tu es tellement rebelle, et c'est mal, c'est complètement mal."

«Je ne peux penser qu'à mon bébé», dit Bertha d'une voix rauque.

« Pourquoi ne pries-tu pas Dieu, ma chère ? Dois-je faire une courte prière maintenant, Bertha ? »

"Non, je ne veux pas prier Dieu. Il est soit impuissant, soit cruel."

«Bertha», s'écria Miss Glover. « Vous ne savez pas ce que vous dites. Oh, priez Dieu de faire fondre votre entêtement ; priez Dieu de vous pardonner.

«Je ne veux pas être pardonné. Je n'ai rien fait qui en ait besoin. C'est Dieu qui a besoin de mon pardon, pas moi.

« Vous ne savez pas ce que vous dites, Bertha, » répondit Miss Glover très gravement et tristement.

Bertha était encore si malade que Miss Glover n'osait pas insister sur le sujet, mais elle était gravement troublée. Elle se demandait si elle devait consulter son frère, à qui une timidité absurde l'empêchait d'aborder les questions spirituelles, sauf nécessité. Mais elle avait une immense confiance en lui et, pour elle, il était le type de tout ce qu'un ecclésiastique chrétien devrait être. Même si son caractère était bien plus fort que le sien, M. Glover a toujours semblé à sa sœur un pilier de force ; et souvent, autrefois, lorsque la chair était plus opiniâtre, elle avait trouvé aide et consolation dans ses sermons très médiocres. Mais finalement Miss Glover décida de lui parler, de sorte que pendant une semaine elle évita les sujets spirituels dans sa conversation quotidienne avec le malade ; puis, Bertha étant devenue un peu plus forte, sans en parler auparavant, elle amena son frère à Court Leys.

Miss Glover se rendit seule dans la chambre de Bertha, dans son ardent sens des convenances, craignant que Bertha, au lit, ne soit pas assez convenablement habillée pour la visite d'un clerc.

"Oh," dit-elle, "Charles est en bas et aimerait tellement te voir. J'ai pensé que je ferais mieux de venir en premier pour voir si tu étais… euh… présentable.

Bertha était assise dans son lit, avec une masse de coussins et d'oreillers derrière elle – une veste rouge vif contrastant avec ses cheveux noirs et la pâleur de sa peau. Elle serra les lèvres lorsqu'elle apprit que le Vicaire était en bas, et un léger froncement de sourcils assombrit son front. Miss Glover l'a aperçu.

« Je ne pense pas qu'elle aime votre venue », dit Miss Glover – pour l'encourager – en allant chercher son frère, « mais je pense que c'est votre devoir.

"Oui, je pense que c'est mon devoir", a répondu M. Glover, qui a aussi peu apprécié l'interview qui s'approchait que Bertha.

C'était un honnête homme, opprimé par les incursions de la dissidence ; mais ses ministères se limitaient aux services religieux, à la collecte des souscriptions et à la visite des pauvres qui allaient à l'église. C'était quelque chose de nouveau d'être amené devant une gentille femme rebelle, et il ne savait pas trop comment la traiter.

Miss Glover a ouvert la porte de la chambre à son frère et il est entré, un vent froid chargé d'acide phénique. Elle lui plaça solennellement une chaise au chevet du lit et une autre pour elle à peu de distance.

« Sonnez pour le thé avant de vous asseoir, Fanny », dit Bertha.

"Je pense que, si cela ne vous dérange pas, Charles aimerait vous parler d'abord", a déclaré Miss Glover. "Est-ce que je n'ai pas raison, Charles?"

"Oui chérie."

"J'ai pris la liberté de lui dire ce que tu m'as dit l'autre jour, Bertha."

Mme Craddock pinça les lèvres mais ne répondit rien.

"J'espère que vous n'êtes pas en colère contre moi pour cela, mais j'ai pensé que c'était mon devoir… Maintenant, Charles."

Le Vicaire de Leanham toussa.

« Je peux tout à fait comprendre, dit-il, que vous soyez très affligé de votre affliction. C'est un événement des plus malheureux. Je n'ai pas besoin de dire que Fanny et moi sympathisons avec vous du fond du cœur.

"C'est effectivement le cas", a déclaré sa sœur.

Bertha ne répondit toujours pas et Miss Glover la regarda avec inquiétude. Le Vicaire toussa encore.

« Mais je pense toujours que nous devrions être reconnaissants pour la croix que nous devons porter. C'est, pour ainsi dire, une mesure de la confiance que Dieu place en nous.

Bertha resta silencieuse et Miss Glover comprit que rien de bon ne pouvait venir en tournant autour du pot.

« Le fait est, Bertha, dit-elle en brisant le silence gênant, que Charles et moi avons très hâte que vous alliez à l'église. Cela ne vous dérange pas que nous le disions, mais nous sommes tous les deux beaucoup plus âgés que vous et nous pensons que cela vous fera du bien. Nous espérons que vous y consentirez ; mais, plus que cela, Charles est ici comme ecclésiastique de votre paroisse, pour vous dire que c'est votre devoir.

"J'espère qu'il ne sera pas nécessaire que je le présente de cette façon, Mme Craddock."

Bertha s'arrêta encore un instant, puis demanda un livre de prières. Miss Glover eut un sourire qui pour elle était tout à fait radieux.

« Il y a longtemps que j'avais envie de te faire un petit cadeau, Bertha, dit-elle, et j'ai pensé que tu pourrais aimer un livre de prières avec de bons gros caractères. J'ai remarqué à l'église que le livre que vous utilisez généralement est si petit qu'il doit éprouver vos yeux et vous inciter à ne pas suivre le service. Je vous en ai donc apporté un aujourd'hui, ce qui me fera grand plaisir si vous l'acceptez.

Elle sortit un gros volume, relié dans un sombre tissu noir, et qui évoquait les odeurs antiseptiques qui imprégnaient le presbytère. Le tirage était effectivement en grand format, mais comme la société qui organisait la publication insistait sur la combinaison du bon marché et de l'utilité, le papier était abominable.

"Merci beaucoup", dit Bertha en tendant la main pour le cadeau. "C'est terriblement gentil de ta part."

« Dois-je vous trouver l' *Église des Femmes* ? »

Bertha hocha la tête et la sœur du Vicaire lui tendit le livre ouvert. Elle lut quelques lignes et les laissa tomber.

«Je n'ai aucune envie de 'remercier chaleureusement Dieu'», dit-elle en regardant presque férocement les deux dignes. "Je suis vraiment désolé d'offenser vos préjugés, mais il me semble absurde que je me prosterne en signe de gratitude envers Dieu."

"Oh, Mme Craddock, j'espère que vous ne pensez pas ce que vous dites", a déclaré le Vicaire.

"C'est ce que je vous ai dit, Charles", dit Miss Glover. "Je ne pense pas que Bertha se porte bien, mais cela me semble terriblement méchant."

Bertha fronça les sourcils, ayant du mal à réprimer le sarcasme qui lui montait aux lèvres ; sa patience était mise à rude épreuve. Mais M. Glover était un peu indécis.

« Nous devons être reconnaissants envers Dieu autant pour les afflictions qu'il envoie que pour les bienfaits », dit-il enfin.

"Je ne suis pas un ver qui rampe sur le sol et rend grâce au pied qui m'écrase."

"Je pense que c'est blasphématoire, Bertha", a déclaré Miss Glover.

"Oh, je n'ai aucune patience avec toi, Fanny", dit Bertha en se relevant, une rougeur illuminant son visage. « Pouvez-vous réaliser ce que j'ai enduré, la douleur terrible que cela implique ? Oh, c'était trop horrible. Même maintenant, quand j'y pense, je crie presque.

"C'est par la souffrance que nous nous élevons vers notre moi supérieur", a déclaré Miss Glover. « La souffrance est un feu qui brûle la grossièreté de notre nature matérielle. »

«Quelles bêtises vous racontez», s'écria Bertha avec passion. « On peut dire ça quand on n'a jamais souffert. On dit que la souffrance ennoblit ; c'est un mensonge, cela ne fait que rendre brutal... Mais je l'aurais supporté — pour le bien de mon enfant. Tout cela était inutile, absolument inutile. Le Dr Ramsay m'a dit que l'enfant était mort depuis tout ce temps. Oh, si Dieu m'a fait souffrir ainsi, c'est infâme. Je me demande que vous n'avez pas honte de le mettre sur le compte de Dieu. Comment pouvez-vous l'imaginer si stupide, si cruel ! Eh bien, même la bête la plus vile des bidonvilles ne causerait pas à une femme une agonie aussi effrayante et inutile pour le simple plaisir.

Miss Glover se leva d'un bond. «Bertha, ta maladie n'est pas une excuse pour ça. Il faut soit que vous soyez fou, soit complètement dépravé et méchant.

"Non, je suis plus charitable que toi", s'écria Bertha. "Je sais que Dieu n'existe pas."

"Alors moi, pour ma part, je ne peux plus rien avoir à faire avec toi." Les joues de Miss Glover étaient enflammées et une soudaine indignation dissipa sa timidité habituelle.

« Fanny, Fanny ! » s'écria son frère, retiens-toi.

« Oh, ce n'est pas le moment de se retenir, Charles. C'est un devoir de s'exprimer parfois. Non, Bertha, si tu es athée, je ne peux plus rien avoir à faire avec toi.

« Elle a parlé avec colère », a déclaré le Vicaire. "Ce n'est pas notre devoir de la juger."

« C'est notre devoir de protester quand le nom de Dieu est prononcé en vain, Charles. Si vous pensez que la position de Bertha excuse ses blasphèmes, Charles, alors je pense que vous devriez avoir honte de vous-même... Mais je n'ai pas peur de m'exprimer. Oui, Bertha, je savais depuis longtemps que tu étais fière et têtue, mais je pensais que le temps te changerait. J'ai toujours eu confiance en toi, parce que je pensais qu'au fond tu étais bon. Mais si tu renies ton Créateur, Bertha, il n'y a aucun espoir pour toi.

« Fanny, Fanny », murmura le Vicaire.

« Laissez-moi parler, Charles ; Je pense que tu es une femme mauvaise et méchante – et je ne peux plus avoir pitié de toi, parce que tout ce que tu as souffert, je pense que tu l'as bien mérité. Votre cœur est absolument dur, et je ne connais rien de plus méchant qu'une femme au cœur dur.

"Ma chère Fanny", dit Bertha en souriant, "nous avons toutes les deux été absurdement mélodramatiques."

«Je refuse de rire du sujet. Je n'y vois rien de ridicule. Allons, Charles, partons et laissons-la à ses pensées.

Mais alors que Miss Glover se dirigeait vers la porte, la poignée fut tournée de l'extérieur et Mme Branderton entra. La position était embarrassante et son apparition parut presque providentielle au Vicaire, qui ne pouvait pas sortir de la pièce comme sa sœur, mais Il ne pouvait pas non plus se résoudre à serrer la main de Bertha, comme si de rien n'était. Mme Branderton entra, de tous les airs et de toutes les grâces, souriante et lorgnante, et les bibelots de son bonnet flambant neuf frémissaient à chaque mouvement.

— J'ai dit à la servante que je pouvais monter seule, Bertha, dit-elle. "Je voulais tellement te voir."

"M. et Miss Glover allaient justement y aller. Comme c'est gentil de votre part de venir !

Miss Glover bondit hors de la pièce avec un sourire presque épouvantable à l'adresse de Mme Branderton ; et M. Glover, doux, poli et toujours aussi antiseptique, serrant la main de Mme Branderton, suivit sa sœur.

« Quels gens bizarres ils sont ! » » dit Mme Branderton, debout à la fenêtre pour les voir sortir par la porte d'entrée. « Je ne pense vraiment pas qu'ils soient tout à fait humains... Eh bien, elle marche devant — elle pourrait l'attendre — en faisant de si grands pas ; et il essaie de la rattraper. Je crois qu'ils font une course. Ha! Ha! Quels gens ridicules ! N'est-ce pas dommage qu'elle porte des jupes courtes ? Ma chère, ses pieds et ses chevilles sont franchement horribles. Je crois qu'ils portent les bottes les uns des autres sans discernement... Et comment vas-tu, ma chérie ? Je pense que tu as l'air beaucoup mieux.

Mme Branderton était assise dans une position telle qu'elle pouvait se voir pleinement dans un miroir.

« Quelles belles lunettes tu as dans ta chambre, mon amour. Aucune femme ne peut s'habiller correctement sans eux. Maintenant, il suffit de regarder la pauvre Fanny Glover pour savoir qu'elle est si modeste qu'elle ne se regarde même jamais dans la glace pour mettre son chapeau.

Mme Branderton continuait à bavarder, pensant qu'elle faisait du bien à Bertha. « Une femme n'aime pas qu'on soit solennel lorsqu'elle est malade. Je sais que quand j'ai un problème, j'aime qu'on me parle de la mode. Je me souviens que dans ma jeunesse, quand j'étais malade, je demandais au vieux M. Crowhurst, l'ancien vicaire, de venir me lire les journaux des dames. C'était un vieil homme si gentil, pas du tout ressemblant à un ecclésiastique ; et il disait que j'étais son seul paroissien à qui il aimait vraiment rendre visite... Je ne te fatigue pas, n'est-ce pas, ma chérie ?

"Oh, chérie, non!" dit Berthe.

«Maintenant, je suppose que les Glovers vous ont parlé de toutes sortes de choses. Bien sûr, il faut l'accepter, je suppose, car cela donne le bon exemple aux classes inférieures ; mais je dois dire que je pense que le clergé oublie parfois parfois sa place. Je trouve très répréhensible qu'ils insistent pour parler de religion avec vous, comme si vous étiez une personne ordinaire... Mais ils ne sont plus aussi gentils qu'avant. Dans ma jeunesse, les membres du clergé étaient toujours des fils de gentilshommes, mais on ne s'attendait pas à ce qu'ils se soucient des pauvres. Je peux tout à fait comprendre que maintenant un gentleman n'aime pas devenir ecclésiastique ; il doit se mêler aux classes inférieures, et elles deviennent chaque jour plus familières.

Mais soudain, Bertha, sans prévenir, fondit en larmes. Mme Branderton était sidérée !

« Ma chérie, qu'est-ce qu'il y a ? Où sont tes sels ? Dois-je sonner ?

Bertha, sanglotant violemment, supplia Mme Branderton de ne pas faire attention à elle. Cette créature à la mode avait un cœur sentimental et aurait été ravie de pleurer avec Bertha ; mais elle avait plusieurs visites à faire, et ne pouvait risquer un dérèglement de sa personne. Elle était également curieuse et aurait donné beaucoup pour découvrir la cause de l'emportement de Bertha. Elle se réconforta cependant en donnant aux Hancock, dont c'était le jour *« À la maison »*, *un récit détaillé de l'affaire ;* et peu de temps après, ils le racontèrent avec diverses embellissements à Mme Mayston Ryle.

Mme Mayston Ryle, toujours aussi magnifiquement imposante, reniflait comme un destrier avide de combat.

"Mme. Branderton *m'endort* fréquemment, dit-elle ; « Mais je peux tout à fait comprendre que si la pauvre petite ne va pas bien, Mme Branderton la ferait pleurer. Je ne la vois jamais moi-même, à moins d'être en très bonne santé, sinon je sais qu'elle me ferait simplement hurler.

"Mais je me demande quel était le problème avec la pauvre Mme Craddock", a déclaré Miss Hancock.

"Je ne sais pas", répondit Mme Mayston Ryle de son air majestueux. « Mais je vais le découvrir. J'ose dire qu'elle veut seulement un peu de bonne société. *J'irai* la voir.

Et elle l'a fait !

# Chapitre XIX

MAIS l'apathie avec laquelle Berthe, pendant des semaines, avait considéré toutes les préoccupations terrestres, disparaissait devant ses forces croissantes. Elle n'était due qu'à une extrême faiblesse physique, du même ordre que cette indifférence miséricordieuse à l'égard de toutes les sympathies terrestres qui facilite le passage final dans l'Inconnu. La perspective de la mort serait insupportable si l'on ne savait que l'affaiblissement du corps entraîne un semblable affaiblissement de l'esprit, dissolvant les liens de ce monde : lorsque le voyageur doit quitter l'auberge à double porte, le vin qu'il aimait a perdu sa saveur. et le pain devint amer dans sa bouche. Comme des vaines paroles inutiles, Bertha avait laissé tomber les intérêts de la vie ; son âme était en train de mourir. Son âme était une bougie allumée dans une lanterne, vacillant au vent de telle sorte que sa flamme était à peine visible et que la lanterne était inutile ; mais bientôt le vent de mort s'apaisa, et la lumière brillait et remplissait les ténèbres.

Avec une force croissante, la vieille passion revint ; l'amour revenait comme un conquérant, et Bertha savait qu'elle n'en avait pas fini avec la vie. Dans sa solitude, elle aspirait à l'affection d'Edward ; car maintenant il était tout ce qu'elle avait, et elle lui tendit les bras avec un grand désir. Elle se reprochait amèrement sa froideur, elle pleurait à l'idée de ce qu'il avait dû souffrir. Et elle avait honte que l'amour qu'elle croyait éternel ait été pour un temps détruit. Mais un changement s'était produit en elle. Elle n'aimait plus son mari avec la vieille passion aveugle, mais avec un sentiment nouveau qui s'y ajoutait ; car c'est à lui qu'étaient transférées la tendresse qu'elle avait prodiguée à son enfant mort, et tout l'esprit de mère qui doit maintenant, jusqu'à la fin de sa vie, rester insatisfait. Son cœur était comme une maison avec des chambres vides, et les feux de l'amour y faisaient rage triomphalement.

Bertha pensa un peu douloureusement à Miss Glover, mais la renvoya en haussant les épaules. La bonne créature avait gardé sa résolution de ne plus jamais s'approcher de Court Leys, et depuis des jours on n'avait plus entendu parler d'elle.

"Qu'importe?" s'écria Berthe. "Tant qu'Eddie m'aime, le reste du monde n'est rien."

Mais sa chambre prenait maintenant l'aspect d'une prison, de sorte qu'elle se sentait incapable d'en supporter plus longtemps l'affreuse monotonie. Son lit était un lit de torture, et elle croyait que tant qu'elle resterait étendue dessus, la santé ne reviendrait pas. Elle a supplié le Dr Ramsay de lui permettre de se lever, mais elle s'est toujours heurtée au même refus, soutenu par le bon sens de son mari. Tout ce qu'elle obtint, c'était le renvoi de l'infirmière pour laquelle elle avait pris une soudaine et violente antipathie. Sans aucune raison raisonnable, Bertha trouvait la simple présence de la pauvre femme insupportable, et sa bavardage officieuse l'irritait au-delà de toute mesure. Si elle devait rester au lit, Bertha préférait la solitude absolue ; la tournure de son esprit devenait presque misanthrope.

Les heures passaient interminablement. De son oreiller, Bertha ne pouvait voir que le ciel, tantôt bleu métallique avec des nuages éblouissants qui se balançaient lourdement, tantôt gris, assombrissant la pièce. Les meubles et le papier peint s'imposaient avec dégoût dans son esprit. Chaque détail était imprimé dans sa conscience de manière aussi indélébile que la marque du potier sur l'argile.

Finalement, elle se décida à se lever, quoi qu'il arrive. C'était le dimanche après la dispute avec Miss Glover ; Edward serait à l'intérieur et avait sans doute l'intention de passer la majeure partie de l'après-midi dans sa chambre, mais elle savait qu'il n'aimait pas rester assis là ; la proximité, les odeurs de médicaments lui donnaient mal à la tête. Son apparition au salon serait une délicieuse surprise. Elle ne lui dirait pas qu'elle se levait, mais descendait et le prenait par surprise. Elle sortit du lit, mais comme elle posait les pieds sur terre, elle dut s'accrocher à une chaise ; ses jambes étaient si faibles qu'elles la soutenaient à peine, et sa tête tournait. Mais au bout d'un moment, elle reprit des forces et s'habilla lentement, lentement et très difficilement ; sa faiblesse était presque douloureuse. Elle dut s'asseoir, et ses cheveux étaient si fastidieux à coiffer qu'elle craignit de devoir renoncer et retourner se coucher. Mais la pensée de la surprise d'Edward la soutenait – il avait dit à quel point il serait heureux de l'avoir en bas avec lui. Elle fut enfin prête et se dirigea vers la porte, s'appuyant sur tous les objets à portée de main. Mais quelle joie de se relever, de se sentir à nouveau parmi les vivants, loin du tombeau de son lit !

Elle arriva en haut de l'escalier et descendit en s'appuyant lourdement sur la rampe ; elle allait pas à pas, comme font les petits enfants, et se moquait d'elle-même. Mais le rire se transforma presque en un gémissement, car, épuisée, elle s'effondra et sentit qu'il lui était impossible d'aller plus loin. Puis la pensée d'Edward la poussa à avancer. Elle lutta pour se relever et persévéra jusqu'à atteindre le fond. Maintenant qu'elle était à l'extérieur du salon, elle entendit Edward siffler à l'intérieur. Elle avançait en rampant, désireuse de ne faire aucun bruit ; Sans bruit, elle tourna la poignée et ouvrit la porte.

"Eddie!"

Il se retourna avec un cri. « Salut, qu'est-ce que tu fais ici ?

Il s'approcha d'elle, mais ne manifesta pas la grande joie qu'elle attendait.

"Je voulais te faire une surprise. N'es-tu pas content de me voir ?

« Oui, bien sûr que je le suis. Mais vous n'auriez pas dû venir sans la permission du Dr Ramsay. Et je ne vous attendais pas aujourd'hui.

Il la conduisit jusqu'au canapé et elle s'allongea.

"Je pensais que tu serais si content."

"Bien sur que je le suis!"

Il lui plaça des oreillers et la couvrit d'un tapis, petites attentions délicieusement touchantes.

« Vous ne savez pas à quel point j'ai lutté », dit-elle. "Je pensais que je ne devrais jamais enfiler mes affaires, puis j'ai failli dévaler les escaliers, j'étais si faible... Mais je savais que tu devais être seul ici et que tu détestes t'asseoir dans la chambre."

« Vous n'auriez pas dû prendre ce risque. Cela pourrait vous faire reculer, » répondit-il doucement. Il a regardé sa montre. "Tu ne dois rester qu'une demi-heure, et ensuite je te porterai jusqu'au lit."

Bertha éclata de rire, avec l'intention de ne rien permettre de pareil. C'était si confortable de s'allonger sur le canapé, avec Edward à ses côtés. Elle lui tenait la main.

« Je ne pouvais tout simplement plus rester dans la pièce. C'était si sombre, avec la pluie qui crépitait toute la journée sur les fenêtres.

C'était un de ces jours de fin d'été où la pluie semble ne jamais cesser et où l'air est rempli de la mélancolie de la nature, déjà consciente de la décadence prochaine.

"J'avais l'intention de venir vers toi dès que j'aurais fini ma pipe."

Bertha était épuisée et, gardant le silence, serra la main d'Edward en signe de reconnaissance de sa gentille intention. Bientôt, il regarda de nouveau sa montre.

« Votre demi-heure est presque écoulée. Dans cinq minutes, je vais vous emmener dans votre chambre.

"Oh non, ce n'est pas le cas," répondit-elle d'un ton enjoué, prenant sa remarque comme humoristique. "Je vais rester jusqu'au dîner."

"Non, c'est impossible. Ce sera très mauvais pour toi... Pour me faire plaisir, retourne te coucher maintenant.

"Eh bien, nous partagerons la différence et j'irai après le thé."

"Non, tu dois y aller maintenant."

"Eh bien, on croirait que tu voulais te débarrasser de moi!"

"Je dois sortir", dit Edward.

« Oh non, vous ne l'avez pas fait… vous dites simplement cela pour m'inciter à monter à l'étage. Espèce de menteur ! »

"Laisse-moi te porter maintenant, c'est une gentille fille."

"Je ne le ferai pas, je ne le ferai pas, je ne le ferai pas."

« Je vais devoir te laisser tranquille, Bertha. Je ne savais pas que tu comptais te lever aujourd'hui, et j'ai un engagement.

"Oh, mais tu ne peux pas me quitter la première fois que je me lève. Qu'est-ce que c'est? Vous pouvez écrire une note et la casser.

«Je suis terriblement désolé», répondit-il. « Mais j'ai bien peur de ne pas pouvoir faire ça. Le fait est que j'ai vu les Miss Hancock après l'église, et elles m'ont dit qu'elles devaient se rendre à pied à Tercanbury cet après-midi, et comme il faisait si humide, j'ai proposé de les y conduire. J'ai promis de les chercher à trois heures.

« Vous plaisantez, dit Bertha ; ses yeux étaient soudain devenus durs et elle respirait vite.

Edward la regarda avec inquiétude. "Je ne savais pas que tu allais te lever, sinon je n'aurais pas dû m'arranger pour sortir."

"Eh bien, ça n'a pas d'importance", dit Bertha, chassant sa colère momentanée. "Vous pouvez simplement écrire et dire que vous ne pouvez pas venir."

« J'ai bien peur de ne pas pouvoir faire ça », répondit-il gravement. "J'ai donné ma parole et je ne peux pas la rompre."

"Oh, mais c'est tristement célèbre." Sa colère éclata à nouveau. « Même toi, tu ne peux pas être assez cruel pour me quitter à un moment pareil. Je mérite une certaine considération, après tout, j'ai souffert. Pendant des semaines, je suis resté aux portes de la mort, et enfin, quand je vais un peu mieux et que je redescends, pensant vous faire plaisir, vous êtes engagé pour conduire les demoiselles Hancock à Tercanbury.

"Viens, Bertha, sois raisonnable." Edward daignait discuter avec sa femme, même s'il n'était pas dans son habitude de se contenter de ses extravagances. « Vous voyez, ce n'est pas ma faute. Ne te suffit-il pas que je sois vraiment désolé ? Je serai de retour dans une heure. Reste ici et nous passerons la soirée ensemble.

"Pourquoi m'as-tu menti?"

"Je n'ai pas menti : je n'ai pas l'habitude de faire ça", dit Edward avec une satisfaction naturelle.

« Vous avez prétendu que c'était pour ma santé que je devais monter à l'étage. N'est-ce pas un mensonge ?

"C'était pour le bien de ta santé."

« Tu mens encore. Vous vouliez m'éloigner pour pouvoir aller chez Miss Hancock sans me le dire.

"Tu devrais me connaître mieux que ça maintenant."

"Pourquoi n'as-tu rien dit à leur sujet jusqu'à ce que tu trouves impossible de les éviter."

Edward haussa les épaules avec bonne humeur. "Parce que je sais à quel point tu es susceptible."

"Et pourtant, vous leur avez fait cette offre."

« C'est sorti presque par surprise. Ils se plaignaient du mauvais temps et, sans réfléchir, j'ai dit : « Je vous y conduirai si vous le souhaitez. Et ils ont sauté dessus.

"Vous êtes si bon enfant si quelqu'un d'autre que votre femme s'inquiète."

"Eh bien, chérie, je ne peux pas continuer à discuter. Je serai déjà en retard.

"Tu n'y vas pas vraiment ?" Il avait été impossible pour Bertha de réaliser qu'Edward réaliserait son intention.

« Il le faut, ma chère ; c'est mon devoir."

« Tu as plus de devoirs envers moi que envers quiconque… Oh, Eddie, ne pars pas. Tu ne peux pas réaliser tout ce que cela signifie pour moi.

"Je dois. Je n'y vais pas parce que je le veux. Je serai de retour dans une heure.

Il se pencha pour l'embrasser et elle lui jeta les bras autour du cou en fondant en larmes.

"Oh, s'il te plaît, ne pars pas, si tu m'aimes du tout, si tu m'as déjà aimé... Ne vois-tu pas que tu détruis mon amour pour toi ?"

"Maintenant, ne sois pas stupide, c'est une bonne fille."

Il lui relâcha les bras et s'éloigna ; mais se levant du canapé, elle le suivit et lui prit le bras, le suppliant de rester.

« Vous voyez comme je suis malheureux ; et tu es tout ce que j'ai au monde maintenant. Pour l'amour de Dieu, reste, Eddie. Cela signifie plus pour moi que vous ne le pensez.

Elle tomba au sol ; elle était agenouillée devant lui.

« Viens, monte sur le canapé. Tout cela est très mauvais pour vous.

Il la porta jusqu'au canapé, puis, pour terminer la scène, quitta précipitamment la pièce.

Bertha se leva d'un bond pour le suivre, mais tomba en arrière lorsque la porte claqua, et enfouissant son visage dans ses mains, elle s'abandonna à une passion de larmes. Mais l'humiliation et la rage ont presque chassé son chagrin. Elle s'était agenouillée devant son mari pour obtenir une faveur, et il ne l'avait pas accordée. Soudain, elle le détesta. L'amour, qui avait été une tour d'airain, s'effondra comme un château de cartes. Elle ne chercherait plus à se dissimuler les défauts qui lui sautaient aux yeux. Il ne se souciait que de lui-même : pour lui, ce n'était que soi, soi, soi. Bertha éprouvait une fascination amère à dépouiller son idole des atours dont sa folie l'avait paré ; elle le voyait plus précisément maintenant, et il était complètement égoïste. Mais le plus insupportable de tout était sa propre humiliation extrême.

La pluie tombait sans arrêt et le désespoir de la nature lui rongeait l'âme. Enfin, elle était épuisée ; et, perdant la notion du temps, resta à moitié inconsciente, ne ressentant au moins aucune douleur, le cerveau vide et fatigué. Lorsqu'un domestique vint demander si Miss Glover pouvait la voir, elle comprit à peine.

— Miss Glover n'a pas pour habitude de participer à de telles cérémonies, dit-elle d'un ton maussade, oubliant l'incident de la semaine précédente. "Demandez-lui d'entrer."

La sœur du pasteur vint à la porte et hésita, devenant rouge ; l'expression de ses yeux était douloureuse et même effrayée.

"Puis-je entrer, Bertha?"

"Oui."

Elle se dirigea directement vers le canapé et tomba à genoux.

"Oh, Bertha, s'il te plaît, pardonne-moi. J'avais tort et je me suis mal comporté avec vous.

«Ma chère Fanny», murmura Bertha, un sourire perçant sa misère.

« Je retire chaque mot que je t'ai dit, Bertha ; Je ne comprends pas comment je l'ai dit. Je vous demande humblement pardon.

"Il n'y a rien à pardonner."

« Oh, oui, il y en a. Bon Dieu, je sais ! Ma conscience me fait des reproches depuis que je suis ici, mais j'ai endurci mon cœur et je n'ai pas voulu écouter.

La pauvre Miss Glover n'aurait pas vraiment endurci son cœur, malgré tous ses efforts.

« Je savais que je devrais venir vers toi et te demander pardon, mais je ne l'ai pas fait. Je n'ai pas dormi un clin d'oeil la nuit. J'avais peur de mourir, et si j'avais été retranché au milieu de ma méchanceté, j'aurais été perdu.

Elle parla très vite, trouvant visiblement un soulagement d'exprimer son trouble.

« Je pensais que Charles me ferait des reproches, mais il n'a jamais dit un mot. Oh, j'aurais aimé qu'il l'ait fait, cela aurait été plus facile à supporter que son regard triste. Je sais qu'il s'inquiète terriblement et je suis vraiment désolé pour lui. Je n'arrêtais pas de dire que j'avais seulement fait mon devoir, mais dans mon cœur, je savais que j'avais mal agi. Oh Bertha, et ce matin je n'ai pas osé communier, j'ai cru que Dieu me frapperait pour blasphème. Et j'avais peur que Charles me refuse devant toute la congrégation... C'est le premier dimanche depuis ma confirmation que je manque de communier.»

Elle enfouit son visage dans ses mains en pleurant. Bertha l'entendait presque avec indifférence ; car son propre problème était accablant et elle ne pouvait penser à aucun autre. Miss Glover releva son visage taché de larmes et rouge ; c'était franchement hideux, mais néanmoins très pathétique.

« Ensuite, je n'ai plus pu le supporter », a-t-elle déclaré. «Je pensais que si je vous demandais pardon, je pourrais peut-être me pardonner. Oh, Bertha, s'il te plaît, oublie ce que j'ai dit et pardonne-moi. Et j'imaginais qu'Edward serait là aujourd'hui, et l'idée de m'exposer devant lui aussi était presque plus que je ne pouvais supporter. Mais je savais que l'humiliation serait bonne pour moi. Oh, j'étais tellement reconnaissante quand Jane a dit qu'il était absent… Que puis-je faire pour mériter votre pardon ?

Au fond de son cœur, Miss Glover désirait une horrible pénitence qui mortifierait complètement sa chair.

«J'ai déjà tout oublié», dit Bertha avec un sourire las. "Si mon pardon vaut quelque chose, je te pardonne entièrement."

Miss Glover était un peu peinée par l'indifférence manifeste de Bertha, mais la considérait pourtant comme une juste punition.

« Et Bertha, laisse-moi te dire que je t'aime et que je t'admire plus que quiconque après Charles. Si vous pensez vraiment à ce que vous avez dit l'autre jour, je vous aime toujours et j'espère que Dieu transformera votre cœur. Charles et moi prierons pour toi nuit et jour, et bientôt j'espère que le Tout-Puissant vous enverra un autre enfant pour remplacer celui que vous avez perdu. Croyez-moi, Dieu est très bon et miséricordieux, et il vous accordera ce que vous désirez.

Bertha poussa un petit cri de douleur. "Je ne pourrai jamais avoir un autre enfant... Le Dr Ramsay m'a dit que c'était impossible."

"Oh, Bertha, je ne savais pas."

Miss Glover prit Bertha dans ses bras d'une manière protectrice, en pleurant, et l'embrassa comme une petite enfant.

Mais Bertha s'essuya les yeux.

« Laisse-moi maintenant, Fanny, s'il te plaît. Je préférerais être seul. Mais viens me voir bientôt et pardonne-moi si je suis horrible. Je suis très malheureux et je ne serai plus jamais heureux.

Quelques minutes plus tard, Edward revint – joyeux, jovial, le visage rouge et de la meilleure humeur.

"Nous y revoilà!" cria-t-il comme un clown dans une arlequinade. « Vous voyez, je ne suis pas parti depuis longtemps et je ne vous ai pas manqué. Maintenant, nous allons prendre le thé.

Il l'embrassa et remit ses coussins en place.

« Par Jupiter, ça me fait du bien de te revoir. Il faut que tu me verses le thé... Maintenant, avoue-le ; n'étais-tu pas déraisonnable de faire autant d'histoires à propos de mon départ ? Et je n'ai pas pu m'en empêcher, n'est-ce pas ?

# Chapitre XX

MAIS l'amour qui avait pris possession si despotique de la nature de Bertha ne pouvait être renversé par aucun moyen soudain. Lorsqu'elle recouvra la santé et put reprendre ses habitudes, elle se rapprocha comme un feu momentanément maîtrisé, qui a pris une nouvelle force dans sa coercition. Cela la consternait de penser à son extrême solitude ; Edward était désormais son seul pilier et son seul espoir. Elle ne cherchait plus à nier que son amour ne ressemblait pas au sien ; mais sa froideur n'était pas toujours apparente ; Voulant avec véhémence trouver une réponse à son ardeur, elle ferma les yeux sur tout ce qui ne s'imposait pas trop facilement. Elle avait un tel désir dévorant de trouver en Edward l'amant de ses rêves, que pendant certaines périodes, elle pouvait effectivement vivre dans un paradis pour fous, ce qui n'en était pas moins reconnaissant car au fond de son cœur elle avait un douloureux soupçon de son vrai caractère.

Mais il semblait que plus Berthe désirait passionnément l'amour de son mari, plus leurs différends devenaient fréquents. À mesure que le temps passait, le calme entre les tempêtes devenait de plus en plus court, et chaque querelle laissait sa marque et rendait Bertha plus susceptible aux affronts. Comprenant enfin qu'Edouard ne pouvait pas répondre à ses démonstrations d'affection, elle devint dix fois plus exigeante ; même les petites tendresses qui, au début de sa vie conjugale, l'eussent ravie, ressemblaient trop maintenant à des aumônes faites à un mendiant importun, pour être reçues avec autre chose qu'irritation. Leurs altercations ont prouvé de manière concluante qu'il n'est pas nécessaire d'être deux pour se quereller. Edward était un modèle de bonne humeur et sa sérénité était imperturbable. Même si Bertha était contrariée, Edward n'a jamais perdu sa sérénité. Il imaginait qu'elle était troublée par la perte de son enfant et que sa santé n'était pas entièrement rétablie : il avait fait l'expérience, surtout avec les vaches, qu'un accouchement difficile donnait souvent lieu à quelque changement temporaire de disposition, de sorte que le plus animal docile du monde développerait soudain une méchanceté inattendue. Il n'a jamais essayé de comprendre les humeurs variées de Bertha ; son désir passionné d'amour lui paraissait aussi déraisonnable que ses accès de colère et la contrition qui s'ensuivait. Or, Edward était toujours le même : satisfait à parts égales de l'univers dans son ensemble et de lui-même ; il n'y avait aucun doute sur le fait que le monde dans lequel il vivait, le lieu et l'époque particuliers, étaient les meilleurs possibles ; et qu'aucune existence ne saurait être plus satisfaisante que de cultiver avec bonheur son jardin. N'étant pas analytique, il s'abstint d'y réfléchir ; et s'il l'avait fait, il n'aurait pas emprunté les phrases de M. de Voltaire, dont il n'avait jamais entendu parler, et qu'il aurait absolument abhorré comme Français, philosophe et esprit. Mais le fait qu'Édouard mangeait, buvait, dormait et mangeait encore, aussi régulièrement que les bœufs de sa ferme, prouvait suffisamment qu'il jouissait d'un bonheur égal au leur – et que peut demander de plus un homme honnête ?

Edouard avait en outre cette magnifique faculté de toujours faire le bien et de le connaître, qui est, dit-on, le don le plus inestimable du vrai chrétien ; mais si son infaillibilité lui plaisait et édifiait ses voisins, elle ne manquait pas de causer le plus grand ennui à sa femme. Elle serrait les mains et tirait de ses yeux des flèches de feu, quand il se tenait devant elle, souriant, conscient de la justice de son propre point de vue et de la déraison du sien. Et le pire dans tout cela était que dans ses moments les plus sains d'esprit, Bertha devait admettre que le point de vue d'Edward était invariablement juste et qu'elle avait complètement tort. Son injustice l'épouvantait, et elle prenait sur ses épaules la responsabilité de tout leur malheur. Toujours, après une querelle d'où Édouard était sorti avec son triomphe habituel, à la colère de Bertha succédait une passion de remords ; et elle ne trouvait pas assez de reproches pour se fustiger. Elle demanda frénétiquement comment on pouvait s'attendre à ce que son mari l'aime ; et, dans un transport d'agonie et de peur, elle profitait de la première occasion pour lui jeter ses bras autour du cou et lui présenter les excuses les plus abjectes. Puis, après avoir mangé la poussière devant lui, après avoir pleuré et s'être humiliée, elle serait pendant une semaine absurdement heureuse, avec l'impression que désormais rien d'autre qu'un tremblement de terre ne pourrait troubler leur bienheureux équilibre. Edward était à nouveau l'idole d'or, vêtu des vêtements diaphanes du véritable amour, sa parole était la loi et ses actes étaient parfaits ; Bertha était une humble adoratrice, offrant de l'encens et profondément reconnaissante envers la divinité qui s'est abstenue de l'écraser. Il lui en fallait peu pour oublier les affronts et la froideur de l'affection de son mari : son amour était comme la marée couvrant un rocher stérile ; la mer se brise en vagues et se disperse en écume, tandis que le rocher reste toujours inchangé. Cette comparaison, d'ailleurs, n'aurait pas déplu à Edward ; quand il réfléchissait, il aimait penser à quel point il était ferme et inébranlable.

Le soir, avant de s'endormir, Bertha avait le plus grand plaisir d'embrasser son mari sur les lèvres, et cela la mortifiait de voir avec quelle machinalité il répondait à cette étreinte. C'était toujours elle qui devait faire l'avance, et quand, pour l'essayer, elle omettait de le faire, il s'empressait de s'endormir sans même lui dire bonne nuit. Puis elle se dit qu'il devait absolument la mépriser.

"Oh, ça me rend folle de penser au dévouement que je gaspille pour toi", cria-t-elle. "Je suis un imbécile! Vous êtes tous au monde pour moi, et moi, pour vous, je suis une sorte de hasard : vous auriez pu épouser n'importe qui d'autre que moi. Si je n'avais pas croisé ton chemin, tu aurais infailliblement épousé quelqu'un d'autre.

"Eh bien, vous aussi," répondit-il en riant.

"JE? Jamais! Si je ne t'avais pas rencontré, je n'aurais épousé personne. Mon amour n'est pas une babiole que je suis prêt à offrir à quiconque se présente sur mon chemin. Mon cœur est un et indivisible ; il me serait impossible d'aimer quelqu'un d'autre que toi... Quand je pense que pour toi je ne suis rien de plus que n'importe quelle autre femme, j'ai honte.

« Vous parlez parfois de la pourriture la plus horrible. »

« Ah, cela résume toute votre opinion. Pour vous, je ne suis qu'une idiote de femme. Je suis un animal domestique, un peu plus sociable qu'un chien, mais dans l'ensemble, moins utile qu'une vache.

« Je ne sais pas ce que tu veux que je fasse plus que je ne le fais réellement. Vous ne pouvez pas vous attendre à ce que je vous embrasse et me fasse des câlins tout le temps. La lune de miel est faite pour ça, et un homme qui passe sa vie en lune de miel est un âne.

« Ah oui, chez toi l'amour est caché toute la journée, pendant que tu t'occupes des affaires sérieuses de la vie, comme tondre les moutons ou chasser les renards ; et après le dîner, cela surgit dans votre sein, surtout si vous avez mangé de bonnes choses, et cela ne se distingue pas du processus de digestion. Mais pour moi, l'amour est tout, la cause et la raison de la vie. Sans amour, je devrais être inexistant.

"Eh bien, tu peux m'aimer", dit Edward, "mais, par Jupiter, tu as une façon très drôle de le montrer... Mais en ce qui me concerne, si tu me dis ce que tu veux, veux que je fasse, je vais essayer de le faire.

"Oh, comment puis-je te le dire?" s'écria-t-elle avec impatience. «Je fais tout ce que je peux pour que tu m'aimes et je ne peux pas. Si vous êtes une souche et une pierre, comment puis-je vous apprendre à être un amoureux passionné ? Je veux que tu m'aimes comme je t'aime.

« Eh bien, si vous me demandez mon avis, je devrais dire que c'était plutôt du bon travail, ce qui n'est pas le cas. Eh bien, les meubles seraient détruits en une semaine, si j'étais aussi violent que toi.

"Cela ne me dérangerait pas si vous étiez violent si vous m'aimiez", répondit Bertha, prenant sa remarque avec un sérieux véhément. « Je m'en fiche si tu me bats ; Je ne devrais pas me soucier à quel point tu m'as blessé, si tu l'as fait parce que tu m'aimais.

"Je pense qu'une semaine de cela te rendrait malade de ce genre d'amour, ma chère."

"Tout serait préférable à votre indifférence."

« Mais que Dieu bénisse mon âme, je ne suis pas indifférent. N'importe qui penserait que je ne me soucie pas de toi ou que je m'en prends à une autre femme.

"J'aurais presque souhaité que tu le sois", répondit Bertha. "Si vous aimiez quelqu'un, j'aurais peut-être un espoir de gagner votre affection, mais vous êtes incapable d'aimer."

«Je n'en sais rien. Je peux dire en vérité qu'après Dieu et mon honneur, je ne chéris rien au monde autant que vous.

« Vous avez oublié votre chasseur », s'écria Bertha avec mépris.

"Non, je ne l'ai pas fait", répondit Edward avec une certaine gravité.

« À votre avis, qu'est-ce qui m'importe d'un poste comme celui-là ? Vous reconnaissez que je suis troisième : je préférerais n'être nulle part.

"Je ne pouvais pas t'aimer à moitié autant, j'aimais, je ne t'honorais pas davantage", a mal cité Edward.

« L'homme était un con qui a écrit ça. Je veux être placé au-dessus de votre Dieu et au-dessus de votre honneur. L'amour que je veux est l'amour de l'homme qui perdra tout, même son âme, pour le bien d'une femme.

Edward haussa les épaules. « Je ne sais pas où tu trouveras ça. Mon idée de l'amour est que c'est une très bonne chose à sa place, mais il y a une limite à tout. Il y a d'autres choses dans la vie.

« Oh oui, je sais : il y a le devoir et l'honneur, et la ferme, et la chasse au renard, et l'opinion de ses voisins, et les chiens et le chat, et le nouveau coupé, et un million d'autres choses... Quoi. Pensez-vous que vous le feriez si j'avais commis un crime et que j'étais susceptible d'être emprisonné ?

« Je ne veux rien supposer de tel. Soyez assuré que je ferai mon devoir.

« Oh, j'en ai marre de ton devoir. Vous me le racontez matin, midi et soir. Je souhaite à Dieu que vous ne soyez pas si vertueux – vous pourriez être plus humain.


Edward trouva le comportement de sa femme si extraordinaire qu'il consulta le Dr Ramsay. Le médecin était depuis trente ans le bénéficiaire de confidences conjugales et était sceptique quant à la valeur de la médecine dans le traitement de la jalousie, de la bavardage, de l'incompatibilité d'humeur et des maladies similaires. Il assura à Edward que le temps était le seul remède par lequel toutes les différences seraient réconciliées ; mais après de nouvelles pressions, il consentit à envoyer à Bertha une bouteille de tonique inoffensif, qu'il avait l'habitude de donner à tout le monde pour la plupart des maux dont la chair est héritière. Cela ne ferait sans doute aucun mal à Bertha, et c'est une considération importante pour un médecin généraliste. Le Dr Ramsay a également conseillé à Edward de rester calme et d'être sûr que Bertha finirait par devenir l'épouse dévouée et soumise qu'il est idéal pour tout homme de voir au coin du feu, lorsqu'il se réveille de sa sieste d'après-dîner.

L'humeur de Bertha était certainement éprouvante. Personne ne pouvait dire un jour comment elle serait le lendemain ; et c'était particulièrement inconfortable pour un homme qui était prêt à tirer le meilleur parti de tout, mais à condition d'avoir le temps de s'y habituer. Parfois, elle était prise de mélancolie, par exemple au crépuscule des après-midi d'hiver, lorsque l'esprit est naturellement amené à contempler la vanité de l'existence et la futilité de toute entreprise humaine. Edward, remarquant qu'elle était pensive, état qu'il détestait, lui demanda quelles étaient ses pensées ; et à moitié rêveuse, elle essayait de les exprimer.

« Bon Dieu, délivre-nous ! » s'écria-t-il joyeusement, « quelles choses de rhum vous mettez dans votre petite nouille. Vous devez être de mauvaise humeur.

"Ce n'est pas ça," répondit-elle en souriant tristement.

« Ce n'est pas naturel pour une femme de ruminer de cette façon. Je pense que tu devrais recommencer à prendre ce tonique, mais j'ose dire que tu es seulement fatigué et que tu penseras tout à fait différemment le matin.

Bertha ne répondit rien. Elle souffrait de la douleur sans nom de l'existence et il lui offrit du fer et de la quinine : lorsqu'elle avait besoin de sympathie parce que son cœur souffrait des malheurs de ses semblables, il lui versait de la teinture de Nux Vomica dans la gorge. Il ne pouvait pas comprendre, cela ne servait à rien d'expliquer qu'elle trouvait une saveur dans la tendre contemplation des maux de l'humanité. Mais le pire dans tout cela était qu'Edward avait tout à fait raison : la brute, il l'a toujours été ! Le matin venu, la mélancolie avait disparu, Bertha était laissée sans souci, et le monde n'avait même pas besoin de lunettes roses pour paraître attrayant. C'était humiliant de constater que ses plus belles pensées, les émotions ennoblissantes qui lui rappelaient la charmante fiction selon laquelle tous les hommes sont frères, étaient dues à un simple épuisement physique.

Certaines personnes ont un esprit extraordinairement littéral, elles ne permettent jamais le jeu de l'imagination : pour elles, la vie n'a pas de bière ni de quilles et, loin d'être un rêve vide de sens, est une question d'une extrême gravité. Tel est l'homme qui, lorsqu'une femme lui dit qu'elle se sent terriblement vieille, au lieu de répondre qu'elle paraît ridiculement jeune, répond que la jeunesse a ses inconvénients et la vieillesse ses compensations ! Et c'était le cas d'Edward. Il n'aurait jamais pu se rendre compte que les gens ne pensaient pas exactement ce qu'ils disaient. Au début, il avait toujours consulté Bertha sur la gestion de la succession ; mais elle, heureuse de n'être qu'une rien dans sa propre maison, avait consenti à tout ce qu'il lui suggérait, et l'avait même prié de ne pas le lui demander. Lorsqu'elle l'informa qu'il était le seigneur absolu non seulement d'elle-même, mais de tous ses biens terrestres, il ne fut pas surprenant qu'il la prenne enfin au mot.

"Les femmes ne connaissent rien à l'agriculture", a-t-il déclaré, "et il vaut mieux que j'aie les mains libres."

Le résultat de sa gestion était tout ce qu'on pouvait désirer ; le domaine fut remis en ordre et les fermes payèrent un loyer pour la première fois depuis vingt ans. Les vents errants, même le soleil et la pluie, semblaient conspirer en faveur d'un homme si intelligent et si travailleur ; et la fortune allait pour une fois de pair avec la vertu. Bertha recevait constamment des félicitations des écuyers environnants pour la manière admirable dont Edouard gérait les lieux, et lui, de son côté, ne manquait jamais de raconter ses triomphes et les compliments qu'ils occasionnaient.

Mais non seulement ses ouvriers agricoles et ses ouvriers considéraient Édouard comme un maître ; même les serviteurs de la Cour Leys traitaient Bertha comme un personnage mineur dont les ordres ne devaient être obéis que sous certaines conditions. De longues générations de servitude ont rendu les compatriotes particulièrement subtils dans leurs distinctions hiérarchiques ; et il y avait une différence marquée entre ses manières avec Edward, dont dépendait son gagne-pain, et ses manières avec Bertha, qui ne brillait que d'une lumière réfléchie en tant que madame du châtelain.

Au début, cela n'avait fait qu'amuser Bertha, mais la plaisanterie la plus brillante, sans cesse répétée, peut perdre de sa saveur. Plus d'une fois, elle dut parler durement à un jardinier qui hésitait à faire ce qu'on lui demandait, parce que ses ordres ne venaient pas du maître. Sa fierté renaissant avec le déclin de l'amour, Bertha commença à trouver la situation intolérable ; son esprit était maintenant très susceptible aux affronts, et elle désirait avoir l'occasion de montrer qu'après tout elle était toujours la maîtresse de Court Leys.

C'est vite arrivé. Car il se trouvait qu'un ancien amateur d'arbres, aussi peu pratiques qu'aient jamais été les Ley, avait planté six hêtres dans une haie, et ceux-ci étaient devenus, au fil du temps, des arbres majestueux, l'admiration de tous les spectateurs. Mais un jour, alors que Bertha marchait, un trou hideux attira son attention : l'un des six hêtres avait disparu. Il n'y avait pas eu de tempête, elle n'aurait pas pu tomber d'elle-même. Elle monta et le trouva coupé, et les hommes qui avaient fait le coup en commençaient déjà un autre : une échelle était appuyée contre elle, sur laquelle se tenait un ouvrier attachant une corde. Aucun spectacle n'est plus pathétique qu'un vieil arbre rasé par le sol ; et l'espace qu'il remplissait se détache soudain d'un vide disgracieux. Mais Bertha était plus en colère que peinée.

« Que fais-tu, Hodgkins ? Qui vous a donné l'ordre d'abattre cet arbre ?

"L'écuyer, maman."

« Oh, ça doit être une erreur. M. Craddock n'a jamais voulu dire quelque chose de pareil.

« Nous nous sommes dit qu'il fallait éliminer celui-ci et les autres là-bas. Tu peux voir sa marque, maman.

"Absurdité. J'en parlerai à M. Craddock. Enlève cette corde et descends de l'échelle. Je t'interdis de toucher un autre arbre.

L'homme sur l'échelle la regarda, mais ne fit aucun effort pour faire ce qu'on lui demandait.

"Le châtelain a dit tout particulièrement que nous devions abattre cet arbre aujourd'hui."

« Aurez-vous la bonté de faire ce que je vous dis ? dit Bertha rougie de colère. «Dites à cet homme de détacher la corde et de descendre. Je t'interdis de toucher l'arbre.

L'homme Hodgkins répéta l'ordre de Bertha d'une voix revêche, et ils la regardèrent tous avec méfiance, souhaitant désobéir mais n'osant pas — au cas où le châtelain serait en colère.

"Eh bien, je n'en assumerai aucune responsabilité."

"S'il vous plaît, retenez votre langue et faites ce que je vous dis le plus rapidement possible."

Elle attendit que les hommes aient rassemblé leurs diverses affaires et soient partis.

# Chapitre XXI

BERTHA rentra chez elle, furieuse, sachant parfaitement qu'Edward avait réellement donné les ordres qu'elle avait annulés, mais heureuse d'avoir la chance d'avoir un règlement définitif des droits. Elle ne l'a pas vu pendant plusieurs heures.

« Je dis, Bertha, dit-il en entrant, pourquoi diable avez-vous empêché ces hommes de couper les hêtres dans le champ de Carter ? Vous avez perdu une demi-journée de travail. Je voulais les mettre à autre chose demain, maintenant je vais devoir attendre jeudi.

« Je les ai arrêtés parce que je refuse que les hêtres soient abattus. Ils sont les seuls sur place. Je suis très ennuyé qu'un seul d'entre eux soit parti sans que je le sache. Tu aurais dû me le demander avant de faire une chose pareille.

"Ma gentille fille, je ne peux pas venir te demander chaque fois que je veux que quelque chose soit fait."

« Est-ce que le terrain est à moi ou à vous ? »

"C'est à vous," répondit Edward en riant, "mais je sais mieux que vous ce qu'il faut faire, et c'est idiot de votre part d'intervenir."

Bertha rougit. "A l'avenir, je souhaite être consulté."

"Tu m'as dit cinquante mille fois de toujours faire ce que je juge bon."

"Eh bien, j'ai changé d'avis."

"Il est trop tard maintenant", rit-il. "Vous m'avez fait prendre les rênes en main et je vais les garder."

Bertha, dans sa colère, se retint à peine de lui dire qu'elle pouvait le renvoyer comme un domestique.

« Je veux que tu comprennes, Edward, que je ne vais pas faire couper ces arbres. Vous devez dire aux hommes que vous avez commis une erreur.

« Je ne leur dirai rien de tel. Je ne vais pas tous les supprimer, seulement trois. Nous ne voulons pas d'eux là-bas : d'une part, l'ombre endommage les récoltes, et d'autre part, Carter's est l'un de nos meilleurs champs. Et puis je veux le bois.

« Je ne me soucie pas des récoltes, et si vous voulez du bois, vous pouvez l'acheter. Ces arbres ont été plantés il y a près de cent ans et je préférerais mourir plutôt que de les abattre.

« L'homme qui a planté des hêtres dans une haie était à peu près l'idiot le plus idiot dont j'ai jamais entendu parler. N'importe quel arbre est déjà assez mauvais, mais un hêtre, eh bien, il goutte à goutte, goutte à goutte, tout le temps, et rien ne pousse sous lui. C'est le genre de chose qui se fait partout dans le domaine depuis des années. Il me faudra toute une vie pour réparer les erreurs de vos… de vos anciens propriétaires.

C'est une des curiosités du sentiment que son esclave le plus abject lui permet rarement de s'immiscer dans ses préoccupations temporelles ; il semble aussi inhabituel pour un homme de sentimentaliser son propre milieu de vie que de faire ses propres poches. On aurait pu s'attendre à ce qu'Edouard, ayant passé toutes ses journées au contact de la terre, nourrisse un certain amour de la nature. Le pathétique du mélodrame transpontin le faisait tousser et se moucher ; et en littérature, il affectait l'héroïne titrée et phtisique, et le héros au cœur tendre et costaud. Mais quand il s'agissait d'affaires, c'était une autre affaire : le genre de sentiment qui demande à un fermier d'épargner une clairière sylvestre pour des raisons esthétiques est absurde. Edouard aurait volontiers laissé des marchands de publicité installer des planches sur la plus belle partie du domaine, s'il avait ainsi pu augmenter subrepticement les bénéfices de sa ferme.

« Quoi que vous pensiez de mon peuple, dit Bertha, vous aurez la gentillesse de prêter attention à moi. La terre m'appartient et je refuse que vous la gâtiez.

« Cela ne gâche rien. C'est la bonne chose à faire. Vous vous habituerez vite à ne plus voir ces misérables arbres — et je vous dis que je ne vais en abattre que trois. J'ai donné l'ordre de couper les autres demain.

« Veux-tu dire que tu vas m'ignorer absolument ?

« Je vais faire ce qui est juste ; et si vous ne l'approuvez pas, j'en suis bien désolé, mais je le ferai quand même.

"Je donnerai l'ordre aux hommes de ne rien faire de tel."

Edward rit. « Alors tu vas te ridiculiser. Essayez de leur donner des ordres contraires aux miens et voyez ce qu'ils font.

Bertha poussa un cri. Dans sa fureur, elle cherchait autour d'elle quelque chose à lancer ; elle aurait voulu le frapper ; mais il restait là, calme et maître de lui, assez amusé.

«Je pense que tu dois être en colère», dit-elle. "Tu fais tout ce que tu peux pour détruire mon amour pour toi."

Elle était trop passionnée par les mots. C'était la mesure de son affection ; il doit en effet la mépriser complètement ; et c'était là le seul résultat de l'amour qu'elle avait humblement déposé à ses pieds. Elle se demandait ce qu'elle pouvait faire ; elle ne pouvait rien faire, mais se soumettre. Elle savait aussi bien que lui que ses ordres seraient désobéis s'ils n'étaient pas d'accord avec les siens ; et elle n'en doutait pas un seul instant qu'il tiendrait parole. C'était sa fierté. Elle ne parla pas pendant le reste de la journée, mais le lendemain matin, alors qu'il sortait, elle lui demanda quelle était son intention concernant les arbres.

"Oh, je pensais que tu les avais complètement oubliés," répondit-il. "Je veux faire ce que j'ai dit."

« Si vous faites couper les arbres, je vous quitterai ; J'irai chez tante Polly.

« Et dis-lui que tu voulais la lune et que j'ai été si méchant que je ne te l'ai pas donnée ? répondit-il en souriant. "Elle se moquera de toi."

"Vous me trouverez aussi soucieux que vous de tenir ma parole."

Avant le déjeuner, elle sortit et se dirigea vers le champ de Carter. Les hommes étaient toujours au travail, mais un deuxième arbre avait disparu, le troisième tomberait sans doute dans l'après-midi. Les hommes jetèrent un coup d'œil à Bertha, et elle crut qu'ils riaient ; elle resta un moment à les regarder pour bien digérer l'humiliation. Puis elle rentra chez elle et écrivit à sa tante la lettre véridique suivante :

*Ma chère tante Polly, j'ai été si misérable ces dernières semaines qu'Edward, le pauvre cher, a été très alarmé ; et ça m'embête de venir en ville voir un spécialiste. Il est aussi pressé que s'il voulait m'écarter, et je suis déjà à moitié jaloux de ma nouvelle femme de chambre, qui a les joues roses et les cheveux dorés — ce qui est exactement le genre qu'Edward admire vraiment. Je pense aussi que le Dr Ramsay n'a pas l'ombre d'une idée de ce qui m'arrive, et n'étant pas particulièrement désireux de quitter cette vie pour l'instant, je pense qu'il sera discret de voir quelqu'un qui changera au moins de médicament. . J'ai pris des litres de fer et de quinine, et j'ai terriblement peur que mes dents noircissent. Ma propre opinion, coïncidant si exactement avec celle d'Edward (cette horrible Mme Ryle nous appelle les colibris, c'est-à-dire les tourterelles, sa connaissance de l'histoire naturelle suscite le mépris du cher Edward) ; J'ai gracieusement accédé à son désir, et si vous pouvez m'héberger, je viendrai dès que possible. — Cordialement, BC*

*PS— J'en profiterai pour m'habiller (je suis franchement en haillons), il faudra donc me garder un peu de temps.*

Edward entra peu de temps après, l'air très heureux. Il jeta un regard sournois à Bertha, se croyant si intelligent qu'il ne pouvait s'empêcher de rire : il avait l'habitude d'être très pointilleux dans sa conduite, sinon il se serait sans doute mis la langue sur la joue.

« Avec les femmes, mon cher monsieur, il faut être ferme. Lorsque vous les placez contre une clôture, fermez vos jambes et ne les vérifiez pas ; mais gardez-les sous contrôle, sinon ils perdront leur petite tête. Un homme devrait toujours laisser une femme voir qu'il la tient bien en main.

Bertha restait silencieuse, ne pouvant rien manger pour le déjeuner ; elle était assise en face de son mari, se demandant comment il pouvait se gaver de façon si honteuse alors qu'elle était en colère et malheureuse. Mais dans l'après-midi, son appétit revint et, se dirigeant vers la cuisine, elle mangea tellement de sandwichs qu'au dîner elle ne put encore toucher à rien. Elle espérait qu'Edward remarquerait qu'elle refusait toute nourriture, et qu'il serait correctement alarmé et désolé. Mais il en démolit suffisamment pour deux et ne vit jamais que sa femme jeûnait.

Le soir, Bertha se coucha et s'enferma dans la chambre. Bientôt, Edward s'approcha et essaya d'ouvrir la porte. La trouvant fermée, il frappa et lui cria d'ouvrir. Elle n'a pas répondu. Il frappa encore plus fort et secoua la poignée.

«Je veux avoir ma chambre pour moi tout seul», s'écria-t-elle; "Je suis malade. S'il vous plaît, n'essayez pas d'entrer.

"Quoi? Où dois-je dormir ?

"Oh, tu peux dormir dans l'une des chambres libres."

"Absurdité!" il pleure; et sans plus attendre il appuya son épaule vers la porte : c'était un homme fort ; un soulèvement et les vieilles charnières se sont fissurées. Il entra en riant.

"Si tu voulais m'empêcher d'entrer, tu aurais dû te barricader avec les meubles."

Bertha n'était pas encline à traiter la question à la légère. « Si vous entrez, dit-elle, je sortirai. »

"Oh non, tu ne le feras pas!" dit-il en traînant une grande commode devant la porte.

Bertha se leva et enfila une robe de chambre en soie jaune, ce qui lui convenait vraiment.

« Alors, je vais passer la nuit sur le canapé », dit-elle. « Je ne veux plus me disputer avec toi ni faire de scandale. J'ai écrit à tante Polly, et après-demain j'irai à Londres.

« J'allais suggérer qu'un changement d'air vous ferait du bien. Je pense que tes nerfs sont un peu groggy.

— C'est très gentil à vous de vous intéresser à mes nerfs, répondit-elle avec un regard méprisant en s'installant sur le canapé.

« Est-ce que tu vas vraiment dormir là-bas ? dit-il en se mettant au lit.

"Ça y ressemble."

« Vous le trouverez terriblement froid. Mais j'ose dire que vous y réfléchirez mieux dans une heure. Je vais éteindre la lumière. Bonne nuit!"

Bertha ne répondit pas et, au bout de quelques minutes, elle écoutait avec colère ses ronflements. Pourrait-il vraiment dormir ? C'était tristement célèbre qu'il dorme si calmement.

"Edward," appela-t-elle.

Il n'y eut pas de réponse, mais elle ne parvenait pas à croire qu'il dormait. Elle ne pouvait même jamais fermer les yeux. Il doit faire semblant... pour l'ennuyer. Elle avait envie de le toucher, mais craignait qu'il n'éclate de rire. Elle avait en effet horriblement froid et empilait sur elle des tapis et des robes. Il lui fallait beaucoup de courage pour ne pas retourner se coucher. Elle était malheureuse et avait soif. Rien n'est plus désagréable que l'eau des flacons de toilette, avec le goût du verre de dentifrice ; mais elle en avala un peu, même si cela la rendait presque malade, puis elle se promena dans la pièce en retournant ses multiples torts. Edward dormait de manière insupportable. Elle fit du bruit pour le réveiller, mais il ne bougea pas ; elle renversa une table avec un bruit suffisant pour déranger les morts, mais son mari resta insensible. Puis elle regarda le lit, se demandant si elle osait s'allonger une heure et espérer se réveiller avant lui. Elle avait si froid qu'elle résolut de prendre le risque, certaine de ne pas dormir longtemps ; elle se dirigea vers le lit.

« Tu viens au lit après tout ? dit Edward d'une voix endormie.

Elle s'arrêta et son cœur monta à sa bouche. "Je venais chercher mon oreiller", a-t-elle répondu avec indignation, remerciant ses étoiles de ne pas avoir parlé une minute plus tard.

Elle retourna vers le canapé et, finalement, s'installant très confortablement, s'endormit. Dans cet état de bonheur, elle resta jusqu'au matin, et quand elle se réveilla, Edward tirait les stores.

"Bien dormi?" Il a demandé.

"Je n'ai pas dormi un clin d'œil."

« Oh, quel bourreau. Je te regarde depuis une heure ! »

"J'ai les yeux fermés depuis une dizaine de minutes, si c'est ce que tu veux dire."

Bertha était à juste titre ennuyée que son mari l'ait surprise en train de faire une sieste profonde : cela lui ôtait la moitié de son effet. De plus, Edward était frais comme un oiseau, tandis qu'elle se sentait vieille et hagarde et osait à peine se regarder dans le verre.

Au milieu de la matinée, arriva un télégramme de Miss Ley, disant à Bertha de venir quand elle le voudrait – en espérant qu'Edward viendrait aussi ! Bertha l'a laissé dans un endroit bien en vue afin qu'il ne puisse manquer de le voir.

"Alors tu y vas vraiment?" il a dit.

"Je t'ai dit que j'étais aussi capable de tenir parole que toi."

« Eh bien, je pense que cela vous fera un bien immense. Combien de temps allez-vous rester?"

"Comment puis-je savoir! Peut-être pour toujours.

"C'est un grand mot, même s'il n'a que deux syllabes."

Cela blessa Bertha au cœur qu'Edward soit si indifférent – il ne pouvait pas du tout se soucier d'elle. Il semblait trouver naturel qu'elle le quitte, prétextant que c'était bon pour sa santé. Oh, qu'est-ce qu'elle se souciait de sa santé ! Alors qu'elle faisait les préparatifs nécessaires, son courage lui manqua et elle sentit qu'il lui était impossible d'y aller. Les larmes coulèrent en pensant à la différence entre leur état actuel et l'amour ardent d'un an auparavant. Elle aurait accueilli favorablement la moindre excuse qui l'aurait forcée à rester, tout en sauvant son estime d'elle-même. Si seulement Edward pouvait exprimer son chagrin à l'idée de se séparer, il ne serait peut-être pas trop tard. Mais ses cartons étaient faits et son train réparé ; il dit à Miss Glover que sa femme partait changer d'air et regretta que sa ferme ne l'empêchât de l'accompagner. Le piège fut amené à la porte et Edward sauta et prit place. Maintenant, il n'y avait plus d'espoir, et elle devait partir. Elle souhaitait avoir le courage de dire à Edward qu'elle ne pouvait pas le quitter, mais elle avait peur. Ils roulaient en silence ; Bertha attendait que son mari parle, n'osant rien dire elle-même, de peur qu'il n'entende les larmes dans sa voix. Elle finit par faire un effort.

« Es-tu désolé que j'y aille ? »

"Je pense que c'est pour votre bien – et je ne veux pas vous empêcher de le faire."

Bertha se demandait quel amour un homme avait pour sa femme, qui pouvait la porter hors de sa vue, quelle que soit la nécessité. Elle étouffa un soupir.

Ils arrivèrent à la gare et il prit son billet. Ils attendirent le train en silence et Edward acheta *Punch* et *The Sketch* à un vendeur de journaux. L'horrible train s'emballait ; Edward l'a aidée à monter dans une voiture, et les larmes dans ses yeux ne pouvaient plus être dissimulées. Elle a tendu les lèvres.

"Peut-être pour la dernière fois", murmura-t-elle.

# Chapitre XXII



*Cher Edward, je pense que nous avons été sages de nous séparer. Nous étions trop inadaptés les uns aux autres, et nos difficultés ne pouvaient que s'accroître. Le nœud du mariage entre deux personnes de tempéraments différents est si complexe qu'il ne peut qu'être coupé : vous pouvez essayer de le démêler et penser que vous réussissez, mais un autre tournant vous montre que l'enchevêtrement n'est que pire que jamais. Même le temps est impuissant. Certaines choses sont impossibles ; vous ne pouvez pas accumuler de l'eau comme des pierres, vous ne pouvez pas mesurer un homme selon la règle d'un autre. Je suis certain que nous avons été sages de nous séparer. Je vois que si nous avions continué à vivre ensemble, nos querelles n'auraient cessé de s'accroître. C'est horrible de repenser à ces bagarres vulgaires : nous nous disputions comme des poissonnières. Je ne comprends pas comment ma bouche a pu prononcer de telles choses.*

*Il est très amer de regarder en arrière et de comparer mes anticipations avec ce qui s'est réellement passé. Ai-je trop attendu de la vie ? Ah moi, je m'attendais seulement à ce que mon mari m'aime. C'est parce que j'ai si peu demandé que je n'ai rien reçu. Dans ce monde, vous devez demander beaucoup, vous devez répandre vos louanges, vous devez fouler aux pieds ceux qui se dressent sur votre chemin, vous devez prendre toute la place que vous pouvez, sinon vous serez bousculé ; vous devez être irrémédiablement égoïste, sinon vous serez une chose sans importance, une friperie avec laquelle l'homme joue et qu'il jette de côté.*

*Bien sûr, je m'attendais à l'impossible, je n'étais pas satisfait de l'unité conventionnelle du mariage ; Je voulais vraiment ne faire qu'un avec toi. Soi-même est le monde entier, et tous les autres ne sont que des étrangers. D'abord, dans mon désir véhément, je me désespérais parce que je te connaissais si peu ; J'ai eu le cœur brisé par l'impossibilité de vraiment vous comprendre, d'aller jusqu'au fond de votre cœur. Jamais, à ma connaissance, je n'ai vu votre véritable moi ; vous m'êtes presque aussi étranger que si je vous connaissais depuis seulement une heure. Je t'ai dévoilé mon âme sans rien cacher : il y a en toi un homme que je ne connais pas et que je n'ai jamais vu. Nous sommes absolument différents, je ne connais rien de ce que nous avons en commun ; souvent, lorsque nous parlions et tombions dans le silence, nos pensées, parties du même point de vue, ont voyagé dans des directions contraires, et en reparlant, nous avons constaté combien elles avaient divergé. J'espérais te connaître au fond de ton âme. Oh, j'espérais que nous serions unis, de manière à n'avoir qu'une seule âme entre nous ; et pourtant, dans les cas les plus banals, je ne pourrai jamais connaître vos pensées. Peut-être que cela aurait été différent si nous avions eu des enfants ; ils auraient pu former entre nous un lien plus vrai, et peut-être, dans leur joie, aurais-je oublié mes rêves irréalisables. Mais le destin était contre nous, je viens d'une souche pourrie. Il est écrit dans le livre que les Leys doivent s'éloigner de la vue des hommes et retourner à leur mère la terre, pour s'incorporer à elle ; et qui sait dans le futur quel sera notre sort ! J'aime penser qu'au fil des âges je pourrai être le blé d'une plaine fertile, ou la fumée d'un feu de ronces sur les terres communes. J'aimerais pouvoir être enterré en plein champ, plutôt que dans la froideur sinistre d'un cimetière, afin de pouvoir anticiper le changement et revenir plus rapidement à la vie de la nature.*

*Croyez-moi, la séparation était la seule issue possible. Je t'aimais trop passionnément pour me contenter du regard froid que tu me témoignais. Oh, bien sûr, j'étais exigeant, tyrannique et méchant ; Je peux avouer tous mes défauts maintenant ; ma seule excuse est que j'étais très malheureux. Pour toute la douleur que je vous ai causée, je vous supplie de me pardonner. Autant nous séparer, amis, et je vous pardonne volontiers tout ce que vous m'avez fait souffrir. Maintenant, je peux aussi me permettre de vous dire à quel point j'étais près de ne pas réaliser mon intention. Hier et ce matin, j'ai à peine retenu mes larmes ; la séparation me paraissait trop dure, je sentais que je ne pouvais pas te quitter. Si vous m'aviez demandé de ne pas y aller, si vous aviez montré le moindre signe de regret envers mon départ, je pense que j'aurais dû m'effondrer. Oui, je peux vous le dire maintenant, j'aurais donné n'importe quoi pour rester. Hélas! Je suis si faible. Dans le train, j'ai pleuré amèrement. C'est la première fois que nous sommes séparés depuis notre mariage, la première fois que nous dormons sous des toits différents. Mais désormais, le pire est passé. J'ai franchi le pas et je m'en tiendrai à ce que j'ai fait. Je suis sûr d'avoir agi pour le mieux. Je ne vois aucun inconvénient à ce que nous nous écrivions de temps en temps, s'il vous plaît de recevoir des lettres de moi. Je pense que je ferais mieux de ne pas vous voir, du moins pendant un certain temps. Peut-être que lorsque nous serons tous deux beaucoup plus âgés, nous pourrons, sans danger, nous voir de temps en temps ; mais pas encore. Je devrais avoir peur de voir ton visage.*
*Tante Polly n'a aucun soupçon. Je peux vous assurer que cela a été un effort pour rire et parler pendant la soirée, et j'étais heureux d'arriver dans ma chambre. Il est maintenant minuit passé et je vous écris toujours. J'ai senti que je devais vous faire part de mes pensées, et je peux les exprimer plus facilement par lettre que de bouche à oreille. Cela ne montre-t-il pas à quel point nous sommes séparés de cœur, que j'hésite à vous dire ce que je pense, et j'avais espéré avoir toujours mon cœur ouvert à vous. Il me semblait que je n'aurais jamais rien à cacher, ni à hésiter à vous montrer toutes mes émotions et toutes mes pensées. — Adieu.*

BERTE .
*72 Eliot Mansions, Chelsea, SW,*
*23 avril.*

*Mon pauvre Edward, — Vous dites que vous espérez que je vais bientôt guérir et que je reviendrai à Court Leys. Vous vous méprenez tellement sur ce que je veux dire que j'en ai presque ri. Il est vrai que j'étais découragé et fatigué lorsque j'écrivais, mais ce n'était pas le motif de ma lettre. Ne pouvez-vous pas concevoir des émotions qui ne soient pas entièrement dues à la condition physique ? Vous ne pouvez pas me comprendre, vous ne l'avez jamais fait ; et pourtant je n'accepterais pas la position vulgaire et éculée d'une femme incomprise. Il n'y a rien à comprendre chez moi. Je suis très simple et sans mystère. Je voulais seulement de l'amour et tu ne pouvais pas me le donner. Non, notre séparation est définitive et irrévocable. Pourquoi veux-tu que je revienne ? Vous avez Court Leys et vos* fermes. Tout le monde vous aime dans le quartier ; J'étais le seul obstacle à votre bonheur complet. Court Leys, je vous donne gratuitement pour ma vie ; jusqu'à votre arrivée, cela ne rapportait rien, et les revenus qui en découlent maintenant sont entièrement dus à vos efforts ; vous le méritez et je vous supplie de le garder. Pour moi, le petit revenu que je reçois de ma mère est suffisant.

Tante Polly pense toujours que je suis en visite et parle constamment de toi. Je lui jette de la poussière dans les yeux, mais je ne peux espérer la maintenir longtemps dans l'ignorance. À l'heure actuelle, je consulte périodiquement le médecin pour un mal imaginaire et je me procure une ou deux choses nouvelles.

Devons-nous nous écrire une fois par semaine ? Je sais qu'écrire est un problème pour vous ; mais je ne veux pas que vous m'oubliiez complètement. Si vous le voulez, je vous écrirai tous les dimanches, et vous pourrez répondre ou non comme bon vous semble.

BERTHE.

PS— S'il vous plaît, ne pensez à aucun rapprochement. Je suis
sûr que vous finirez par constater que nous sommes tous les deux beaucoup plus heureux séparés.

72 Eliot Mansions, Chelsea, SW,<br>15 mai.

Mon cher Eddie, j'ai été ravi de recevoir votre lettre. Je suis un peu touché que tu veuilles me voir. Vous proposez de venir en ville : c'est peut-être une chance que je ne sois plus là. Si vous aviez exprimé un tel souhait auparavant, les choses auraient pu se passer différemment.

Tante Polly ayant loué son appartement à des amis, part à Paris pour le reste de la saison. Elle part ce soir, et je lui ai proposé de l'accompagner. J'en ai marre de Londres. Je ne sais pas si elle se doute de quelque chose, mais je remarque que désormais elle ne prononce plus votre nom. Elle avait l'air un peu sceptique l'autre jour lorsque je lui ai expliqué que je souhaitais depuis longtemps aller à Paris et que vous faisiez peindre l'intérieur de Court Leys. Mais heureusement, elle prend pour habitude de ne pas s'enquérir des affaires des autres, et je peux être assuré qu'elle ne me posera jamais une seule question.

Pardonnez la brièveté de cette lettre, mais je suis très occupé à faire mes valises. — Votre affectueuse épouse,

BERTHE.

41 rue des Ecoliers, Paris,<br>le 16 mai.

Mon très cher Eddie, j'ai été méchant avec toi. C'est gentil à vous de vouloir me voir, et ma répugnance n'était peut-être pas naturelle. En y réfléchissant bien, je ne crois pas que cela puisse faire du mal si nous nous voyons. Bien sûr, je ne pourrai jamais revenir à Court Leys – il y a des chaînes qu'une fois brisées, vous ne pourrez jamais souder ensemble ; et aucune entrave n'est plus intolérable que celle de l'amour. Mais si vous voulez me voir, je ne mettrai aucun obstacle sur votre chemin ; Je ne nierai pas que j'aimerais aussi vous voir. Je suis plus loin maintenant, mais si vous tenez à moi, vous n'hésiterez pas à faire le court voyage.

Nous avons ici un très bel appartement, dans le Quartier Latin, loin des riches et des touristes. Je ne sais lequel est le plus vulgaire, le routard moyen ou le coin de Paris qu'il infeste : je dois dire qu'ils se ressemblent à merveille. Je déteste la médiocrité des boulevards, avec leurs cafés criards, trop dorés et trop somptueux, et leurs foules d'étrangers mal habillés. Mais si vous venez, je pourrai vous montrer un Paris différent, un Paris reposant et suranné, des théâtres où les touristes ne vont pas ; des jardins pleins de jolis enfants et de nourrices avec de longs rubans à leur bonnet. Je peux vous emmener dans d'innombrables rues grises avec des boutiques amusantes, dans de vieilles églises où vous voyez des gens en train de prier ; et tout cela est très calme et apaisant pour les nerfs. Et je peux vous conduire au Louvre aux heures où il y a peu de visiteurs, et vous montrer de beaux tableaux et de belles statues venues d'Italie et de Grèce, où les dieux ont encore aujourd'hui leur demeure. Viens, Eddie. — Ta femme toujours aimante,

BERTHE.

*41 rue des Ecoliers, Paris,*
*le 25 mai.*

Mon très cher Eddie, je suis déçu que tu ne viennes pas. J'aurais dû penser que si tu voulais me voir, tu aurais pu trouver le temps de quitter les fermes pendant quelques jours. Mais il vaut peut-être mieux que nous ne nous rencontrions pas. Je ne peux te cacher que parfois je te désire terriblement. J'oublie tout ce qui s'est passé et je désire de tout mon cœur être à nouveau avec vous. Quel imbécile je suis ! Je sais que nous ne pourrons plus jamais nous revoir et tu n'es jamais absent de mes pensées. J'attends vos lettres avec une impatience presque folle et votre écriture fait battre mon cœur comme si j'étais une écolière. Oh, tu ne sais pas à quel point tes lettres me déçoivent, elles sont si froides ; tu ne dis jamais ce que je veux que tu dises. Ce serait de la folie si nous nous réunissions — je ne peux préserver mon amour pour toi qu'en ne te voyant pas. Est-ce que ça semble horrible ? Et pourtant, je donnerais n'importe quoi pour te revoir. Je ne peux m'empêcher de vous demander de venir ici. Ce n'est pas très souvent que je vous demande quoi que ce soit. Viens donc. Je vous retrouverai à la gare, et vous n'aurez aucun problème, tout est parfaitement simple et les interprètes de Cook sont partout. Je suis sûr que vous vous amuseriez tellement. — Si vous m'aimez, venez.

BERTHE.

*Court Leys, Blackstable, Kent,*
*30 mai.*

Ma très chère Bertha,—Désolé de ne pas avoir répondu à la vôtre du 25ème instant. avant, mais j'ai travaillé jusqu'aux yeux. Vous ne penseriez pas qu'il puisse y avoir autant de choses à faire dans une ferme à cette période de l'année, à moins de le voir de vos propres *yeux. Je ne peux pas m'enfuir à Paris, et en plus, je ne supporte pas les Français. Je ne veux pas voir leur capitale, et quand je veux passer des vacances, Londres me suffit. Tu ferais mieux de revenir ici, les gens demandent après toi et l'endroit semble sens dessus dessous sans toi. Amour à Tante P.—En toute hâte, votre affectueux mari,*

*E. CRADDOCK.*

*41 rue des Ecoliers, Paris,*
*le 1er juin.*

*Mon très cher, très cher Eddie, — Vous ne savez pas à quel point j'ai été déçu de recevoir votre lettre et à quel point je l'attendais. Quoi que vous fassiez, ne me faites pas attendre si longtemps une réponse. J'ai imaginé toutes sortes de choses : que tu étais malade ou que tu étais en train de mourir. J'étais sur le point de faire le câblage. Je veux que tu me promettes que si jamais tu es malade, tu me le feras savoir. Si vous me désirez de toute urgence, je viendrai avec plaisir. Mais ne pensez pas que je pourrai un jour revenir définitivement à Court Leys. Parfois, je me sens malade et faible et j'ai envie de toi, mais je sais que je ne dois pas céder. Je suis sûr que, pour votre bien comme pour le mien, je ne dois plus jamais risquer le malheur de notre ancienne vie. C'était trop dégradant. Avec un esprit ferme et la plus grande résolution, je jure que je ne reviendrai jamais, jamais à Court Leys. — Votre épouse affectueuse et aimante,*

*BERTHE.*



*Gare du Nord, 9h50, le 2 juin.*

*Craddock, Court Leys, Blackstable.*

*Arrivée à 19 h 25 ce soir. — BERTHA.*

*41 rue des Ecoliers, Paris.*

*Mon cher jeune ami, je suis troublé. Bertha, comme vous le savez, vit avec moi depuis six semaines, pour des raisons dont le naturel éveillait mes plus vifs soupçons. Personne, pensai-je, n'aurait besoin d'autant de motifs absolument concluants pour accomplir une chose aussi simple. J'ai résisté à la tentation d'écrire à Edward (son mari, un homme gentil, mais stupide !) pour lui demander une explication, craignant que les raisons qui m'étaient données soient les bonnes (même si je n'arrivais pas à y croire) ; auquel cas j'aurais dû me rendre ridicule. Bertha, à Londres, a fait semblant d'aller chez un médecin, mais on ne l'a jamais vue prendre des médicaments, et je suis certain qu'aucun spécialiste bien établi n'oserait prendre deux guinées à un* malade imaginaire *sans lui administrer de médicaments copieux. Elle m'a accompagné à Paris, soi-disant pour acheter des robes, mais elle s'est comportée comme si leur coupe n'avait pas plus d'importance qu'un changement de ministère. Elle a pris grand soin de cacher ses émotions et de les rendre ainsi plus visibles. Je ne saurais vous dire combien de fois elle est passée par les différentes étapes depuis une exaltation presque hystérique jusqu'à un découragement égal. Elle a réfléchi aussi profondément que c'était la mode pour les jeunes filles d'il y a cinquante ans (nous étions toutes des jeunes filles à l'époque, pas des filles !) ; elle a joué Tristan et Isolde à ma grande distraction ; elle a snobé un artiste français amoureux au grand dam de sa femme ; enfin elle a pleuré, et après avoir pleuré, elle s'est poudrée les yeux, ce qui, chez une jolie femme, est un signe infaillible d'une extrême prostration mentale.*

*Ce matin, quand je me suis levé, j'ai trouvé à ma porte le message suivant :* « Ne me considère pas comme un imbécile, mais je ne pourrais pas supporter une journée de plus loin d'Edward. Départ par le train de 10 heures.—B. *Or, à dix heures et demie, elle avait rendez-vous chez Paquin pour essayer la plus ravissante robe de soirée qu'on puisse imaginer.*

*Je ne vous insulterai pas en tirant des conséquences de tous ces faits : je sais que vous les tireriez bien plus tôt vous-même, et j'ai une assez bonne opinion de vous pour être sûr qu'elles coïncideront avec la mienne. — Bien cordialement,*

MARIE LEY.

PS— *Je vous envoie ceci pour vous attendre à Séville. Souvenez -vous de moi auprès de Mme J.*

# Chapitre XXIII

Bertha fut indéniable lorsqu'elle débarqua sur le sol anglais ; elle était enfin près d'Edward, et elle avait eu un grave mal de mer. Bien qu'il y ait moins de trente milles de Douvres à Blackstable, les communications étaient si mauvaises qu'il fallait attendre des heures au port, ou prendre le bateau-train jusqu'à Londres, puis redescendre soixante milles. Bertha était exaspérée par ce retard, oubliant qu'elle se trouvait maintenant (Dieu merci !) dans un pays libre, où les chemins de fer n'étaient pas exploités pour le confort des passagers, mais où les passagers étaient un mal nécessaire pour générer des dividendes pour une entreprise mal gérée. L'impatience de Bertha était si grande qu'il lui était impossible d'attendre à Douvres ; elle préférait parcourir cent kilomètres supplémentaires et gagner dix minutes plutôt que de passer l'après-midi dans la morne salle d'attente ou d'errer dans la ville. Le train semblait ramper ; et son inquiétude devint très douloureuse lorsqu'elle reconnut la campagne du Kent, les grasses prairies aux haies taillées, les arbres corpulents et l'air général de prospérité.

Les pensées de Bertha étaient pleines d'Edward, et il était la seule cause de son impatience. Elle avait espéré, à son insu, qu'il la retrouverait à Douvres, et cela avait été une déception de ne pas le voir. Puis elle pensa qu'il était peut-être venu à Londres, sans toutefois s'expliquer comment il avait pu deviner qu'elle y serait. Son cœur battait de façon absurde lorsqu'elle aperçut un dos qui aurait pu être celui d'Edward. Plus tard encore, elle se réconforta en pensant qu'il serait certainement à Faversley, qui était la station la plus proche de Blackstable. Lorsqu'ils atteignirent cet endroit, elle passa la tête par la fenêtre et regarda le long du quai – mais il n'était nulle part.

«Il aurait pu arriver aussi loin», pensa-t-elle.

Maintenant, le train avançant, elle reconnaissait plus précisément la campagne, le marais désolé et la mer : la ligne passait presque au bord de l'eau ; la marée était basse, laissant une large étendue de boue luisante, sur laquelle les mouettes volaient en hurlant. À l'époque, les maisons étaient familières, des cottages battus par le vent et les intempéries, le *Jolly Sailor*, où autrefois de nombreux fûts de cognac de contrebande avaient été cachés en route vers la ville cathédrale de Tercanbury. On passa devant le poste des garde-côtes, un long bâtiment, mince et bas. Finalement, ils traversèrent le pont qui enjambait High Street ; et les porteurs, avec leur voix traînante du Kent, crièrent : « Blackstable, Blackstable ».

Les émotions de Bertha étaient toujours incontrôlées et si puissantes qu'elles la rendaient parfois inapte à l'action : maintenant, elle avait à peine la force d'ouvrir la portière.

"Enfin!" s'écria-t-elle avec un soupir de soulagement.

Jamais elle n'avait adoré son mari avec autant de passion, et son amour était une sensation physique qui la faisait s'évanouir. L'arrivée du moment tant attendu la laissa à moitié effrayée ; elle était de ceux qui recherchent avidement une opportunité et peuvent à peine la saisir.

Le cœur de Bertha était si plein qu'elle avait peur de fondre en larmes lorsqu'elle verrait enfin Edward marcher vers elle ; elle s'était si souvent imaginée la scène, son mari avançant à grands pas, agitant son bâton, les chiens devant, se précipitant vers elle et aboyant furieusement. Les deux porteurs se dandinaient de leur pas de matelot jusqu'au fourgon pour sortir les bagages ; les gens descendaient des voitures. A côté d'elle descendit un employé au visage pâteux, vêtu d'un noir crasseux, avec un bébé dans les bras ; et il était suivi d'une femme hagarde avec un autre bébé et d'innombrables colis. Un ouvrier descendit la plate-forme, trois ou quatre matelots et quelques fantassins. Ils se précipitèrent tous vers le guichet où se tenait le contrôleur des billets. Les porteurs sortirent les caisses et le train s'éloigna ; un citadin irascible jurait avec volubilité parce que ses bagages étaient partis pour Margate. (C'est un pays libre, Dieu merci !) Le chef de gare, coiffé d'un chapeau décoré et l'air satisfait, s'avança d'un pas tranquille pour voir ce qui se passait. Bertha regarda sauvagement la plate-forme. Edward n'était pas là.

Le chef de gare passa et hocha la tête avec condescendance.

"Avez-vous vu M. Craddock?" elle a demandé.

« Non, je ne peux pas dire que oui. Mais je pense qu'il y a une voiture en bas pour vous.

Bertha commença à trembler. Un porteur lui demanda s'il devait prendre ses cartons ; elle hocha la tête, incapable de parler. Elle descendit et trouva le coupé à la porte de la gare ; le cocher toucha son chapeau et lui remit un mot.

*Chère Bertha, Je suis terriblement désolé de ne pouvoir venir vous rencontrer. Je ne vous attendais pas, alors j'ai accepté une invitation de Lord Philip Dirk à un tournoi de tennis, suivi d'un bal. Il va me coucher, donc je ne rentrerai que demain. Ne vous mettez pas dans une cire. Je te vois dans la matinée.*

*CE*

Bertha monta dans la voiture et se blottit dans un coin pour que personne ne la voie. Au début, elle comprit à peine ; elle avait passé les dernières heures dans une telle excitation que la déception lui ôtait la faculté de penser. Elle n'a jamais pris les choses de manière raisonnable et était maintenant abasourdie ; ce qui s'était passé semblait impossible. C'était tellement insensé qu'Edward aille à un tournoi de tennis alors qu'elle rentrait à la maison — impatient de le voir. Et ce n'était pas un retour à la maison ordinaire ; c'était la première fois qu'elle le quittait ; puis elle était partie, le haïssant, pensait-elle, pour de bon. Mais son absence ayant ravivé son amour, elle était revenue, aspirant à la réconciliation. Et il n'était pas là ; il se comportait comme si elle était allée en ville pour une journée de shopping.

"Oh, mon Dieu, quel idiot j'ai été de venir!"

Tout à coup, elle songea à s'en aller sur-le-champ : cela ne serait-il pas plus facile ? Elle sentait qu'elle ne pouvait pas le voir. Mais il n'y avait pas de trains : le chemin de fer de Londres, Chatham et Douvres a peut-être sauvé de nombreuses fugues. Mais il devait savoir à quel point elle serait amèrement déçue, et l'idée lui traversa l'esprit qu'il quitterait le tournoi et rentrerait à la maison. Peut-être était-il déjà à Court Leys, attendant ; elle reprit courage et regarda la scène bien connue. Il est peut-être à la porte. Oh, quelle joie ce serait, quel soulagement ! Mais ils arrivèrent à la porte, et il n'était pas là ; ils se dirigèrent vers le portique, et il n'y était pas. Bertha entra dans la maison, s'attendant à le trouver dans le hall ou dans le salon, n'ayant pas entendu la voiture, mais il était introuvable. Et les domestiques corroborèrent sa lettre.

La maison était vide, froide et inhospitalière ; les pièces avaient un air inhabité, les meubles étaient soigneusement réarrangés et Edward avait fait placer des antimacassars sur les chaises. Ces Bertha, à la surprise des servantes, s'enfuirent une à une et, sans un mot, les jetèrent dans la cheminée vide. Et pourtant, elle trouvait incroyable qu'Edward reste à l'écart. Elle se mit à table, l'attendant à chaque instant ; elle s'est assise très tard, sûre qu'un jour il viendrait. Mais il n'est toujours pas venu.

"J'aurais aimé que Dieu reste à l'écart."

Ses pensées revenaient à la lutte des dernières semaines. L'orgueil, la colère, la raison, tout était d'un côté, et seulement l'amour de l'autre ; et l'amour avait vaincu. Le souvenir d'Edward avait rarement été absent d'elle, et ses rêves avaient été remplis de son image. Ses lettres lui avaient causé un frisson indescriptible, la simple vue de son écriture la faisait trembler et elle avait envie de le voir ; elle se réveillait la nuit avec ses baisers sur les lèvres. Elle l'a supplié de venir, mais il n'a pas voulu ou pu. Finalement, le désir devint incontrôlable ; et le matin même, n'ayant pas reçu la lettre qu'elle attendait, elle avait résolu de se débarrasser de toute feinte de ressentiment et de venir. Qu'importe si Miss Ley riait ou si Edward remportait une victoire dans la lutte : elle ne pouvait pas vivre sans lui. Il était toujours sa vie et son amour.

"Oh, mon Dieu, j'aurais aimé ne pas être venu."

Elle se souvenait de la façon dont elle avait prié pour qu'Edward puisse l'aimer comme elle souhaitait être aimée, implorant Dieu de lui accorder le bonheur. La rébellion passionnée après la mort de son enfant avait insensiblement cessé, et dans sa misère, dans sa solitude, elle avait trouvé une foi nouvelle. Chez certains, la croyance va et vient sans raison : chez eux, ce n'est pas une question de conviction, mais plutôt de sensibilité ; et Bertha trouvait la prière plus facile dans les églises catholiques que dans les lieux de réunion tristes auxquels elle était habituée. Elle ne pouvait pas prononcer des mots déclarés à des heures précises dans un refrain dénué de sens ; la foule la faisait taire ses émotions et son cœur ne pouvait se développer que dans la solitude. Elle avait trouvé à Paris des chapelles tranquilles, ouvertes à toute heure, où elle pouvait aller se reposer quand le soleil du dehors était trop éblouissant ; et le soir, l'obscurité, le parfum du vieil encens et le silence étaient très reposants. Puis la seule lumière sortit des cierges, brûlant de gratitude ou d'espoir, jetant une lueur intermittente et mystérieuse ; et Bertha a prié sincèrement pour Edward et pour elle-même.


Mais Edward ne se laissait pas aimer, et tous ses efforts étaient inutiles. Son amour était un joyau auquel il n'appréciait pas du tout, qu'il jetait de côté et ne se souciait pas de le perdre. Mais elle était trop malheureuse, trop brisée pour se mettre en colère. A quoi servait la colère ? Elle savait qu'Edward ne verrait rien d'extraordinaire dans ce qu'il avait fait. Il reviendrait, confiant, content de lui après une bonne nuit de sommeil, et ignorant totalement qu'elle avait été gravement blessée.

«Je suppose que l'injustice est de mon côté. Je suis trop exigeant. Je n'y peux rien.

Elle ne connaissait qu'une seule façon d'aimer, et cela semblait être une manière insensée. "Oh, j'aimerais pouvoir repartir maintenant, pour toujours."

Elle se leva et prit un petit déjeuner solitaire, s'occupant ensuite de la maison. Edward avait laissé entendre qu'il serait là pour le déjeuner, et n'était-ce pas sa fierté de tenir parole ? Mais toute son impatience avait disparu ; Bertha n'éprouvait plus aucune inquiétude particulière à l'idée de le voir. Elle était sur le point de sortir – l'air était chaud et doux – mais ne le fit pas, au cas où Edward reviendrait et serait déçu de son absence.

« Quelle idiote je suis de penser à ses sentiments ! Si je ne suis pas là, il vaquera à son travail et ne pensera plus à moi jusqu'à ce que j'apparaisse.

Mais elle resta malgré tout. Il arriva enfin, et elle ne se pressa pas d'aller au-devant de lui ; elle rangeait des affaires dans sa chambre et continua même si elle entendit sa voix en bas. La différence était curieuse entre son attente intense et presque douloureuse de la veille et cette insouciance actuelle. Elle se retourna lorsqu'il entra, mais ne se dirigea pas vers lui.

« Alors tu es revenu ? Est-ce que tu t'es amusé?"

« Oui, plutôt. Mais je dis, c'est déchirant de te revoir à la maison. Vous n'étiez pas en colère parce que je n'étais pas là ?

"Oh non," dit-elle en souriant. "Cela ne me dérangeait pas du tout."

"C'est d'accord. Bien sûr, je n'étais jamais allé chez Lord Philip auparavant et je ne pouvais pas télégraphier à la dernière minute pour dire que ma femme revenait à la maison et que je devais la rencontrer.

"Bien sûr que non; cela vous aurait fait paraître trop absurde.

«Mais j'étais très malade, je peux vous le dire. Si vous m'aviez fait savoir il y a seulement une semaine votre venue, j'aurais refusé l'invitation.

« Mon cher Edward, je suis tellement peu pratique, je ne sais jamais ce que je pense et je fais toujours les choses sous l'impulsion du moment, pour mon propre désagrément et celui des autres. Et je n'aurais jamais dû m'attendre à ce que tu te refuses quoi que ce soit pour mon bien.

Bertha, perplexe, presque consternée, regardait son mari avec étonnement. Elle le reconnut à peine. Au cours des trois années de leur vie commune, Bertha n'avait remarqué aucun changement chez lui et, grâce à sa grande faculté d'idéalisation, elle avait toujours gardé dans son esprit l'image qu'il lui apparaissait lorsqu'elle le voyait pour la première fois, le jeune homme mince et viril de huit ans. et vingt. Miss Ley avait discerné des altérations, et des langues féminines malveillantes avaient dit qu'il s'en sortait terriblement. Mais sa femme n'avait rien vu. Et la séparation avait donné de nouvelles possibilités à son fantasme. En son absence, elle l'avait considéré comme le plus beau des hommes, se réjouissant de ses traits clairs, de ses cheveux blonds, de sa jeunesse et de sa force inépuisables. Les faits l'auraient déçue même si Edward avait conservé son apparence de jeunesse, mais en voyant maintenant également les autres changements, le choc fut extrême. C'était un homme différent qu'elle voyait, presque un étranger. Craddock ne s'est pas bien porté; mais à trente et un ans seulement, il paraissait beaucoup plus âgé. Il s'était élargi et pris de chair, ses traits avaient perdu de leur délicatesse et le rouge de ses joues devenait grossier. Il portait ses vêtements d'une manière négligée et s'était lancé dans une démarche lourde comme si ses bottes étaient toujours lourdes d'argile ; et il y avait en lui, en outre, la cordialité et la jovialité intolérante du fermier prospère. La beauté d'Edward avait procuré à Bertha le plus vif plaisir, et maintenant, se précipitant, comme c'était son habitude, à l'autre extrême, elle le trouvait presque laid. C'était une exagération, car même s'il n'était plus le jeune homme mince de sa première connaissance, il était néanmoins, d'une manière lourde et massive, plus beau que la majorité des hommes.

Edward l'embrassa avec un calme conjugal, et la proximité faisait monter jusqu'aux narines de Bertha les fortes odeurs de la basse-cour, qui, quels que soient ses vêtements, flottaient perpétuellement autour de lui. Elle se détourna, cachant à peine un petit frisson de dégoût. Pourtant, c'étaient les mêmes odeurs masculines qui autrefois l'avaient fait presque s'évanouir de désir.

# Chapitre XXIV

Bertha lui permettait rarement de voir les choses autrement que sous un faux jour ; Parfois, ils étaient truqués dans le mirage de l'idéal, tandis que dans d'autres cas, le processus était tout à fait inversé. Il était étonnant qu'une si courte pause eût détruit l'habitude de trois ans ; mais le fait était évident qu'Edward était devenu un étranger, de sorte qu'elle se sentait ennuyée de partager la même chambre avec lui. Elle le voyait maintenant avec des yeux jaunis et se disait qu'elle avait enfin découvert son vrai visage. Le pauvre Edward payait cher parce que les années furtives lui avaient volé ses cheveux et lui avaient donné en échange une surabondance de graisse ; parce que la responsabilité, le vent d'est et le bien-vivre avaient altéré ses traits et rendu ses joues pléthoriques.

En effet, l'amour de Bertha avait finalement disparu aussi soudainement qu'il était né, et elle commençait sérieusement à détester son mari. Elle avait acquis une certaine partie des facultés analytiques de Miss Ley, qu'elle employait maintenant avec un effet destructeur sur le caractère d'Edward. Son absence avait accru le danger pour Edward d'une autre manière, car l'air de Paris l'avait enthousiasmée et aiguisé son esprit, de sorte que sa vigilance pour trouver des fautes était doublée et son impatience face au banal et à la stupidité, extrême. Et Bertha a vite découvert que l'esprit de son mari était non seulement banal, mais commun. Son ignorance ne paraissait plus touchante, mais simplement honteuse ; ses préjugés ne sont plus amusants mais méprisables. Elle s'indignait de s'être humiliée si abjectement devant un homme si étroit d'esprit, si insignifiant. Elle ne pouvait pas concevoir à quel point elle l'avait jamais aimé passionnément. Il était lié par la routine la plus stupide. Cela l'irritait au-delà de toute mesure de voir la régularité avec laquelle il effectuait les différents processus de sa toilette. Elle était indignée de sa présomption, de son autosatisfaction et de sa droiture consciente. Le goût d'Edward était méprisable en matière de livres, d'images et de musique ; et ses prétentions à juger de telles affaires remplissaient Bertha de mépris. Au début, ses défauts ne l'avaient pas affectée, et plus tard elle se consolait avec le truisme évident qu'un homme peut ignorer tous les arts et pourtant avoir toutes les vertus sous le soleil. Mais maintenant, elle était moins charitable. Bertha se demandait que, parce que son mari savait lire et écrire aussi bien que la plupart des universitaires, il devrait se sentir compétent pour juger des livres, même sans les lire. Bien entendu, il était tout à fait déraisonnable de reprocher au pauvre homme une faiblesse commune à la grande majorité de l'humanité. Quiconque sait tenir un stylo est sûr de sa capacité à critiquer, et à critiquer avec mépris. Il ne vient jamais à l'esprit du citoyen moyen que, pour parler modestement, il faut presque autant d'art pour écrire un livre que pour falsifier une livre de thé ; ni que l'auteur ne s'est occupé du style et du contraste, de la caractérisation, de la lumière et de l'ombre, et de bien d'autres choses pour lesquelles la pratique de la mercerie, de l'épicerie verte, de la promotion d'une entreprise ou de la charcuterie n'est pas une grande clé.

Un jour, Edward, entrant, aperçut la couverture en papier jaune d'un livre français que Bertha lisait.

"Quoi, encore une fois ?" a-t-il dit. « Vous lisez trop ; ce n'est pas bon pour les gens de toujours lire.

« Est-ce votre opinion ? »

« Mon idée est qu'une femme ne devrait pas se bourrer la tête de livres. Vous seriez bien mieux en plein air ou en faisant quelque chose d'utile.

« Est-ce votre opinion ? »

« Eh bien, j'aimerais savoir pourquoi vous lisez toujours ?

« Parfois pour m'instruire ; toujours pour m'amuser.

"Vous tirerez beaucoup d'enseignements d'un roman français indécent."

Bertha, sans répondre, lui tendit le livre et lui montra le titre ; c'étaient les lettres de *Madame de Sévigné* .

"Bien?" il a dit.

"Tu n'es pas plus sage, cher Edward?" demanda-t-elle en souriant : telle question, sur tel ton, la vengeait beaucoup. « Vous n'êtes pas plus sage ? J'ai bien peur que vous soyez très ignorant. Vous voyez, je ne lis pas un roman, et ce n'est pas indécent. Ce sont les lettres d'une mère à sa fille, modèles de style épistolaire et de sagesse féminine.

Bertha a délibérément parlé d'une manière plutôt formelle et élaborée.

"Oh," dit Edward, quelque peu mystifié; se sentant confus, mais certain néanmoins d'avoir raison. Bertha eut un sourire provocateur.

"Bien sûr," dit-il, "je n'ai aucune objection à ce que vous lisiez si cela vous amuse."

"C'est très gentil de votre part de le dire."

« Je ne prétends pas avoir appris par les livres ; Je suis un homme pratique, et ce n'est pas obligatoire. Dans mon métier, on trouve que l'homme qui lit des livres est un salopard ! »

"Vous semblez penser que l'ignorance est louable."

"Il vaut mieux avoir un cœur bon et pur, Bertha, et un esprit pur, que n'importe quelle quantité d'apprentissage."

"Il vaut mieux avoir un grain d'esprit qu'une collection de scies morales."

« Je ne sais pas ce que vous entendez par là, mais je suis tout à fait content d'être comme je suis et je ne veux pas connaître une seule langue étrangère. L'anglais me suffit amplement.

"Tant que vous êtes un bon sportif et que vous vous lavez régulièrement, vous pensez avoir accompli tout le devoir de l'homme."

"S'il y a un type que je ne peux pas coller, c'est bien un misérable rat de bibliothèque."

"Je le préfère à l'hybride d'un joueur de cricket professionnel et d'un homme du bain turc."

"Est-ce que ça veut dire moi?"

"Vous pouvez le prendre pour vous si vous le souhaitez", dit Bertha en souriant, "ou l'appliquer à toute une classe... Cela vous dérange-t-il si je continue à lire ?"

Bertha prit son livre ; mais Edward était d'autant plus enclin à l'argumentation qu'il voyait qu'il n'avait pas encore pris le dessus sur le concours.

« Eh bien, ce que je dois dire, c'est que si vous voulez lire, pourquoi ne pouvez-vous pas lire des livres en anglais ? Il y en a sûrement assez. Je pense que les Anglais devraient rester fidèles à leur propre pays. Je ne prétends pas avoir lu de livres français, mais je n'ai jamais entendu personne nier qu'en tout cas la grande majorité soit indécente et ne soit pas le genre de choses qu'une femme devrait lire.

— Il est toujours imprudent de juger d'après les rumeurs communes, répondit Bertha sans lever les yeux.

« Et maintenant que les Français se comportent toujours si mal avec nous, j'aimerais voir tous les livres français du royaume mis dans un grand feu de joie. Je suis sûr que ce serait tant mieux pour nous, les Anglais. Ce que nous voulons maintenant, c'est la pureté et la reconstitution de la vie nationale. Je suis en faveur de la morale anglaise, des foyers anglais, des mères anglaises et des habitudes anglaises.

"Ce qui m'étonne toujours, ma chère, c'est que même si vous lisez invariablement le *Standard*, vous parlez toujours comme le *Family Herald* !"

Bertha ne prêta plus attention à Edward, qui commença alors à parler avec ses chiens. Comme la plupart des personnes frivoles, il trouvait le silence pénible, et Bertha pensait que cela le déconcertait en rendant évident même à lui-même la vacuité de son esprit. Il parlait avec tout ce qui était animé, avec les domestiques, avec ses animaux de compagnie, avec le chat et les oiseaux ; il ne pouvait même pas lire un journal sans en faire un commentaire courant.

Ce n'était qu'un repas copieux qui pouvait provoquer ne serait-ce qu'une taciturnité passagère. Parfois, son bavardage incessant irritait tellement Bertha qu'elle était obligée de le supplier, pour l'amour du ciel, de se taire. Puis il levait les yeux avec un rire bon enfant.

« Est-ce que je faisais une dispute ? Désolé; Je ne le savais pas.

Il resta silencieux pendant dix minutes, puis se mit à fredonner une mélodie évidente, qu'il n'y a pas d'habitude plus détestable.

En effet, les points de divergence entre les deux hommes étaient innombrables. Edward était une personne qui avait le courage de ses opinions, et il les défendait avec une fermeté égale à son manque de connaissances. Il n'aimait pas non plus tout ce qui n'était pas clair pour son intelligence quelque peu étroite et était enclin à trouver cela immoral. La musique, par exemple, était à ses yeux un art anglais, porté au plus haut dans certaines mélodies très simples de son enfance. Bertha jouait bien du piano et chantait d'une voix cultivée, mais Edward s'opposait à ses performances parce que, qu'elle chante ou qu'elle joue, il n'y avait jamais un air enjoué dans lequel un homme pouvait se mettre sous la dent. Il faut avouer que Bertha exagérait et que, lors d'une morne après-midi musicale dans le quartier, elle prenait un malin plaisir à jouer quelque longue forme récitative d'un opéra de Wagner, dont personne ne comprenait la tête ni la queue.

Lors d'une telle occasion chez les Glovers, l'aînée des Miss Hancock se tourna vers Edward et remarqua le jeu admirable de sa femme. Edward était un peu ennuyé, car tout le monde avait vigoureusement applaudi, et pour lui, ces sons n'avaient absolument aucune signification.

"Eh bien, je suis un homme simple", a-t-il déclaré, "et cela ne me dérange pas d'avouer que je ne comprends jamais ce que joue Bertha."

"Oh, M. Craddock, pas même Wagner ?" » dit Miss Hancock, qui s'était aussi ennuyée qu'Edward, mais qui ne l'aurait jamais avoué ; ayant au contraire l'opinion modeste, que les seules choses vraiment admirables sont celles qu'on ne peut pas comprendre.

Bertha le regardait, se souvenant de son rêve où ils s'asseyaient ensemble au piano le soir et jouaient des heures après les heures : en fait, il avait toujours refusé de bouger de sa chaise et s'endormait régulièrement.

« Mon idée de la musique ressemble à celle du Dr Johnson », dit Edward en regardant autour de lui pour obtenir son approbation.

« Saül est-il aussi parmi les prophètes ? murmura Berthe.

"Quand j'entends un morceau difficile, j'aimerais que ce soit impossible."

"Vous oubliez, ma chère", dit Bertha en souriant doucement, "que le docteur Johnson était un vieil homme très mal élevé que notre chère Fanny n'aurait pas permis une seule minute dans son salon."

« Chantez maintenant, Edward, » dit Miss Glover ; "Nous ne vous avons pas entendu depuis très longtemps."

« Oh, soyez bénis, » rétorqua-t-il, « mon chant est trop démodé. Mes chansons ont toutes une mélodie et une certaine impression : elles ne conviennent qu'à la cuisine.

"Oh, s'il vous plaît, donnez-nous *Ben Bolt* ", a déclaré Miss Hancock, "nous l'aimons tous tellement."

Le répertoire d'Edward était limité et chacun connaissait ses chansons par cœur.

"N'importe quoi pour obliger", a-t-il déclaré.

En fait, il aimait chanter et les applaudissements lui étaient toujours reconnaissants.

"Dois-je t'accompagner, chérie?" dit Berthe.

*" Oh! ne te souviens-tu pas de la douce Alice, de Ben Bolt,*
*de la douce Alice avec des cheveux si sournois ;*
*Elle a pleuré de joie lorsque vous lui avez fait un sourire,*
*et a tremblé de peur devant votre froncement de sourcils. »*

Autrefois, Berthe avait trouvé un charme subtil à ces sentiments agréables et à la mélodie honnête qui les ornait ; mais il ne fallait pas s'étonner si la répétition constante l'avait laissée un peu insensible. Edward a chanté la chansonnette avec un style simple et chaleureux – ce qui revient à dire sans style du tout – et il y a employé beaucoup de pathétique. Mais l'esprit de Bertha ne lui pardonnait pas ; elle lui devait une récompense pour l'attaque gratuite contre son jeu ; et l'idée lui vint d'améliorer l'accompagnement par de petits trilles et fioritures qui l'amusaient énormément, mais qui déconcertaient tout à fait son mari. Finalement, juste au moment où sa voix devenait plate d'émotion à propos du maître d'école aux cheveux gris décédé, elle enchaîna les accents des *Blue Bells of Scotland* et *de God Save the Queen* , de sorte qu'Edward s'effondra. Pour une fois, son humeur égale était troublée.

«Je dis, je ne peux pas chanter si tu fais le fou. Vous gâchez tout.

«Je suis vraiment désolée», rit Bertha. «J'ai oublié ce que je faisais. Recommençons tout à zéro.

« Non, je ne vais plus chanter. Vous gâchez tout.

"Mme. Craddock n'a pas de cœur », a déclaré Miss Hancock.

"Je ne pense pas que ce soit juste de rire d'une vieille chanson comme celle-ci", a déclaré Edward. "Après tout, tout le monde peut se moquer... Mon idée de la musique est quelque chose qui fait vibrer le cœur. Je ne suis pas un type sentimental, mais *Ben Bolt* me fait presque monter les larmes aux yeux à chaque fois que je la chante."

Bertha s'abstenait difficilement de rétorquer que parfois elle aussi avait envie de pleurer, surtout quand il chantait faux. Tout le monde la regardait, comme si elle s'était très mal comportée, tandis qu'elle souriait calmement à Edward. Mais elle n'était pas amusée. Sur le chemin du retour, elle lui a demandé s'il savait pourquoi elle avait gâché sa chanson.

« Je suis sûr que je ne sais pas – à moins que tu sois d'humeur bestiale. Je suppose que tu es désolé maintenant.

"Pas du tout", répondit-elle en riant. «Je pensais que tu avais été impoli avec moi juste avant, et je voulais te punir un peu. Parfois, tu es vraiment trop hautain... Et puis, je m'oppose à ce qu'on me reproche en public. Vous aurez la bonté à l'avenir de garder vos rigueurs jusqu'à ce que nous soyons seuls.

"J'aurais dû penser que tu pourrais supporter un peu de plaisanteries de bonne humeur maintenant."

« Oh, je peux, cher Edward. Seulement, peut-être avez-vous remarqué que je me défends assez vite.

« Qu'est-ce que tu veux dire par là ?

« Simplement que je peux être horrible quand je veux, et que vous feriez bien de ne pas vous exposer à un affront public.

Edward n'avait jamais entendu de sa femme une menace aussi calmement administrée, et cela l'impressionnait quelque peu.

Mais en règle générale, Bertha réprimait les sarcasmes qui montaient constamment dans sa langue. Elle gardait dans son cœur la colère et la haine que lui causait son mari, sentant que c'était une satisfaction d'être enfin libérée de son amour. Avec le recul, les chaînes qui l'avaient attachée étaient intolérablement lourdes. Et c'était une douce vengeance, bien qu'il n'en sût rien, que de dépouiller l'idole de son manteau d'hermine, de sa couronne et des bibelots de sa souveraineté. Dans sa nudité, il était pitoyable.

Edward était totalement inconscient de tout cela. Il était comme un fou
régnant dans une maison de fous sur un royaume imaginaire ; il ne vit pas la
grimace des lèvres de Bertha à la suite d'une de ses remarques stupides, ni le
mépris avec lequel elle le traitait. Et comme elle était beaucoup moins
exigeante, il se trouvait bien plus heureux qu'avant. Le philosophe ironique
pourrait trouver une raison de moraliser dans le fait que ce n'est que lorsque
Bertha commença à haïr Edward qu'il trouva le mariage entièrement
satisfaisant. Il se disait que le séjour de sa femme à l'étranger lui avait fait un
bien immense et l'avait rendue beaucoup plus raisonnable. Les principes de
M. Craddock, bien sûr, étaient tout à fait justes ; il lui avait donné beaucoup
de temps pour courir et ignoré son rire, et maintenant elle était revenue à la
maison pour se percher. Il n'y a rien de tel que la connaissance de l'agriculture
et la connaissance des habitudes des animaux domestiques pour apprendre à
un homme à diriger sa femme.

# Chapitre XXV

Si les dieux, qui répandent l'esprit en divers endroits inattendus, de sorte qu'on le trouve parfois sous la mitre de l'évêque et, une fois tous les mille ans, sous la couronne d'un roi, avaient donné à Édouard pour deux penny de cette marchandise, il aurait sans aucun doute été un homme grand et bon. La fortune lui souriait sans interruption ; il faisait l'envie de ses voisins ; il cultivait avec profit et, après avoir apprivoisé l'esprit rebelle de sa femme, il se réjouissait de la félicité domestique. Et il faut remarquer qu'il n'était récompensé qu'en fonction de ses mérites. Il marchait avec un esprit droit et un esprit satisfait sur le chemin qu'il avait plu à une Providence miséricordieuse de lui tracer. Il était éclairé sur le chemin par un fort sens du devoir, par les principes qu'il avait acquis au genou de sa mère et par une conviction de son propre mérite. Enfin, une députation l'attendait pour lui proposer de se présenter aux élections du conseil départemental qui devaient avoir lieu prochainement. Il avait été officieusement informé du projet et avait reçu M. Atthill Bacot avec sept hommes du comité, en redingote et d'un air plein de responsabilité. Il leur a dit qu'il ne pouvait rien faire de façon imprudente, qu'il devait réfléchir à la question et qu'il les informerait de sa décision. Mais Edward était déjà décidé à accepter, et après avoir conduit la députation à la porte, il se rendit chez Bertha.

«Les choses s'améliorent», dit-il après lui avoir donné les détails. Le district de Blackstable pour lequel Edward fut invité à se présenter, composé principalement de pêcheurs, était intensément radical. "Le vieux Bacot a dit que j'étais le seul candidat modéré qui aurait une chance."

Bertha était trop étonnée pour répondre. Elle avait une si mauvaise opinion de son mari qu'elle ne comprenait pas pourquoi on lui faisait une telle offre. Elle réfléchit aux raisons possibles.

"C'est une chose déchirante pour moi, n'est-ce pas ?"

"Mais tu ne penses pas accepter?"

"Pas? Bien sur que je le suis. Qu'en penses- *tu* !" Ce n'était pas une question, mais une exclamation.

« Vous n'avez jamais fait de politique ; vous n'avez jamais prononcé un discours de votre vie.

Elle pensait qu'il se ridiculiserait et, pour elle comme pour lui, elle décida de l'empêcher de se lever. "Il est trop ignorant!" elle pensait.

"Quoi! J'ai prononcé des discours lors de dîners de cricket ; tu me mets sur mes jambes et je dirai quelque chose.

"Mais ici, c'est différent : vous ne savez rien du conseil départemental."

« Il suffit de soigner les rouleaux compresseurs et de faire tuer les chevaux morveux. Je sais tout.

Il n'y a rien de plus difficile que de persuader les hommes qu'ils ne sont pas omniscients. Berthe, exagérant la gravité de l'affaire, trouva charlant d'entreprendre une charge sans connaissance et sans capacité. Heureusement, ce n'est pas l'avis de la majorité, sinon le gouvernement de ce pays éclairé n'a pas pu procéder.

"J'aurais dû penser que vous seriez heureux de me voir prendre un tour dans le monde", dit Edward, quelque peu offensé que sa femme ne soit pas tombée et n'ait pas adoré.

« Je ne veux pas que tu te ridiculises, Edward. Vous m'avez souvent dit que vous n'apprenez pas les livres ; et cela ne peut pas vous blesser quand je dis que vous êtes complètement ignorant. Je ne pense pas qu'il soit honnête d'accepter un poste pour lequel vous n'êtes pas compétent.

« Moi, je ne suis pas compétent ? » s'écria Edward avec surprise. "C'en est une bonne! Ma foi, je n'ai pas l'habitude de me vanter, mais je dois dire que je m'estime capable de faire la plupart des choses... Demandez au vieux Bacot ce qu'il pense de moi, et cela vous ouvrira les yeux. Le fait est que tout le monde m'apprécie sauf vous : mais on dit qu'un homme n'est jamais un héros pour son valet de chambre.

« Votre proverbe est très juste, cher Edward... Mais je n'ai aucune intention de vous contrecarrer dans aucun de vos projets. Je pensais seulement que vous ne saviez pas dans quoi vous vous engagez et que je pourrais vous épargner quelque humiliation.

« L'humiliation, où ? Pooh, tu penses que je ne serai pas élu. Eh bien, écoutez, je vous parie n'importe quel argent que vous voudrez que je sortirai en tête du scrutin.

Le lendemain, Edward écrivit à M. Bacot pour lui exprimer sa joie de pouvoir se rallier aux vues de l'Association conservatrice ; et Bertha, qui savait qu'aucun argument ne pourrait le détourner de son projet, résolut de le guider afin qu'il ne se ridiculise pas trop. Ses craintes étaient proportionnelles à son estimation des capacités d'Edward ! Elle envoya à Londres chercher des brochures et des livres bleus sur les droits et devoirs du conseil de comté et supplia Edward de les lire. Mais avec son air sûr de lui, il la faisait caca et riait quand elle les lisait elle-même pour pouvoir lui apprendre.

« Je ne veux pas savoir toute cette pourriture », s'écria-t-il. « Tout ce qu'un homme veut, c'est du courage. Pourquoi, pensez-vous qu'un homme qui se présente au Parlement connaît quelque chose en politique ? Bien sûr que non.

Bertha était indignée que son mari se contentât si bien de son analphabétisme et qu'il refusât catégoriquement d'apprendre. C'est seulement lorsqu'un homme sait beaucoup de choses qu'il découvre à quel point son ignorance est insondable. Edward, sachant si peu de choses, était convaincu qu'il y avait peu de choses à savoir et, par conséquent, il était assuré de savoir tout ce qui était nécessaire. Il aurait pu être plus facilement persuadé que la lune était faite de fromage vert que de croire qu'il lui manquait les rudiments de la connaissance.

Les élections au conseil de comté de Londres avaient également lieu à cette époque, et Bertha, espérant donner à Edward des indications utiles, lisait assidûment le discours qu'elles occasionnaient. Mais il a refusé d'écouter.

«Je ne veux pas garder les affaires des autres hommes. Je vais parler tout seul.

« Pourquoi n'écrivez-vous pas un discours et ne le notez-vous pas par cœur ?

Bertha imaginait qu'elle pourrait ainsi l'influencer un peu et s'épargner, ainsi qu'à lui, l'humiliation du ridicule total.

« Le vieux Bacot dit que lorsqu'il fait un discours, il se fie toujours à l'impulsion du moment. Il dit que Fox faisait ses meilleurs discours alors qu'il était ivre. »

« Savez-vous qui était Fox ? demanda Berthe.

"Un vieux tampon ou autre qui faisait des discours."

Le jour arriva où Edward devait, pour la première fois, s'adresser à ses électeurs, à l'hôtel de ville de Blackstable ; et depuis une semaine, des pancartes étaient collées sur tous les murs et exposées dans tous les magasins, annonçant la bonne nouvelle. M. Bacot est venu à Court Leys en se frottant les mains.

« Nous aurons une salle pleine. Ce sera un grand succès. La salle pourra accueillir quatre cents personnes et je pense qu'il n'y aura pas de place debout. J'ose dire que vous devrez ensuite vous adresser à une réunion de débordement au Forresters Hall.

"Je prendrai la parole à autant de réunions que vous le souhaitez", répondit Edward.

Bertha devenait de plus en plus nerveuse. Elle s'attendait à un horrible effondrement ; ils ne savaient pas – comme elle le savait – à quel point l'intelligence d'Edward était limitée ! Elle voulait rester chez elle pour éviter cette épreuve, mais M. Bacot lui avait réservé une place bien en vue sur l'estrade.

"Es-tu nerveux, Eddie?" » dit-elle, se sentant plus bienveillante envers lui à l'approche de son procès.

« Moi, nerveux ? Pourquoi dois-je être nerveux ?

La salle était en effet remplie de la foule la plus enthousiaste, la plus puante et la plus enthousiaste que Bertha ait jamais vue. Les becs de gaz s'enflammaient bruyamment, jetant des lumières grossières sur les gens, les marins, les commerçants, les ouvriers et les garçons. Sur l'estrade, en demi-cercle comme les dieux immortels, étaient assis les notables du quartier, conservateurs jusqu'à l'épine dorsale. Bertha regarda autour d'elle avec appréhension, mais essaya de se calmer en pensant qu'ils étaient des gens stupides et qu'elle n'avait aucune raison de trembler devant eux.

Bientôt, le Vicaire prit place et, en quelques mots bien choisis, présenta M. Craddock.

"M. Craddock, comme le bon vin, n'a pas besoin de buisson. Vous le connaissez tous et une présentation est superflue. Il est pourtant d'usage, en pareille occasion, de dire quelques mots de la part du candidat, et j'ai grand plaisir, etc., etc.... »

Maintenant, Edward se leva et le sang de Bertha se glaça. Elle n'osait pas regarder le public. Il s'avançait les mains dans les poches : il avait tenu à s'habiller d'une redingote et du pantalon poivre et sel le plus lugubre.

"M. Le Président, Mesdames et Messieurs—Je ne suis pas habitué à parler en public comme je le suis... »

Bertha leva les yeux en sursaut. Un homme de la fin du XIXe siècle pouvait-il sérieusement commencer un discours par ces mots ! Mais il ne plaisantait pas ; » reprit-il gravement, et, regardant autour d'elle, Bertha ne remarqua pas l'ombre d'un sourire. Edward n'était pas du tout nerveux, il s'est rapidement mis dans le rythme de son discours – et c'était terrible ! Il introduisait toutes les phrases éculées qu'il connaissait, il mêlait de manière incongrue l'argot au langage pompeux ; et ses plaisanteries idiotes, des châtaignes d'une grande antiquité, faisaient se tordre et frémir Bertha. Elle se demandait s'il pouvait continuer à faire preuve d'un tel sang-froid. Ne voyait-il pas qu'il se rendait parfaitement absurde ! Elle n'osait pas lever les yeux, de peur d'entendre les ricanements de Mme Branderton et des Hancock : « On voit ce qu'il était avant d'épouser Miss Ley. Bien sûr, c'est un homme sans instruction... Je me demande si sa femme ne l'a pas empêché de faire une telle exposition de lui-même. La grammaire, ma chère ; et les blagues et les histoires !!!”

Bertha serra les mains, furieuse parce que la rougeur de la honte ne quittait pas ses joues. Le discours était encore pire que ce à quoi elle s'était attendue. Il employait les mots les plus longs et, s'empêtrant dans sa propre verbosité, fut obligé de laisser sa phrase inachevée. Il a commencé une période avec une fioriture élaborée et s'est dandiné dans la confusion jusqu'aux lieux communs les plus dociles : il était comme un homme qui partait explorer les Andes puis, changeant d'avis, se promenait dans le Burlington Arcade. Combien de temps faudrait-il, demanda Bertha, avant que le public n'éclate en huées et en sifflements ? Elle les a bénis pour leur patience. Et que se passerait-il ensuite ? M. Bacot demanderait-il à Edward de se retirer de la candidature ? Et à supposer qu'Edward refusât, serait-il nécessaire de lui dire qu'il était vraiment trop idiot ? Bertha voyait déjà les ricanements sourds de ses voisins.

"Oh, j'aimerais qu'il finisse!" marmonna-t-elle entre ses dents. L'agonie, l'humiliation, étaient insupportables.

Mais Edward parlait toujours et ne donnait aucun signe d'une fin imminente. Bertha pensait tristement qu'il avait toujours été long : s'il voulait seulement s'asseoir rapidement, l'échec ne serait peut-être pas irréparable. Il a fait un jeu de mots ignoble et tout le monde a crié : Oh ! Oh! Bertha frissonna et serra les dents ; elle doit le supporter jusqu'au bout maintenant – pourquoi ne s'assoirait-il pas ? Ensuite, Edward a raconté une histoire agricole et le public a éclaté de rire. Une lueur d'espoir vint à Bertha : peut-être que sa vulgarité absolue pourrait le sauver auprès des gens vulgaires qui formaient la grande masse du public. Mais que doivent dire les Branderton, les Molson, les Hancock et tous les autres ? Ils doivent absolument le mépriser.

Mais le pire était à venir. Edward vint à sa péroration, et quelques remarques sur la politique actuelle (dont il ignorait totalement) le ramenèrent dans son pays, l'Angleterre, sa maison et sa beauté. Il a ouvert à fond le robinet du patriotisme ; il gargouillait dans un ruisseau. Il a fait sonner les trompettes de la pureté anglaise et les sifflets de fer blanc de l'Empire britannique, et il a battu le grand tambour de la Grande Course Anglo-Saxonne. Il a remercié Dieu d'être Anglais, et pas comme les autres. Tommy Atkins, Jack Tar et M. Rudyard Kipling ont dansé une gigue au son des *grenadiers britanniques* ; et M. Joseph Chamberlain a exécuté un *pas seul* sur l'air de *Yankee Doodle* . Enfin, il a agité l'Union Jack.

La sentimentalité hideuse, le mauvais goût et la banalité faisaient honte à Bertha : il était horrible de penser à quel point l'esprit d'un homme pouvait être ignoble qui pouvait se salir la bouche avec l'expression de tels sentiments.

Finalement Edward s'assit. Pendant un instant, le public resta silencieux – pendant un instant très court ; puis, d'une seule voix, il a éclaté en un tonnerre d'applaudissements. Il ne s'agissait pas de applaudissements superficiels ; ils se levèrent comme un seul homme et crièrent et hurlèrent avec enthousiasme.

"Bon vieux Teddy", cria une voix. Et puis l'air se remplit de : *Car c'est un bon garçon* . Mme Branderton se tenait sur une chaise et agitait son mouchoir ; Miss Glover frappa dans ses mains comme si elle n'était plus un automate.

"N'était-ce pas parfaitement splendide?" murmura-t-elle à Bertha.

Tout le monde sur la plate-forme était dans une frénésie de joie. M. Bacot serra chaleureusement la main d'Edward. Mme Mayston Ryle s'éventait désespérément. La scène peut très bien être décrite, dans le langage des journalistes, comme celle d'un enthousiasme sans précédent. Bertha était abasourdie.

M. Bacot s'est levé d'un bond.

«Je dois féliciter M. Craddock pour son excellent discours. Je suis sûr que cela nous surprendra tous qu'il se révèle un orateur aussi fluide, doté d'un tel fonds d'humour et, euh, de bon sens. Et ce qui est plus précieux que ces dernières paroles nous ont prouvé que son cœur – son cœur, messieurs – est à la bonne place, et cela en dit long. En fait, je ne connais rien de mieux à dire d'un homme que de dire que son cœur est à la bonne place. Vous me connaissez, mesdames et messieurs, je vous ai fait de nombreux discours depuis que j'ai eu l'honneur de me présenter dans ma circonscription en 1985, mais je dois avouer que je n'ai pas pu faire moi-même un meilleur discours que celui que vous venez d'entendre. »

« Tu pourrais… tu pourrais ! » s'écria modestement Edward.

« Non, M. Craddock, non ; J'affirme délibérément, et je le pense, que je ne pourrais pas faire mieux moi-même. De mes épaules, je laisse tomber le manteau et je le donne...

Ici, M. Bacot a été interrompu par la voix de stentor du propriétaire du *Pig and Whistle* (un conservateur enragé).

« Bravo pour ce bon vieux Teddie !

"C'est vrai, mes garçons", répéta M. Bacot, pour une fois avoir pris une bonne partie de l'interruption, "Vive le bon vieux Teddy!"

Le public ouvrit sa grande bouche et rugit, puis éclata de nouveau : *Car c'est un bon garçon* ! Arthur Branderton, alors que le tumulte s'apaisait, se leva de sa chaise et appela à d'autres acclamations. L'objet de tout cet enthousiasme était assis calmement, avec un air très satisfait, prenant tout cela avec sa modeste complaisance habituelle. Finalement, la réunion s'est terminée avec des acclamations, et *Dieu protège la Reine* , et *c'est un très bon garçon* . Le comité et les amis personnels des Craddock se retirèrent dans la pièce latérale pour prendre un léger rafraîchissement.

Les dames se rassemblèrent autour d'Edward pour le féliciter. Arthur Branderton est venu voir Bertha.

« Discours déchirant, n'est-ce pas ? il a dit. «Je ne pensais pas qu'il pouvait mâcher comme ça. Par Jupiter, cela m'a tout simplement remué.

Avant que Bertha ne puisse répondre, Mme Mayston Ryle entra.

"Où est l'homme?" cria-t-elle de sa voix forte. "Où est-il? Montrez-le-moi.... Mon cher M. Craddock, votre discours était parfait. Je le dis."

"Et de si bon goût", dit Miss Hancock, les yeux brillants. « Comme vous devez être fière de votre mari, Mme Craddock ! »

"Il n'y a plus aucune chance pour les radicaux maintenant", dit le Vicaire en se frottant les mains.

"Oh, M. Craddock, laissez-moi m'approcher de vous", s'écria Mme Branderton. « Cela fait vingt minutes que j'essaie de vous atteindre... Vous avez simplement éteint les horribles radicaux ; Je n'ai pas pu m'empêcher de pleurer, tu étais tellement pathétique.

« On peut dire ce qu'on veut, murmura Miss Glover à son frère, mais il n'y a rien au monde d'aussi beau que le sentiment. J'ai senti mon cœur éclater.

"M. Craddock, ajouta Mme Mayston Ryle, vous m'avez fait plaisir ! Où est ta femme pour que je puisse le lui dire ?

«C'est le meilleur discours que nous ayons jamais entendu ici», s'écria Mme Branderton.

"C'est la seule chose vraie que je vous ai entendu dire depuis vingt ans, Mme Branderton", répondit Mme Mayston Ryle en regardant très attentivement M. Atthill Bacot.

# Chapitre XXVI

LORSQUE Lord Roseberry prononce un discours, même les journaux de son propre parti le rapportent à la première personne et dans son intégralité ; et c'est là, dit-on, l'ambition suprême du politicien. Ayant atteint une telle distinction, il ne lui reste plus qu'une mort honorable et des funérailles publiques à l'abbaye de Westminster. Or, le *Blackstable Times* accordait cet honneur au premier effort d'Edward ; il était imprimé d'innombrables *I* parsemés hardiment dessus ; la grammaire fut corrigée et les arrêts insérés, comme pour les orateurs les plus importants. Edward en acheta une douzaine d'exemplaires et lut le discours dans chacun d'eux, pour s'assurer que ses sentiments étaient correctement exprimés et qu'il n'y avait pas de fautes d'impression. Il le donna à Bertha et resta debout près d'elle pendant qu'elle lisait.

"Ça a l'air bien, n'est-ce pas?" il a dit.

"Splendide!"

"Au fait, l'adresse de tante Polly est-elle au 72 Eliot Mansions ?"

"Oui. Pourquoi?"

Sa mâchoire tomba lorsqu'elle le vit rouler une demi-douzaine d'exemplaires du *Blackstable Times* et s'adresser à l'emballage.

« Je suis sûr qu'elle aimerait lire mon discours. Et cela pourrait la blesser si elle en entendait parler et que je ne lui avais pas envoyé le rapport.

« Oh, je suis sûr qu'elle aimerait beaucoup le voir. Mais si vous envoyez six exemplaires, vous n'en aurez plus aucun – pour les autres.

« Oh, je peux facilement en obtenir plus. Le rédacteur en chef m'a dit que je pourrais en avoir un millier si je le voulais. Je lui en envoie six, car j'ose dire qu'elle aimerait en envoyer à ses amis.

Par retour du courrier arriva la réponse de Miss Ley.

*Mon cher Edward, j'ai parcouru les six exemplaires de votre discours avec le plus grand intérêt ; et je pense que vous conviendrez avec moi que c'est une grande preuve de son mérite que j'ai pu le lire la sixième fois avec une attention aussi constante que la première. La péroraison, en effet, je suis convaincu qu'aucune connaissance ne peut se dégrader. C'est tellement vrai que « chaque Anglais a une mère » (en supposant, bien sûr, qu'une mort prématurée ne lui en ait pas enlevé). Il est curieux de constater qu'on ne se rend pas compte de la vérité de certaines choses tant qu'on ne les a pas signalées ; quand la seule surprise est de ne pas les avoir vus auparavant. J'espère que cela ne vous offensera pas si je suggère que l'œuvre de Bertha ne me semble pas invisible dans certains sentiments (notamment dans ce*

*passage sur l'Union Jack). Avez-vous vraiment écrit tout le discours vous-même ? Allons,*
*avouez que Bertha vous a aidé. — Bien sincèrement,*

*MARIE LEY .*

Edward lut la lettre et la lança en riant à Bertha. « Quelle joue avec elle en suggérant que tu m'as aidé ! J'aime ça."

"Je vais lui écrire tout de suite et lui dire que c'était tout à toi."


Bertha avait encore du mal à croire à la véritable admiration que son mari suscitait. Connaissant son extrême incapacité, elle était étonnée que le reste du monde puisse le considérer comme un garçon d'une intelligence hors du commun. Pour elle, ses prétentions étaient simplement ridicules ; elle s'étonnait qu'il se hasardât à discuter, avec une désinvolture dogmatique, de sujets dont il ignorait tout ; mais elle s'étonnait encore plus que les gens en soient impressionnés : il avait une étonnante faculté de cacher son ignorance.

Enfin, le jour du scrutin arriva et Bertha attendit anxieusement à Court Leys le résultat. Edward apparut finalement, radieux.

"Qu'est-ce que je t'avais dit?" a-t-il dit.

"Je vois que tu es entré."

« Entré, ce n'est pas le mot pour ça ! Qu'est-ce que je t'ai dit, hein ? Ma chère fille, je les ai simplement tous mis dans un bicorne. J'ai obtenu le double du nombre de votes que l'autre type, et c'est le plus grand sondage qu'ils aient jamais eu... N'êtes-vous pas fier que votre mari soit conseiller de comté ? Je vous le dis, je serai député avant de mourir.

« Je vous félicite de tout mon cœur, » dit sèchement Berthe ; mais j'essaie d'être enthousiaste.

Edward, dans son enthousiasme, ne remarqua pas son sang-froid. Il se promenait dans la salle en concoctant des projets — se demandant combien de temps il faudrait avant que Miles Campbell, le député, soit confronté à l'inévitable dilemme du député sans opposition, dont une corne est le Royaume des Cieux, et l'autre... la maison des seigneurs.

Bientôt, il s'arrêta. "Je ne suis pas un homme vaniteux", a-t-il fait remarquer, "mais je dois dire que je ne pense pas avoir mal fait."

Edward, pendant un moment, fut quelque peu accablé par sa propre grandeur, mais l'opinion vint à son secours que les récompenses n'étaient que selon ses mérites ; et bientôt il entra avec énergie dans les fonctions peu ardues de conseiller du comté.

Bertha s'attendait continuellement à entendre quelque chose qui lui serait défavorable ; mais, au contraire, tout semblait se dérouler de manière très satisfaisante ; et l'aptitude d'Edward pour les affaires, son enthousiasme à conclure une affaire, son bon sens, furent annoncés à l'étranger d'une manière qui aurait dû être des plus gratifiantes pour sa femme.

Mais en réalité, ces éloges constants inquiétaient beaucoup Bertha. Elle se demandait avec inquiétude si elle lui faisait une injustice. Était-il vraiment si intelligent ? avait-il bien les vertus que le bruit commun lui prêtait ? Peut-être avait-elle des préjugés ; ou peut-être… il était plus intelligent qu'elle. Cette pensée lui vint comme un coup dur, car elle n'avait jamais douté que son intellect était supérieur à celui d'Edward. Leurs connaissances respectives n'étaient pas comparables : elle s'occupait d'idées qu'Edouard ne concevait pas ; son esprit était toujours occupé par les plus insignifiantes choses. Il ne s'intéressait jamais aux choses abstraites et sa conversation était ennuyeuse, comme seule l'absence de spéculation pouvait la rendre. Il était extraordinaire que tout le monde, sauf elle, estime si haut son intelligence. Bertha savait que son esprit était dérisoire et son ignorance phénoménale : sa prétention faisait de lui un charlatan. Un jour, il est venu vers elle, la tête pleine d'une nouvelle idée.

« Je dis, Bertha, j'y ai réfléchi et il semble dommage que votre nom soit complètement supprimé. Et ça semble drôle que des gens appelés Craddock vivent à Court Leys.

« Vous le pensez ? Je ne sais pas comment y remédier, à moins que vous ne songiez à faire de la publicité pour des locataires avec un nom plus approprié.

"Eh bien, je pensais que ce ne serait pas une mauvaise idée, et que cela aurait un bon effet sur le comté, si nous reprenons votre nom."

Il regarda Bertha, qui le regardait d'un air glacial, mais ne répondit rien.

« J'en ai parlé au vieux Bacot et il pense que ce serait exactement la solution ; donc je pense que nous ferions mieux de le faire.

"Je suppose que vous allez me consulter à ce sujet."

"C'est ce que je fais maintenant."

« Pensez-vous à vous appeler Ley-Craddock ou Craddock-Ley, ou à abandonner complètement le Craddock ?

"Eh bien, à vrai dire, je n'étais pas encore allé aussi loin."

Bertha eut un petit rire méprisant. "Je pense que l'idée est parfaitement ridicule."

« Je ne vois pas cela ; Je pense que ce serait plutôt une amélioration.

"Vraiment, Edward, si je n'ai pas eu honte de prendre ton nom, je ne pense pas que *tu* doives avoir honte de le garder."

"Je dis, je pense que tu es peut-être raisonnable, tu me mets toujours en travers du chemin."

« Je n'ai aucune envie de faire ça. Si vous pensez que mon nom ajoutera à votre importance, utilisez-le par tous les moyens... Vous pouvez vous appeler Tompkins pour autant que je m'en soucie.

"Et toi?"

"Oh, je… je continuerai à m'appeler Craddock."

«Je pense que c'est dur. Tu ne fais jamais rien pour m'aider.

« Je suis désolé que vous soyez insatisfait. Mais vous oubliez que vous m'avez imposé un idéal pendant des années : vous m'avez toujours fait comprendre que votre femelle modèle était la vache commune ou domestique.

Edward ne comprenait pas ce que Bertha voulait dire, et il lui vint vaguement à l'esprit que ce n'était peut-être pas tout à fait approprié.

« Tu sais, Edward, je regrette toujours que tu n'aies pas épousé Fanny Glover. Vous vous seriez admirablement bien adaptés. Et je pense qu'elle vous aurait adoré comme vous désirez être adoré. Je suis sûr qu'elle ne se serait pas opposée à ce que vous vous appeliez Glover.

« Je n'aurais pas dû vouloir prononcer son nom. Ce n'est pas mieux que Craddock. La seule chose à Ley, c'est que c'est un ancien nom de comté et qu'il a appartenu à votre peuple.

"C'est pourquoi je ne choisis pas que vous l'utilisiez."

# Chapitre XXVII

LE TEMPS passait lentement, lentement. Bertha enveloppait sa fierté comme un manteau, mais parfois cela lui semblait trop lourd à porter et elle manquait de s'évanouir. La contrainte qu'elle s'imposait était souvent intolérable ; la colère et la haine bouillonnaient en elle, mais elle s'efforçait de conserver le visage souriant que les gens avaient toujours vu. Elle souffrait intensément de sa solitude spirituelle, elle n'avait pas d'âme à qui confier son malheur. Il est terrible de n'avoir aucun moyen de s'exprimer, de garder toujours emprisonnée l'angoisse qui vous ronge le cœur. C'est bien pour l'écrivain, il peut trouver du réconfort dans ses paroles, il peut raconter son secret sans le trahir : mais la femme n'a que le silence.

Bertha détestait désormais Edward avec une telle répulsion physique et colérique qu'elle ne pouvait pas supporter son contact ; et tous ceux qu'elle connaissait étaient ses amis admiratifs. Comment pouvait-elle dire à Fanny Glover qu'Edward était un imbécile qui l'ennuyait à mort, alors que Fanny Glover le considérait comme le meilleur et le plus vertueux de l'humanité ? Elle était ennuyée que, aux yeux de tous, Edward l'ait si complètement éclipsée : autrefois, sa seule importance résidait dans le fait qu'il était son mari, mais maintenant les positions étaient inversées. Elle trouvait ainsi très ennuyeux de briller avec une lumière réfléchie, et en même temps elle se méprisait à cause de sa mesquine jalousie. Elle ne pouvait s'empêcher de se rappeler que Court Leys était à elle et que si elle le souhaitait, elle pourrait renvoyer Edward comme un domestique.

Enfin, elle sentit qu'il lui était impossible de supporter plus longtemps sa compagnie ; il l'a rendue stupide et vulgaire ; elle était malade et faible, et elle était complètement désespérée. Elle se décida à repartir, cette fois pour toujours.

« Si je reste, je me suiciderai. »

Depuis deux jours, Edward avait été complètement malheureux ; un chien préféré était mort et il était au bord des larmes. Bertha le regardait avec mépris.

"Vous êtes plus affecté par la mort d'un misérable caniche que vous ne l'avez jamais été par ma douleur."

"Oh, ne me dérange pas maintenant, c'est une bonne fille. Je ne peux pas le supporter.

"Idiot !" murmura Bertha dans sa barbe.

Il se promenait la tête baissée et le visage mélancolique, racontant à chacun les détails de la disparition de la bête, d'une voix frémissante d'émotion.

"Pauvre gars!" » dit Miss Glover. "Il a un si bon cœur."

Bertha put à peine réprimer l'amère invective qui lui montait aux lèvres. Si l'on savait avec quelle froideur il avait accueilli son amour, avec quelle indifférence il avait témoigné à ses larmes et à son désespoir ! Elle se méprisait lorsqu'elle se souvenait de l'humiliation totale du passé.

"Il m'a fait boire la coupe de l'humiliation jusqu'à la lie."

Du comble de son dédain, elle le résuma pour la millième fois. Il était inexplicable qu'elle ait été soumise à un homme si mesquin d'esprit et si méprisable de caractère. Cela la faisait rougir de honte de penser à quel point son amour avait été servile.

Le Dr Ramsay, qui rendait visite à Bertha pour un problème insignifiant, arriva par hasard alors qu'elle était occupée par de telles pensées.

"Eh bien," dit-il dès qu'il eut repris son souffle. "Et comment va Edward aujourd'hui?"

« Bon Dieu, comment pourrais-je le savoir ? s'écria-t-elle, hors d'elle, les mots s'échappant sans s'en rendre compte après la longue contrainte.

« Salut, qu'est-ce que c'est ? Les tourterelles se sont-elles enfin disputées ?

« Oh, j'en ai marre d'entendre continuellement les louanges d'Edward. J'en ai marre d'être traité comme un appendice de lui.

« Qu'as-tu, Bertha ? dit le docteur en éclatant de rire. "J'ai toujours pensé que rien ne te plaisait plus que d'entendre à quel point nous aimions tous votre mari."

« Oh, mon bon docteur, vous devez être aveugle ou complètement idiot. Je pensais que tout le monde savait maintenant que je déteste mon mari.

"Quoi?" cria le Dr Ramsay ; puis pensant que Bertha n'allait pas bien : « Viens, viens, je vois que tu as besoin d'un petit médicament, ma chérie. Vous n'êtes pas en forme et, comme toutes les femmes, vous pensez que c'est la fin du monde.

Bertha sauta du canapé. « Pensez-vous que je devrais parler ainsi si je n'avais pas de bonnes raisons ? Ne penses-tu pas que je cacherais mon humiliation si je le pouvais ? Oh, je l'ai caché assez longtemps ; maintenant je dois parler. Oh mon Dieu, je peux difficilement m'empêcher de crier de douleur quand je pense à tout ce que j'ai souffert et caché. Je n'ai jamais dit un mot à personne d'autre qu'à toi, et maintenant je n'y peux rien. Je vous le dis, je déteste et abhorre mon mari et je le méprise totalement. Je ne peux plus vivre avec lui et je veux partir.

Le Dr Ramsay ouvrit la bouche et retomba sur sa chaise ; il regarda Bertha comme s'il s'attendait à ce qu'elle fasse une crise. "Tu n'es pas sérieux?"

Bertha tapa du pied avec impatience. « Bien sûr que je suis sérieux. Pensez-vous que je suis un imbécile aussi ? Nous sommes malheureux depuis des années et cela ne peut pas continuer. Si vous saviez ce que j'ai dû souffrir quand tout le monde m'a félicité et dit combien il était content de me voir si heureuse. Parfois, j'ai dû m'enfoncer les ongles dans les mains pour m'empêcher de crier la vérité.

Bertha arpentait la pièce, se laissant enfin aller. Les larmes coulaient sur ses joues, mais elle n'y prêtait pas attention. Elle donnait libre cours à sa haine passionnée.

« Oh, j'ai essayé de l'aimer. Vous savez combien je l'ai aimé autrefois, combien je l'ai adoré. J'aurais donné ma vie pour lui avec plaisir. J'aurais fait tout ce qu'il m'avait demandé ; Je cherchais la moindre indication de ses souhaits pour pouvoir les réaliser. Cela me ravissait de penser que j'étais son esclave abjecte. Mais il a détruit tout vestige de mon amour, et maintenant je ne fais que le mépriser, je le méprise totalement. Oh, j'ai essayé de l'aimer, mais c'est un trop grand imbécile.

Les derniers mots prononcés par Bertha avec une telle force que le Dr Ramsay en fut surpris.

"Ma chère Berthe!"

« Oh, je sais que vous le trouvez tous merveilleux. Je reçois ses éloges depuis des années. Mais vous ne savez pas ce qu'est réellement un homme avant d'avoir vécu avec lui, avant de l'avoir vu dans toutes les humeurs et dans toutes les circonstances. Je le connais parfaitement et c'est un imbécile. Vous ne pouvez pas concevoir à quel point il est stupide, complètement stupide... Il m'ennuie à mourir !

« Allez, tu ne penses pas ce que tu dis. Vous exagérez comme d'habitude. Il faut s'attendre à avoir de petites querelles de temps en temps ; ma parole, je crois qu'il m'a fallu vingt ans pour m'habituer à ma femme.

"Oh, pour l'amour de Dieu, ne soyez pas sentencieux", interrompit Bertha avec férocité. « J'ai eu assez de moralisation au cours de ces cinq années. J'aurais peut-être mieux aimé Edward s'il n'avait pas été aussi moral. Il m'a jeté ses vertus à la face jusqu'à ce que j'en ai marre. Il m'a rendu laid tout ce qui est bon, jusqu'à ce que, juste pour changer, je soupire après le vice. Oh, vous ne pouvez pas imaginer à quel point un homme vraiment bon est terriblement ennuyeux. Maintenant, je veux être libre, je vous le dis, je n'en peux plus.

Bertha parcourut à nouveau la pièce avec enthousiasme.

« Ma foi, s'écria le Dr Ramsay, je n'en comprends rien. »

« Je ne m'attendais pas à ce que tu le fasses. Je savais que tu ne ferais que moraliser.

« Que veux-tu que je fasse ? Dois-je lui parler ?

"Non! Non! Je lui ai parlé sans fin. Ce n'est pas bien. Pensez-vous que le fait de lui parler le fera m'aimer ? Il en est incapable ; tout ce qu'il peut me donner, c'est de l'estime et de l'affection. Bon Dieu, que me manque-t-il d'estime ! Il faut une certaine intelligence pour aimer, et il ne l'a pas. Je vous dis que c'est un imbécile. Oh, quand je pense que je serai enchaîné à lui pour le reste de ma vie, j'ai l'impression que je pourrais me suicider.

« Voyons, ce n'est pas un imbécile comme ça. Tout le monde s'accorde à dire que c'est un homme d'affaires très intelligent. Et je ne peux m'empêcher de dire que j'ai toujours pensé que tu t'en sortais exceptionnellement bien lorsque tu insistais pour l'épouser.

«Tout était de ta faute», s'écria Bertha. « Si vous ne m'aviez pas opposé, je ne me serais peut-être pas marié aussi vite. Oh, tu ne sais pas à quel point je l'ai regretté... J'aimerais pouvoir le voir mort à mes pieds.

Le Dr Ramsay siffla. Son esprit travaillait quelque peu lentement, et il commençait à se troubler face au renversement de ses opinions chères et à la véhémence avec laquelle cette opération désagréable était menée.

"Je ne savais pas que les choses étaient comme ça."

"Bien sûr que non!" dit Bertha avec mépris. « Parce que j'ai souri et caché mon chagrin, tu pensais que j'étais heureux. Quand je repense à la misère que j'ai endurée, je me demande si j'aurais pu un jour la supporter.

«Je ne peux pas croire que ce soit très grave. Demain, vous serez d'un autre avis et vous vous demanderez si de telles choses vous sont jamais venues à l'esprit. Cela ne devrait pas vous déranger qu'un vieux type comme moi vous dise que vous êtes très têtu et impulsif. Après tout, Edward est un brave garçon, et je ne peux pas croire qu'il puisse volontairement vous blesser.

"Oh, pour l'amour du ciel, ne me fais pas davantage l'éloge d'Edward."

"Je me demande si tu es un peu jaloux de la façon dont il s'en sort ?" demanda le docteur en la regardant attentivement.

Bertha rougit, car elle s'était posée la même question, et il fallait beaucoup de mépris pour la réfuter.

"JE? Mon cher docteur, vous oubliez ! Oh, tu ne comprends pas que ce n'est pas un caprice passager ? C'est terriblement grave pour moi : j'ai supporté la misère jusqu'à ce que je n'en puisse plus. Vous devez m'aider à m'enfuir. Si vous avez un peu de votre ancienne affection pour moi, faites ce que vous pouvez. Je veux m'en aller; mais je ne veux plus avoir de disputes avec Edward ; Je veux juste le quitter tranquillement. Ce n'est pas la peine d'essayer de lui faire comprendre que nous sommes incompatibles. Il pense que le simple fait d'être sa femme suffit à mon bonheur. Il est de fer et je suis pitoyablement faible... Je me croyais si fort !

« Dois-je comprendre que vous êtes absolument sérieux ? Voulez-vous prendre la mesure extrême de vous séparer de votre mari ?

« C'est une mesure extrême que j'ai déjà prise auparavant. La dernière fois, j'y suis allé au son des trompettes, mais maintenant, je veux y aller sans faire de bruit. J'aimais toujours Edward à l'époque, mais j'ai même cessé de le haïr. Oh, je savais que j'étais idiot de revenir, mais je ne pouvais pas m'en empêcher. Il m'a demandé de revenir et je l'ai fait.

"Eh bien, je ne sais pas ce que je peux faire pour toi. Je ne peux m'empêcher de penser que si vous attendez un peu, les choses s'amélioreront.

«Je ne peux plus attendre. J'ai attendu trop longtemps. Je perds toute ma vie.

« Pourquoi ne pars-tu pas quelques mois, et ensuite tu pourras voir ? Miss Ley va en Italie pour l'hiver comme d'habitude, n'est-ce pas ? Ma foi, je pense que cela vous ferait du bien d'y aller aussi.

« Ce que je fais ne me dérange pas tant que je peux m'enfuir. Je souffre trop.

"As-tu pensé que tu vas manquer à Edward?" » demanda gravement le Dr Ramsay.

« Non, il ne le fera pas. Mon Dieu, tu ne penses pas que je le connais maintenant ? Je le connais par cœur. Et il est insensible, égoïste et stupide. Et il me rend semblable à lui-même... Oh, Dr Ramsay, aidez-moi s'il vous plaît.

« Est-ce que Miss Ley est au courant ? » demanda le médecin, se souvenant de ce qu'elle lui avait dit lors de sa visite à Court Leys.

« Non, je suis sûr qu'elle ne le fait pas. Elle pense que nous nous adorons. Et je ne veux pas qu'elle le sache. Je suis tellement lâche maintenant. Il y a des années, je ne me souciais pas du tout de ce que quiconque au monde pensait de moi ; mais mon esprit est complètement brisé. Oh, éloignez-moi d'ici, docteur Ramsay, éloignez-moi.

Elle fondit en larmes, pleurant comme elle n'en avait plus l'habitude depuis longtemps ; elle était complètement épuisée après l'éclatement de tout ce qu'elle avait caché pendant des années.

« Je suis encore si jeune et je me sens presque une vieille femme. Parfois, j'aimerais me coucher et mourir, et en finir avec tout cela.

Un mois plus tard, Bertha était à Rome. Mais au début, elle avait du mal à se rendre compte du changement dans son état. Sa vie à Court Leys s'était imprimée sur elle avec une telle netteté qu'elle ne pouvait imaginer qu'elle s'arrête. Elle était comme une prisonnière enfermée si longtemps que la liberté l'étourdit, et il cherche ses chaînes et ne peut pas comprendre qu'il est libre.

Le soulagement fut si grand que Bertha ne parvenait pas à y croire, et elle vivait dans la peur que sa vision soit perturbée et qu'elle se retrouve à nouveau entre les murs de la prison de Court Leys. C'était un rêve qu'elle errait dans des endroits ensoleillés, où l'air était parfumé de violettes et de roses. Les gens étaient irréels, les mannequins se prélassant sur les marches de la Piazza di Spagna, les gamins en haillons, aux costumes bizarres et importuns, le discours argenté qui caressait l'air. Comment pouvait-elle croire que la vie était vraie quand elle donnait un ciel bleu et du soleil, de sorte que le cœur palpitait de joie ; quand il donnait le repos, la paix et la paresse la plus délicieuse ? La vraie vie était sombre et fatigante ; son cadre est un manoir géorgien, entouré de champs désolés et balayés par le vent. Dans la vraie vie, tout le monde était très vertueux et très ennuyeux ; les dix commandements entouraient un cercle de la menace du feu de l'enfer et de la damnation éternelle, un donjon plus terrible parce qu'il n'avait ni murs, ni barreaux ni verrous.

Mais au-delà de ces sombres pierres aux accents durs *tu ne feras pas,* est une terre de parfum et de lumière, où les rayons du soleil font couler gaiement le sang dans les veines ; où les fleurs répandent librement leur parfum dans l'air, en signe qu'il faut dépenser les richesses et gaspiller la vertu ; où les amorets flottent ici et là sur les brises printanières, ne sachant où ils vont, indifférents. C'est une terre d'oliviers et d'ombre agréable, et la mer embrasse doucement le rivage pour montrer aux jeunes gens comment ils doivent embrasser les jeunes filles. Là, des yeux sombres brillent d'un ton lamentable, disant au voyageur qu'il n'a pas à craindre, car l'amour peut être obtenu lorsqu'on le demande. Le sang est chaud et les mains s'attardent avec une pression reconnaissante dans les mains, et les lèvres rouges demandent les baisers si doux à donner. Là, la chair et l'esprit marchent côte à côte, et chacun est bien satisfait de l'autre. Ah, donne-moi le soleil de ce pays bienheureux, et un jardin de roses, et le murmure d'un agréable ruisseau ; donnez-moi une banque ombragée, du vin, des livres et les lèvres de corail d'Amaryllis, et je vivrai dans une complète félicité, pendant au moins dix jours.

Pour Bertha, la vie à Rome ressemblait à une pièce de théâtre. Miss Leys lui laissait une grande liberté et elle errait seule dans des endroits étranges. Elle allait souvent au marché et passait la matinée parmi les stands, regardant mille choses qu'elle ne voulait pas acheter ; elle touchait de riches soieries et des pièces d'argenterie antiques, souriant aux compliments d'un sympathique marchand. Les gens s'affairaient autour d'elle, parlant avec volubilité, intensément vivants, et pourtant, dans son incapacité à comprendre que ce qu'elle voyait était vrai, ils ne ressemblaient qu'à des marionnettes. Elle allait dans les galeries, à la Chapelle Sixtine ou aux Stanze de Raphaël ; et, faute de l'empressement du touriste et de son sens du devoir, elle passait une matinée entière devant un tableau ou dans un coin d'une vieille église, tissant avec le spectacle devant elle les fantaisies de son imagination.

Et quand elle ressentait le besoin de ses semblables, Bertha se rendait au Pincio et se mêlait à la foule qui écoutait la fanfare. Mais le moine franciscain, dans son capuchon brun, se tenant à l'écart, était le personnage d'une pièce romantique ; et les soldats en uniformes gais, les Bersaglieri avec de hardies plumes de coq dans leurs chapeaux, formaient le chœur d'un opéra-comique. Et il y avait des prêtres en robe noire, certains vieux et gros, prenant le soleil et fumant des cigarettes, en paix avec eux-mêmes et avec le monde ; d'autres jeunes et agités, la chair insoumise brillant dans leurs yeux sombres. Et tout le monde semblait aussi heureux que les enfants qui s'ébattaient et trottinaient en poussant des cris joyeux.

Mais peu à peu, les ombres du passé se sont estompées et Bertha a pu apprécier plus consciemment la beauté et la vie qui l'entouraient. Et sachant que c'était transitoire, elle s'est mise à en profiter du mieux qu'elle pouvait. Le soin et la jeunesse sont difficilement liés, et le temps miséricordieux enveloppe dans l'oubli la plus horrible misère. Bertha étendit les bras pour embrasser les merveilles du monde vivant, et elle repoussa la terrible pensée que cela devait se terminer si vite. Au printemps, elle passait de longues heures dans les jardins qui entourent la ville, où les vestiges de la Rome antique se mêlaient de manière exotique à la luxuriance semi-tropicale et provoquaient des émotions nouvelles et subtiles. Les fleurs poussaient dans les sarcophages avec une exubérance sauvage, se moquant, semble-t-il, du tombeau d'où elles surgissaient. La mort est hideuse, mais la vie est toujours triomphante ; la rose et la jacinthe naissent de la décadence de l'homme ; et la dissolution de l'homme n'est que le signal d'une autre naissance : et le monde continue, beau et toujours nouveau, se délectant de sa vigueur.

Bertha se rendit à la Villa Médicis et s'assit là où elle pouvait regarder la lumière briller sur la douce façade du vieux palais, et Syrinx jeter un coup d'œil entre les roseaux : les étudiants la virent et demandèrent qui était la belle femme qui resta assise si longtemps et si inconsciente de les yeux qui la regardaient. Elle se rendit à la villa Doria-Pamphili, majestueuse et pompeuse, résidence d'été des princes en habits somptueux, des évêques et des cardinaux. Et les ruines du Palatin avec ses cyprès lui renvoyaient ses pensées, et elle se représentait la gloire de la puissance passée.

Mais le jardin le plus sauvage de tous, celui des Mattei, lui plaisait le plus. Il y avait là une plus grande fécondité et un plus grand abandon ; la distance et la difficulté d'accès écartaient les étrangers, et Bertha pouvait s'y promener comme si c'était la sienne. Elle pensait n'avoir jamais joui de moments aussi exquis que lui procuraient sa solitude et son silence. Parfois, une troupe de séminaristes écarlates déambulait le long des avenues herbeuses, aux couleurs vives sur la verdure.

Puis elle rentra chez elle, fatiguée et heureuse, s'assit à sa fenêtre ouverte et regarda le soleil mourir. Le soleil se coucha sur Saint-Pierre et la puissante cathédrale fut transfigurée en un temple de feu et d'or ; le dôme était radieux, formé non plus de pierres solides, mais de lumière et de soleil : c'était la couronne d'un palais d'Hypérion. Puis, alors que le soleil tombait à l'horizon, Saint-Pierre se détachait dans l'obscurité, se détachait majestueusement sur la splendeur du ciel.

# Chapitre XXVIII

MAIS après Pâques, Miss Ley proposa de rentrer lentement en Angleterre. Bertha avait redouté cette suggestion, non seulement parce qu'elle regrettait de quitter Rome, mais encore plus parce qu'elle exigeait quelques explications. L'hiver s'était passé assez confortablement sous prétexte d'une santé indifférente, mais il fallait maintenant trouver une autre raison pour expliquer l'absence prolongée du côté de son mari ; et l'imagination débordée de Bertha ne lui donnait rien. Elle était cependant déterminée à ne retourner sous aucun prétexte à Court Leys : après une liberté si heureuse, l'emprisonnement du corps et de l'âme serait doublement intolérable.

Edward s'était contenté du prétexte et avait laissé Bertha partir sans un mot. Comme il le disait, il n'était pas homme à faire obstacle à sa femme lorsque sa santé l'obligeait à le quitter ; et il pouvait très bien se débrouiller tout seul. Leurs lettres avaient été assez fréquentes, mais de la part de Bertha un effort constant. Elle se répétait toujours que la seule solution rationnelle était de faire à Edward une déclaration finale de ses intentions, puis de rompre toute communication. Mais la peur du bruit, des ennuis et des explications sans fin la retenait ; et elle a fait des compromis en écrivant le plus rarement possible et en adhérant aux moindres trivialités. Elle fut surprise une ou deux fois, après avoir tardé à répondre, de recevoir de lui une seconde lettre, lui demandant avec une certaine inquiétude pourquoi elle ne lui écrivait pas.

Miss Ley n'avait jamais mentionné le nom d'Edward et Bertha supposait qu'elle connaissait une grande partie de la vérité. Mais elle a gardé son propre conseil : bienheureux ceux qui s'occupent de leurs affaires et se taisent ! Miss Ley, en effet, était convaincue qu'une catastrophe s'était produite, mais, fidèle à son habitude de permettre aux gens de mener leur vie à leur manière, sans interférence, elle prenait soin de paraître indifférente ; ce qui était vraiment très noble, car elle ne se piquait que de son talent d'observation.

« La chose la plus difficile à faire pour une femme sage, dit-elle, c'est de faire semblant d'être une sotte ! »

Elle devina enfin la difficulté actuelle de Bertha ; et cela semblait facilement surmontable.

« J'aurais aimé que tu reviennes à Londres avec moi au lieu d'aller à Court Leys », dit-elle. « Vous n'avez jamais eu de saison à Londres, n'est-ce pas ? Dans l'ensemble, je trouve ça amusant : l'opéra est très bon et parfois on voit des gens plutôt bien habillés.

Bertha ne répondit pas, et Miss Ley, voyant son désir d'accepter et en même temps son hésitation, lui suggéra de venir pour quelques semaines, sachant bien que la visite d'une femme peut s'étendre sur une durée indéterminée.

"Je suis désolée de ne pas avoir de place pour Edward aussi", dit Miss Ley en souriant sèchement, "mais mon appartement est très petit, vous savez."


Ils étaient installés depuis quelques jours dans l'appartement d'Eliot Mansions, lorsque Bertha, entrant un matin pour le petit-déjeuner, trouva Miss Ley dans un grand état d'amusement réprimé. Elle frémissait comme un ressort déroulé ; et elle picorait ses toasts et son œuf à la manière d'un oiseau, ce qui, Bertha le savait, ne pouvait signifier que quelqu'un s'était ridiculisé, pour le grand plaisir de sa tante. Bertha se mit à rire.

« Mon Dieu, s'écria-t-elle, que s'est-il passé ?

"Ma chère, une terrible catastrophe." Miss Ley réprima un sourire, mais ses yeux brillaient et dansaient comme si elle était une jeune femme. « Vous ne connaissez pas Gérald Vaudrey, n'est-ce pas ? Mais tu sais qui il est.

"Je crois que c'est un de mes cousins."

Le père de Berthe, qui avait l'habitude de se quereller avec tous ses parents, avait trouvé dans le général Vaudrey un beau-frère aussi irascible que lui ; de sorte que les deux familles ne s'étaient jamais parlées.

« Je viens de recevoir une lettre de sa mère disant qu'il a… euh, flirté assez violemment avec sa servante, et ils sont tous désespérés. La servante a été renvoyée hystérique, sa mère et sa sœur sont en larmes, et le général est furieux et dit qu'il n'acceptera plus le garçon chez lui un autre jour. Et le petit misérable n'a que dix-neuf ans. C'est honteux, n'est-ce pas ?

"Honteux!" dit Bertha en souriant. "Je me demande ce qu'il y a chez une bonne française pour que les petits garçons lui fassent invariablement l'amour."

« Oh, ma chérie, si seulement tu voyais la servante de ma sœur. Elle a quarante ans si elle est un jour, et son teint est comme un parchemin, bien pire à porter... Mais le plus horrible, c'est que votre tante Betty me supplie de prendre soin du garçon. Il part en Floride dans un mois et, en attendant, il doit rester à Londres. Maintenant, ce que je veux savoir, c'est comment puis-je empêcher un enfant dissolu de faire des bêtises. Est-ce le genre de chose qu'on attend de moi ?

Miss Ley agita les bras avec un désespoir comique.

« Oh, mais ce sera très amusant. Nous le réformerons ensemble. Nous le conduirons sur un chemin où les servantes françaises ne se rencontrent pas à chaque détour.

« Ma chérie, tu ne sais pas ce qu'il est. C'est un vrai jeune coquin. Il a été expulsé du Rugby. Il a fréquenté une demi-douzaine de professeurs de bac, parce qu'ils voulaient qu'il aille à Sandhurst, mais il a catégoriquement refusé de travailler ; et il a été labouré à tous les examens auxquels il s'est présenté, même pour la milice. Alors maintenant, son père lui a donné cinq cents livres et lui a dit d'aller au diable.

"Si vulgaire! Mais pourquoi ce pauvre garçon devrait-il aller en Floride ?

« C'est ce que j'ai suggéré. Je connais des gens qui ont une plantation d'oranges là-bas. Et j'ose dire que la vue sur plusieurs kilomètres de fleurs d'oranger lui suggérera qu'un flirt promiscuité peut avoir des résultats désagréables.

«Je pense que je l'aimerai», dit Bertha.

« Je n'en doute pas ; c'est un véritable coquin et plutôt joli.

Le lendemain, pendant que Bertha lisait au salon, Gérald Vaudrey entra. Elle sourit pour le rassurer et lui tendit la main de la manière la plus amicale ; elle pensait qu'il devait être un peu confus à l'idée de rencontrer une étrangère au lieu de Miss Ley, et malheureux de sa disgrâce.

"Tu ne sais pas qui je suis?" dit-elle.

"Oh oui, je le fais", répondit-il avec un sourire très agréable. "L'esclave m'a dit que tante Polly était sortie, mais que tu étais là."

"Je suis content que tu ne sois pas parti."

"Je pensais que je ne devrais pas t'effrayer, tu sais."

Bertha ouvrit les yeux. Il n'était certainement pas du tout timide, même s'il paraissait encore plus jeune que dix-neuf ans. C'était un gentil garçon, très mince et pas aussi grand que Bertha, avec un petit visage assez jeune. Il avait un petit et joli nez et un teint rose et blanc avec des taches de rousseur. Ses cheveux étaient noirs et bouclés, il les portait un peu longs, visiblement conscient qu'ils étaient beaux ; et ses beaux yeux verts avaient une expression charmante. Sa bouche sensuelle était toujours souriante.

"Quel gentil garçon!" pensa Berthe. "Je suis sûr que je l'aimerai."

Il commença à parler comme s'il l'avait connue toute sa vie, et elle fut amusée par le contraste entre son apparence innocente et son passé peu recommandable. Il parcourut la pièce du regard avec une aisance enfantine et s'étendit confortablement dans un grand fauteuil.

"Helloa, c'est nouveau depuis ma dernière visite!" dit-il en désignant une médaille de bronze italienne.

"Es-tu venu souvent ici?"

"Plutôt! Je venais ici chaque fois qu'il faisait trop chaud pour moi à la maison. Ce n'est pas la peine de se disputer avec votre gouverneur, parce qu'il est un peu maladroit : c'est un avantage injuste et agréable que les pères ont, mais ils le profitent toujours. Alors, quand le vieux type se mettait en colère, je disais : « Je ne discuterai pas avec vous. Si vous ne pouvez pas me traiter comme un gentleman, je partirai pendant une semaine. Et je venais ici. Tante Polly me donnait toujours cinq livres et me disait : « Ne me dis pas comment tu les dépenses, parce que je ne devrais pas approuver ; mais reviens quand tu en voudras encore. C'est une éventreuse, n'est-ce pas ! »

"Je suis désolé qu'elle ne soit pas là."

« Je suis plutôt content, car je peux avoir une longue conversation avec toi jusqu'à ce qu'elle vienne. Je ne t'ai jamais vu auparavant, alors j'ai tellement de choses à dire.

"Avez-vous?" dit Berthe en riant. "C'est plutôt inhabituel chez les jeunes hommes."

Il avait l'air si ridiculement jeune que Bertha ne pouvait s'empêcher de le traiter comme un écolier ; et elle était amusée par sa communication. Elle voulait qu'il lui raconte ses escapades, mais elle avait peur de le lui demander.

"As-tu très faim?" Elle pensait que les garçons avaient toujours de l'appétit. "Voudrais-tu du thé?"

"Je meurs de faim."

Elle lui versa une tasse et, la prenant ainsi que trois sandwichs à la confiture, il s'assit sur un repose-pieds à ses pieds. Il s'est mis tout à fait à l'aise.

« Vous n'avez jamais vu mes cousins Vaudrey, n'est-ce pas ? » demanda-t-il, la bouche pleine. « Je ne peux pas les coller à tout prix, ils sont vraiment nuls. Je vais tout leur dire sur toi ; ça les rendra terriblement malades.

Bertha haussa les sourcils. « Et vous opposez-vous aux mauvais goûts ? »

« Je les déteste tout simplement. Chez le dernier tuteur où j'étais, la femme du vieux type était le vieux bonhomme le plus horrible qu'on ait jamais vu. Alors j'ai écrit et j'ai dit à mon maître que j'avais peur que mes mœurs soient corrompues.

"Et est-ce qu'elle t'a emmené ?"

« Eh bien, par une curieuse coïncidence, le vieux type a écrit le même jour et a dit au père que s'il ne m'enlevait pas, il me donnerait le tournage. J'ai donc envoyé ma démission, je lui ai dit que ses cigares étaient venimeux et je suis parti.

"Tu ne penses pas que tu ferais mieux de t'asseoir sur une chaise?" dit Berthe. "Tu dois être très mal à l'aise sur ce repose-pieds."

« Ah non, pas du tout. Après un tapis turc et une table de salle à manger, rien de plus confortable qu'un repose-pieds. Une chaise me fait toujours me sentir respectable et ennuyeux.

Bertha trouvait que Gérald était plutôt un joli prénom.

« Combien de temps restes-tu à Londres ? »

« Oh, seulement un mois, pire chance. Ensuite, je dois aller aux États-Unis pour faire fortune et me réformer.

"J'espère que vous le ferez."

"Lequel? On ne peut pas faire les deux à la fois, vous savez. Vous gagnez d'abord votre argent, et vous vous réformez ensuite, si vous avez le temps. Mais quoi qu'il arrive, ce sera mieux que de transpirer dans un éternel bac à sable. S'il y a un homme que je ne peux retenir à aucun prix, c'est bien le bourreau de l'armée.

"Vous en avez une grande expérience, je comprends."

« J'aurais aimé que vous ne connaissiez pas toute mon histoire passée. Maintenant, je n'aurai plus le plaisir de vous le dire.

"Je ne pense pas que ce serait édifiant."

« Oh oui, ce serait le cas. Cela vous montrerait à quel point la vertu est opprimée (c'est moi) et comment le vice triomphe. Je n'ai vraiment pas de chance ; les gens conspirent en quelque sorte pour considérer mes actions d'un mauvais point de vue. J'ai eu beaucoup de malchance tout au long. J'ai d'abord été exclu du Rugby. Eh bien, ce n'était pas ma faute. J'étais tout à fait disposé à rester, et je serais bluffé si j'étais pire que n'importe qui d'autre. Le père m'a fait du harcèlement pendant six semaines et a dit que j'emportais avec tristesse ses cheveux gris dans la tombe. Eh bien, vous savez, il est tout simplement terriblement chauve ; alors je n'ai finalement pas pu m'empêcher de dire que je ne savais pas où allaient ses cheveux gris, mais il ne semblait pas vraiment qu'il ait l'intention de les accompagner. Alors, après ça, il m'a envoyé chez un professeur qui jouait au poker. Eh bien, il m'a dépouillé de chaque shilling que j'avais, puis il a écrit et dit au père que j'étais un jeune chien immoral et que je corrompais sa maison.

"Je pense que nous ferions mieux de changer de sujet, Gerald", a déclaré Bertha.

« Oh, mais tu dois avoir la suite. L'endroit suivant où je suis allé, j'ai découvert qu'aucun des autres gars ne connaissait le poker ; alors bien sûr, j'ai pensé que c'était une sorte d'interposition miséricordieuse de la Providence pour m'aider à me rétablir. Je leur ai dit de ne pas amasser de trésors dans ce monde, et j'ai dépensé trente livres en quatre jours ; puis le vieux truc (j'ai oublié son nom, mais c'était un pasteur) m'a dit que je faisais de sa place un enfer de jeu et qu'il ne m'accepterait pas un autre jour dans sa maison. Alors je suis parti en trottinant et je suis resté à la maison pendant six mois. Cela m'a donné une belle bosse, je peux vous le dire.

La conversation fut troublée par l'entrée de Miss Ley.

"Vous voyez, nous nous sommes fait des amis", a déclaré Bertha.

« Gerald fait toujours ça avec tout le monde. C'est la personne la plus grégaire. Comment vas-tu, Lothario ?

"Épanouie, ma Belinda", répondit-il en jetant ses bras autour du cou de Miss Ley pour son grand plaisir et feignant l'indignation.

"Tu es irrépressible", dit-elle. «Je m'attendais à te trouver vêtu de sacs et de cendres, pénitent et silencieux.»

"Ma chère tante Polly, demande-moi de faire tout ce que tu veux, sauf de me repentir et de me taire."

"Tu sais que ta mère m'a demandé de m'occuper de toi."

« J'aime qu'on s'occupe d'eux – et Bertha va-t-elle m'aider ?

"J'y ai réfléchi", a ajouté Miss Ley. « Et la seule manière que je puisse imaginer pour vous éviter des ennuis est de vous faire passer vos soirées avec moi. Alors tu ferais mieux de rentrer chez toi maintenant et de t'habiller. Je sais qu'il n'y a rien que tu aimes mieux que de changer de vêtements.

Pendant ce temps, Bertha observait avec étonnement que Gérald la dévorait simplement des yeux. Il était impossible de ne pas voir son admiration évidente.

« Ce garçon doit être fou », pensa-t-elle, mais elle ne put s'empêcher de se sentir un peu flattée.

« Il m'a raconté des histoires épouvantables », dit-elle à Miss Ley après son départ. "J'espère que ce n'est pas vrai."

"Oh, je pense que vous devez prendre tout ce que Gerald dit avec des pincettes. Il exagère terriblement et tous les garçons aiment paraître Byronic. C'est aussi le cas de la plupart des hommes, d'ailleurs ! »

« Il a l'air si jeune. Je ne peux pas croire qu'il soit vraiment très méchant.

« Eh bien, ma chère, il n'y a aucun doute à propos de la servante de sa mère. Les preuves sont de l'ordre le plus concluant. Je sais que je devrais être terriblement en colère contre lui, mais tout le monde est si vertueux de nos jours qu'un changement est tout à fait rafraîchissant. Et il est si jeune qu'il pourrait se réformer. Les Anglais commencent à galoper au diable, mais à mesure qu'ils grandissent, ils changent presque toujours de cheval et avancent doucement vers la respectabilité, une femme et dix-sept enfants.

"J'aime le contraste de ses yeux verts et de ses cheveux foncés."

« Ma chère, on ne peut nier qu'il est fait pour conquérir le cœur féminin. Je n'essaie jamais de lui résister moi-même. Il est extrêmement convaincant quand il vous raconte des mensonges scandaleux.

Bertha alla dans sa chambre et se regarda dans la glace, puis enfila sa robe de soirée la plus convenable.

« Mon Dieu, » dit Miss Ley. « Vous n'avez pas mis ça pour Gérald ? Vous allez faire tourner la tête à ce garçon, il est terriblement susceptible.

"C'est le premier que je rencontre", répondit innocemment Bertha.

# Chapitre XXIX

« Vous avez vraiment conquis le cœur de Gerald », dit Miss Ley à Bertha un jour ou deux plus tard. "Il m'a confié qu'il te trouvait 'parfaitement magnifique'."

"C'est un garçon très gentil", dit Bertha en riant.

L'admiration franche du jeune homme ne pouvait manquer d'augmenter son appréciation ; et elle était amusée par le regard fixe de ses yeux verts, qu'elle ressentait, avec un sens particulier de femme, même lorsqu'elle lui tournait le dos. Ils la suivirent ; ils reposaient sur ses cheveux et sur ses belles mains ; lorsqu'elle portait une robe décolletée, ils se brûlaient au cou et à la poitrine ; elle les sentit voyager le long de ses bras et embrasser sa silhouette. C'étaient des yeux des plus caressants, souriants, mais avec un certain mystère dans leurs profondeurs émeraude. Bertha ne négligea pas de se mettre dans des positions où Gérald pourrait la voir avec avantage ; et quand il regardait ses mains, on ne pouvait pas s'attendre à ce qu'elle les retire comme si elle avait honte. Peu d'Anglais voient autre chose chez une femme que son visage ; et il leur vient rarement à l'esprit que sa main a les contours les plus délicats, toute la grâce et la douceur, avec des doigts effilés et des ongles roses ; ils ne cherchent jamais les mille choses qu'il a à dire.

"Tu ne sais pas que c'est très impoli de regarder comme ça", dit Bertha avec un sourire en se retournant brusquement.

"Je vous demande pardon, je ne savais pas que vous cherchiez."

"Je ne l'étais pas, mais je t'ai quand même vu."

Elle lui sourit de manière très engageante et elle vit une soudaine flamme lui monter dans les yeux. Une femme mariée est toujours gratifiée de la conquête du cœur inconstant d'un jeune : c'est un témoignage non sollicité de ses charmes et a le grand avantage d'être complètement à l'abri du danger. Elle se dit qu'il n'y a pas de meilleure formation pour un garçon que de tomber amoureux d'une femme vraiment sympa et bien plus âgée que lui. Cela lui apprend comment se comporter et l'empêche de commettre des bêtises : combien de fois des jeunes insensibles ont-ils gâché leur vie en tombant dans les griffes d'une horrible aventurière aux cheveux jaunes et aux joues peintes ! Comme elle est assez grande pour être sa mère, la très gentille femme pense qu'il n'y a aucun mal à flirter avec le pauvre garçon, et cela semble lui plaire : alors elle le fait aller chercher et porter, et l'éblouit, et le conduit tout à fait. distrait, jusqu'à ce que son inconstance juvénile vienne à son secours et qu'il tombe passionnément amoureux d'une barmaid - quand, bien sûr, elle le traite d'ingrat et de misérable, regrette de s'être tellement trompée sur son caractère et lui dit de ne jamais venir. près d'elle à nouveau.

Bien entendu, cela ne concerne que les femmes dont les hommes tombent amoureux ; il est bien connu que les autres ont les opinions les plus strictes sur le sujet et préféreraient mourir plutôt que de jouer avec les affections de qui que ce soit.

Gérald avait le don charmant de devenir intime avec les gens au plus vite, et une cousine est un parent agréable (surtout quand elle est jolie), avec qui il est facile de s'entendre. La relation n'est pas si étroite qu'elle justifie un désagrément chronique, mais suffisamment étroite pour permettre aux personnalités de constituer la partie la plus amusante de la conversation.

En une semaine, Gerald se mit à passer toute sa journée avec Bertha, et elle trouva la saison londonienne beaucoup plus amusante qu'elle ne l'avait imaginé. Elle se souvenait avec dégoût de ses deux seules visites en ville. L'une avait été sa lune de miel, et l'autre la première séparation d'avec son mari : il était étrange que, rétrospectivement, les deux semblent tout aussi mornes. Edward avait presque disparu de ses pensées, et elle exultait comme une captive libérée de ses chaînes. Son seul ennui était son désir souvent exprimé de la voir. Pourquoi ne pouvait-il pas la laisser tranquille, comme elle l'avait laissé ? Il lui demandait sans cesse quand elle reviendrait à Court Leys ; et elle dut inventer des excuses pour l'empêcher de venir à Londres. Elle détestait l'idée de le revoir.

Mais elle mettait ces pensées de côté lorsque Gerald venait la chercher, tantôt pour une balade à vélo dans Battersea Park, tantôt pour passer une heure dans un des musées. Il n'est pas étonnant que les Anglais soient une race peuplée, quand on observe combien de recours sont fournis par la munificence des corps dirigeants dans le but exprès de flirter. Par une journée chaude, quel endroit peut être plus enchanteur que le British Museum, frais, silencieux et spacieux, avec des statues inoffensives qui ne racontent aucune histoire et offrent un sujet de conversation pour briser une pause gênante ?

Les parcs conviennent également parfaitement à ceux dont la fantaisie se tourne vers des pensées d'amour platonicien. Hyde Park est le décor idéal pour une idylle dans laquelle Corydon porte des bottes en cuir verni et un haut-de-forme, tandis que Phyllis porte une robe exquise qui lui va parfaitement. Les pelouses bien entretenues, l'eau artificielle et les sentiers aménagés donnent une fausse ruralité qui amuse infiniment ceux qui ne veulent pas prendre les choses trop au sérieux. Ici, les matins d'été, Gerald et Bertha passaient beaucoup de temps. Cela lui plaisait d'écouter son bavardage et de regarder dans ses yeux verts ; c'était un garçon tellement gentil et il semblait tellement attaché à elle ! D'ailleurs, il n'était à Londres que pour un mois, et, sûre de son départ, elle pouvait se permettre de le laisser tomber un peu amoureux.

"Es-tu désolé de partir si tôt?" elle a demandé.

"Je serai malheureux de te quitter."

"C'est trés gentil de vous de dire ça."

Peu à peu, elle lui arracha son histoire discréditée. Bertha était possédée par la curiosité de connaître les détails, qu'elle obtenait astucieusement, lui faisant avouer ses iniquités pour qu'elle puisse faire semblant d'être en colère. Cela lui procurait un curieux frisson, en partie d'admiration, de penser qu'il s'agissait d'un jeune homme si dépravé, et elle le regardait avec une sorte d'émerveillement amusé. Il était très différent du vertueux Edward. Une innocence enfantine brillait dans ses beaux yeux, et pourtant il avait déjà goûté le vin de nombreuses émotions. Bertha se sentait quelque peu envieuse du sexe qui lui donnait l'occasion, et de l'esprit qui lui donnait le pouvoir, de s'emparer hardiment de la vie et d'en tirer tout ce qu'elle avait à offrir.

«Je devrais refuser de vous parler davantage», dit-elle. "Je devrais avoir honte de toi."

"Mais tu n'est pas. C'est pourquoi tu es un tel éventreur.

Comment pouvait-elle être en colère contre un garçon qui l'adorait ? Sa perversité même la fascinait. Voilà un homme qui n'hésiterait jamais à aller au diable pour une femme, et Bertha était ravie du compliment fait à son sexe.

Un soir, Miss Ley dînait au restaurant et Gerald demanda à Bertha de venir dîner avec lui, puis à l'opéra. Elle refusa, pensant à la dépense ; mais il était si désireux, et elle, en réalité, si désireuse de partir, qu'elle finit par consentir.

"Pauvre garçon, il s'en va si tôt, autant être gentil avec lui."

Gerald arriva de bonne humeur, l'air encore plus enfantin que d'habitude.

«J'ai vraiment peur de sortir avec toi», dit Bertha. « Les gens penseront que tu es mon fils. « Cher moi, qui aurait cru qu'elle avait quarante ans ! »

"Quelle pourriture !" Il regarda sa belle robe. Comme toutes les femmes vraiment sympathiques, Bertha faisait extrêmement attention à être toujours bien habillée. « Par Jupiter, tu es un époustouflant !

"Ma chère enfant, je suis assez vieille pour être ta mère."

Ils se dirigèrent vers un restaurant que Gerald, comme un garçon, avait choisi, parce que la rumeur générale le disait le plus cher de Londres. Bertha était très amusée par l'agitation, l'éclat des femmes en diamants, les serveurs occupés qui glissaient çà et là, l'éclat de la lumière électrique : et ses yeux se posaient avec approbation sur le beau garçon devant elle. Elle ne pouvait pas contrôler l'insouciance avec laquelle il insistait pour commander les choses les plus chères ; et quand ils arrivèrent à l'opéra, elle découvrit qu'il avait une loge.

« Oh, misérable ! » s'écria-t-elle. "Vous devez être complètement ruiné."

"Oh, j'ai cinq cents livres," répondit-il en riant. "Je dois en bleuir une partie."

« Mais pourquoi diable as-tu acheté une boîte ? »

"Je me suis souvenu que tu détestais toute autre partie du théâtre."

"Mais vous avez promis d'avoir des places bon marché."

"Et je voulais être seul avec toi."

Il était par nature flatteur ; et peu de femmes pouvaient résister à la cajolerie de ses yeux verts et de son charmant sourire.

« Il doit m'aimer beaucoup », pensa Bertha pendant qu'ils rentraient chez eux, et elle mit son bras sous le sien pour lui exprimer ses remerciements et son appréciation.

« C'est très gentil de votre part d'avoir été si gentil avec moi. J'ai toujours pensé que tu étais un gentil garçon.

"Je ferais plus que ça pour toi."

Il aurait donné le reste de ses cinq cents livres pour un seul baiser. Elle le savait et en était contente, mais ne l'encourageait pas et, pour une fois, il était timide. Ils se séparèrent devant sa porte avec une poignée de main des plus discrètes.

"C'est terriblement gentil de votre part d'être venu."

Il lui parut extrêmement reconnaissant. Sa conscience la piquait maintenant qu'il avait dépensé autant d'argent ; mais elle l'aimait d'autant plus.


Le mois de Gérald touchait à sa fin et Bertha était étonnée qu'il occupe autant ses pensées. Elle ne savait pas qu'elle l'aimait tant.

« J'aurais aimé qu'il n'y vienne pas », dit-elle, puis rapidement : « mais bien sûr, c'est bien mieux qu'il le fasse ! »

A ce moment, le garçon apparut.

"Cette semaine, tu seras en mer, Gerald", dit-elle. "Alors tu regretteras toutes tes iniquités."

"Non!" répondit-il en s'asseyant dans la position qui lui plaisait le plus, aux pieds de Bertha.

"Non, lequel?"

«Je ne serai pas désolé», répondit-il avec un sourire, «et je ne m'en irai pas.»

"Qu'est-ce que tu veux dire?"

« J'ai modifié mes plans. L'homme à qui je vais m'adresser m'a dit que je pouvais commencer au début du mois ou quinze jours plus tard.

"Mais pourquoi?" C'était une question idiote, car elle le savait.

« Je n'avais rien pour quoi rester. Maintenant, je l'ai, c'est tout.

Bertha le regarda et aperçut ses yeux brillants fixés intensément sur elle. Elle est devenue grave.

"Tu n'es pas en colère?" » demanda-t-il en changeant de ton. « Je pensais que ça ne te dérangerait pas. Je ne veux pas te quitter.

Il la regarda avec tant de sérieux et les larmes lui montèrent aux yeux que Bertha ne put s'empêcher d'être touchée.

« Je suis très heureux que tu restes, ma chérie. Je ne voulais pas que tu partes si tôt. Nous avons été de si bons amis.

Elle passa ses doigts dans ses cheveux bouclés et sur ses oreilles ; mais il sursauta et frissonna.

"Ne fais pas ça," dit-il en repoussant sa main.

"Pourquoi pas?" cria-t-elle en riant. "As-tu peur de moi?"

Et, caressante, elle lui passa de nouveau la main sur les oreilles.

"Oh, tu ne sais pas quelle douleur cela me fait."

Il se releva d'un bond et, à sa grande surprise, Bertha vit qu'il était pâle et tremblant.

"Je sens que je vais devenir fou quand tu me touches."

Soudain, elle vit la passion brûlante dans ses yeux ; c'était l'amour qui le faisait trembler. Bertha poussa un petit cri et une curieuse sensation lui serra le cœur. Puis, sans avertissement, le garçon lui saisit les mains et tombant à genoux devant elle, les embrassa à plusieurs reprises. Son souffle chaud faisait trembler Bertha aussi, et les baisers se brûlaient dans sa chair. Elle retira ses mains.

«Je voulais faire ça depuis si longtemps», murmura-t-il.

Elle était trop profondément émue pour répondre, mais elle resta à le regarder.

"Tu dois être fou, Gérald." Elle fit semblant de rire.

"Berthe!"

Ils étaient très proches l'un de l'autre ; il était sur le point de l'entourer de ses bras. Et pendant un instant, elle eut une envie insensée de le laisser faire ce qu'il voulait, de le laisser baiser ses lèvres comme il lui avait baisé les mains ; et elle voulait embrasser sa bouche, ses cheveux bouclés et ses joues douces comme celles d'une jeune fille. Mais elle s'est rétablie.

« Oh, c'est absurde ! Ne sois pas stupide, Gérald.

Il ne pouvait pas parler ; il la regarda, ses yeux verts pétillant de désir.

"Je t'aime."

« Mon cher garçon, veux-tu que je succède à la servante de ta mère ?

"Oh!" il poussa un gémissement et devint rouge.

« Je suis content que tu restes. Vous pourrez voir Edward, qui arrive en ville. Vous n'avez jamais rencontré mon mari, n'est-ce pas ?

Ses lèvres se contractèrent et il semblait avoir du mal à se ressaisir. Puis il se jeta sur une chaise et enfouit son visage dans ses mains. Il avait l'air si petit, si jeune… et il l'aimait. Bertha le regarda un moment et les larmes lui montèrent aux yeux. Elle se dit brutale et posa la main sur son épaule.

"Gérald!" Il n'a pas levé les yeux. "Gerald, je ne voulais pas te blesser. Je suis désolé pour ce que j'ai dit.

Elle se pencha et éloigna ses mains de son visage.

"Es-tu en colère contre moi?" » demanda-t-il, presque en larmes.

"Non," répondit-elle avec caresse. « Mais il ne faut pas être stupide, ma chérie. Tu sais que je suis assez vieille pour être ta mère.

Il ne semblait pas consolé, et elle sentait toujours qu'elle avait été horrible. Elle prit son visage entre ses mains et l'embrassa sur les lèvres. Et, comme s'il était un petit enfant, elle embrassa les larmes qui brillaient dans ses yeux.

# Chapitre XXX

BERTHA sentait encore sur ses mains les baisers passionnés de Gérald, comme de petites taches de feu ; et sur ses lèvres il y avait toujours le contact de sa bouche d'enfant. Quel courant magique était passé de lui à elle pour qu'elle ressente ce bonheur soudain ? C'était enchanteur de penser que Gérald l'aimait ; elle se rappelait combien ses yeux brillaient, comment sa voix était devenue rauque au point qu'il pouvait à peine parler : ah, c'étaient les signes du véritable amour, de l'amour puissant et triomphant. Bertha porta les mains à son cœur avec un rire éclatant de pure joie, car elle était aimée. Les baisers picotaient sur ses doigts si bien qu'elle les regardait avec surprise, elle semblait presque voir une marque de brûlure. Elle lui était très reconnaissante, elle avait envie de prendre sa tête dans ses mains et d'embrasser ses cheveux et ses yeux de garçon et encore ses lèvres douces. Elle se dit qu'elle serait une mère pour lui.

Le lendemain, il était venu vers elle presque timidement, craignant qu'elle ne se fâche, et sa pudeur contrastant avec son audace heureuse habituelle l'avait charmée. Cela la flattait extrêmement de penser qu'il était son humble esclave, de voir le plaisir qu'il prenait à faire ce qu'elle lui demandait ; mais elle avait peine à croire qu'il l'aimait, et elle voulait se rassurer. Cela lui procurait un étrange frisson de le voir pâlir lorsqu'elle lui tenait la main, de le voir trembler lorsqu'elle s'appuya sur son bras. Elle lui caressa les cheveux et fut ravie de l'angoisse dans ses yeux.

« Ne fais pas ça, » cria-t-il. "S'il te plaît. Vous ne savez pas à quel point ça fait mal.

"Je te touchais à peine", répondit-elle en riant.

Elle voyait dans ses yeux des larmes luisantes : c'étaient des larmes de passion, et elle pouvait à peine retenir un cri de triomphe. Elle fut enfin aimée comme elle le voulait, elle se glorifiait de sa puissance : en voilà enfin quelqu'un qui n'hésiterait pas à perdre son âme pour elle. Elle était extrêmement reconnaissante. Mais son cœur se glaça quand elle pensa qu'il était trop tard, que ce n'était pas bon : il n'était qu'un garçon, et elle était mariée et… presque trente ans.

Mais même alors, pourquoi devrait-elle tenter de l'arrêter ? Si c'était l'amour dont elle rêvait, rien ne pourrait le détruire. Et il n'y a eu aucun mal ; Gérald ne disait rien qu'elle ne puisse écouter, et il était tellement plus jeune qu'elle qu'il partait dans moins d'un mois et tout serait fini. Pourquoi ne jouirait-elle pas des modestes miettes que les dieux laissaient tomber de leur table : c'était bien peu, en toute conscience ! Quelle folie est celui qui ne veut pas profiter du soleil de l'été de Saint-Martin, car il annonce l'hiver aussi sûrement que le vent d'est !

Ils passèrent toute la journée ensemble au grand amusement de Miss Ley, qui, pour une fois, n'utilisa pas ses yeux perçants à bon escient.

« Je te suis tellement reconnaissante, Bertha, d'avoir pris soin de ce garçon. Sa mère devrait vous être éternellement reconnaissante de l'avoir empêché de commettre des ennuis.

"Je suis très heureuse si je l'ai fait", a déclaré Bertha, "c'est un garçon si gentil et je l'aime tellement. Je serais vraiment désolé s'il avait des ennuis... Après, je suis plutôt inquiet pour lui.

« Ma chère, ne le sois pas ; parce qu'il est certain d'avoir des ennuis — c'est sa nature — mais c'est aussi sa nature de s'en sortir. Il jurera une dévotion éternelle à une demi-douzaine de belles demoiselles et repartira en se réjouissant, pendant qu'elles pleureront les unes sur les autres. C'est dans la nature de certains hommes de briser le cœur des femmes.

"Je pense qu'il est seulement un peu sauvage : il ne veut pas de mal."

« Ce genre de personnes ne le font jamais ; c'est ce qui rend leurs méfaits encore plus mortels.

"Et il est tellement affectueux."

"Ma chérie, je croirai vraiment que tu es amoureuse de lui."

"Je le suis", dit Bertha. "Follement!"

La pure vérité est souvent le moyen le plus sûr de tromper les gens, surtout lorsqu'elle est racontée inconsciemment. Les femmes de cinquante ans ont la fâcheuse habitude de traiter comme des contemporaines toutes les personnes de leur sexe qui ont plus de vingt-cinq ans, et il n'a jamais semblé à Miss Ley que Bertha puisse considérer Gerald comme autre chose qu'un petit garçon.

Mais Edward ne pouvait plus rester dans le pays. Bertha était étonnée qu'il veuille la voir, et un peu ennuyée, car sa présence serait désormais importune. Elle ne souhaitait pas que son rêve soit perturbé, elle savait que ce n'était rien d'autre ; c'était un simple jour de printemps heureux dans le long hiver de la vie. Elle regardait Gérald maintenant avec un cœur lourd et ne pouvait supporter de penser à l'avenir. Comme l'existence serait vide sans ce sourire joyeux ; surtout sans cette passion ardente ! Cet amour était merveilleux ; il l'entourait comme un feu mystique et la soulevait de telle sorte qu'elle semblait marcher dans les airs. Mais les choses arrivent toujours trop tard ou à moitié. Pourquoi toute sa passion aurait-elle été dilapidée et jetée aux vents, de sorte que maintenant qu'un beau jeune homme lui offrait son cœur vierge, elle n'avait rien à donner en échange ? Bertha se disait que même si elle aimait énormément Gérald, bien sûr elle ne l'aimait pas ; c'était un simple garçon !

Elle était un peu nerveuse lors de la rencontre entre lui et Edward ; elle se demandait ce qu'ils penseraient l'un de l'autre, et elle observait... Gérald ! Edward arriva comme une brise de campagne, d'une santé tapageuse, jovial, grand et quelque peu chauve. Miss Ley tremblait de peur qu'il ne renverse sa vaisselle alors qu'il faisait le tour de la pièce. Il l'embrassa sur une joue et Bertha sur l'autre.

« Eh bien, comment allez-vous ?... Et voici mon jeune cousin, hein ? Comment vas-tu? Heureux de vous rencontrer."

Il serra la main de Gerald, le dominant, rayonnant de bonne humeur ; puis il s'assit sur une chaise beaucoup trop petite pour lui, qui grinçait et grommelait sous son poids. Il y a peu de sensations plus amusantes pour une femme que de regarder le mari qu'elle a autrefois adoré et de penser à quel point il est inutile ; mais cela rend la conversation un peu difficile. Miss Ley emporta bientôt Gérald, pensant que mari et femme devraient jouir un peu de cet isolement auquel le mariage les avait indissolublement voués. Bertha attendait, avec un grand inconfort, l'épreuve nécessaire. Elle n'avait rien à dire à Edward et avait très peur qu'il soit sentimental.

"Où séjournes-tu?" elle a demandé.

"Oh, je m'installe à l' *Inns of Court*, j'y vais toujours."

« J'ai pensé que tu aimerais peut-être aller au théâtre ce soir. J'ai une boîte pour que tante Polly et Gerald puissent venir aussi.

"Je suis prêt pour tout ce que tu veux."

"Tu as toujours été l'homme au meilleur caractère", dit Bertha en souriant doucement.

"Vous n'avez quand même pas l'air de vous soucier beaucoup de ma société."

Bertha leva rapidement les yeux. "Qu'est ce qui te fait penser ça?"

"Eh bien, cela fait longtemps que vous revenez à Court Leys," répondit-il en riant.

Bertha était soulagée, car visiblement il ne prenait pas l'affaire au sérieux. Elle n'avait pas le courage de dire qu'elle comptait ne jamais revenir : l'explication sans fin, son émerveillement, l'impossibilité de lui faire comprendre, étaient plus qu'elle ne pouvait supporter.

"Quand revenez-vous? Tu nous manques à tous, comme tout.

"Est-ce que tu?" dit-elle. « Je ne sais vraiment pas. Nous verrons après la saison.

"Quoi? Vous ne venez pas encore quelques mois ?

« Je ne pense pas que Blackstable me convienne très bien. Là-bas, je suis toujours malade.

«Oh, c'est absurde. C'est le meilleur air d'Angleterre. Taux de mortalité pratiquement *nul*.

"Penses-tu que notre vie était très heureuse, Edward?"

Elle le regarda avec inquiétude pour voir comment il réagirait à cette remarque hésitante : mais il fut seulement étonné.

"Heureux? Oui plutôt. Bien sûr, nous avons eu nos petites disputes. Tout le monde le fait. Mais c'était surtout le cas au début, la route était un peu difficile et nous n'avions pas bien crevé nos pneus. Je suis sûr que je n'ai rien à redire.

"C'est bien sûr l'essentiel", dit Bertha.

« Tu es aussi belle que n'importe quoi maintenant. Je ne vois pas pourquoi tu ne devrais pas revenir.

« Eh bien, nous verrons plus tard. Nous aurons tout le temps d'en discuter.

Elle avait peur de prononcer les mots sur le bout de sa langue ; ce serait plus facile par correspondance.

"J'aimerais que vous me donniez une date fixe, afin que je puisse préparer les choses et en parler aux gens."

« Cela dépend de tante Polly ; Je ne peux vraiment pas le dire avec certitude. Je t'écrirai.

Ils gardèrent le silence un moment puis une idée saisit Bertha.

« Que diriez-vous d'aller au Muséum d'Histoire Naturelle ? Tu ne te souviens pas, nous y sommes allés pendant notre lune de miel ? Je suis sûr que cela vous amuserait de le revoir.

"Aimerais-tu aller?" » demanda Edward.

"Je suis sûre que ça t'amuserait," répondit-elle.


Le lendemain, pendant que Bertha faisait ses courses avec son mari, Gerald et Miss Ley étaient assis seuls.

« Êtes-vous très inconsolable sans Bertha ? elle a demandé.

« Complètement misérable ! »

"C'est très impoli avec moi, mon cher garçon."

« Je suis terriblement désolé, mais je ne peux jamais être poli envers plus d'une personne à la fois : et j'ai épuisé toutes mes bonnes manières avec... M. Craddock.

"Je suis heureuse qu'il vous plaise", répondit Miss Ley en souriant.

"Je ne sais pas!"

"C'est un homme très digne."

"Si je n'avais pas vu Bertha depuis six mois, je ne devrais pas l'emmener immédiatement voir des insectes."

"C'était peut-être la suggestion de Bertha."

"Elle doit trouver M. Craddock très ennuyeux si elle préfère les coléoptères noirs et les kangourous empaillés."

"Tu ne devrais pas tirer des conclusions aussi rapides, mon ami."

« Pensez-vous qu'elle l'aime ? »

« Mon cher Gérald, quelle question ! N'est-il pas son devoir de l'aimer, de l'honorer et de lui obéir ?

"Si j'étais une femme, je ne pourrais jamais honorer un homme chauve."

« Ses cheveux sont un peu rares ; mais il a un sens aigu du devoir.

«Je le sais», a crié Gérald. "Cela suinte de lui chaque fois qu'il a chaud, tout comme un chewing-gum."

"C'est un conseiller de comté, il fait des discours sur l'Union Jack et il est vertueux."

«Je le sais aussi. Il sent simplement les dix commandements : ils ressortent partout sur lui, comme des amandes dans un gâteau ivre.

« Mon cher Gerald, Edward est mannequin ; c'est l'Anglais typique tel qu'il s'épanouit dans le pays, droit et honnête, sain, dogmatique, moral – plutôt stupide. Je l'estime énormément, et je devrais l'aimer bien mieux que vous, qui êtes un coquin honteux.

"Je me demande pourquoi tu ne le fais pas."

« Parce que je suis une méchante vieille femme ; et j'ai appris par une longue expérience que les gens gardent généralement leurs vices pour eux, mais s'obstinent à vous jeter leurs vertus à la face. Et si vous n'en possédez pas, vous subirez le pire de la rencontre.

« Je pense que c'est ce qui est si confortable chez toi, tante Polly, que tu n'es pas trop gentille. Vous êtes la charité elle-même.

« Mon cher Gerald, » dit Miss Ley en levant un index réprimandant, « les femmes sont par nature méchantes et intolérantes ; quand on en trouve une qui exerce la charité, cela prouve qu'elle en a très envie elle-même.

Miss Ley était heureuse qu'Edward ne puisse pas rester plus de deux jours, car elle avait toujours peur de le surprendre. Rien n'est plus fastidieux que de discuter avec des personnes qui traitent vos remarques les plus évidentes comme de surprenants paradoxes ; et Edward souffrait également de cette passion pour la discussion, qui est le substitut de la conversation chez le mauvais causeur. Les gens qui ne savent pas parler sont toujours fiers de leur dialectique : ils veulent modifier vos observations banales, et même si vous suggérez que la journée est belle, ils insistent pour argumenter.

Bertha, en présence de son mari, avait éprouvé un singulier malaise ; cela avait été une telle contrainte qu'elle avait eu du mal à lui parler, et elle avait dû se creuser la tête pour trouver des sujets de conversation. Son cœur fut sensiblement allégé lorsqu'elle revint de Victoria après l'avoir accompagné, et cela lui fit un frisson de plaisir d'entendre Gérald sursauter à son arrivée. Il courut vers elle avec des yeux brillants.

« Oh, je suis tellement contente. J'ai à peine eu l'occasion de vous parler ces deux derniers jours.

"Nous avons tout l'après-midi devant nous."

« Allons nous promener, d'accord ?

Bertha accepta et, comme deux camarades d'école, ils sortirent. La journée était chaude et ensoleillée et ils se promenèrent au bord de la rivière. Les rives de la Tamise autour de Chelsea ont une agréable douceur, une légèreté infiniment reconnaissante après la tranquillité du reste de Londres. Les remblais, malgré leur nouveauté, rappellent l'époque où la ville immense était un grand village dispersé, où la chaise à porteurs était un moyen de locomotion et où les dames portaient des patchs et des cerceaux ; quand l'épigramme était à la mode et que la convenance ne l'était pas.

Bientôt, alors qu'ils regardaient l'eau luisante, un bateau à vapeur à un sou s'approcha de la scène voisine et donna une idée à Bertha.

« Voudriez-vous m'emmener à Greenwich ? elle a pleuré. « Tante Polly dîne au restaurant ; nous pouvons dîner au *navire* et revenir en train.

"Par Jupiter, ça va déchirer."

Ils se précipitèrent sur la passerelle et prirent leurs billets ; le bateau partit, et Bertha, haletante, tomba sur un siège. Elle se sentait un peu imprudente, contente d'elle-même et amusée de voir le plaisir démesuré de Gerald.

« J'ai l'impression que nous nous enfuyons », dit-elle en riant ; "Je suis sûr que tante Polly sera terriblement choquée."


Le bateau continuait sa route, s'arrêtant de temps en temps pour prendre des passagers. Ils arrivèrent aux quais chancelants de Millbank, puis aux tourelles de St. John's, aux huit blocs rouges de l'hôpital St. Thomas et aux Chambres du Parlement. Ils passèrent le pont de Westminster et l'immense force de New Scotland Yard, les hôtels et les bâtiments publics qui bordent le Victoria Embankment, les Temple Gardens ; et en face de cette grandeur, du côté du Surrey, se trouvaient les entrepôts et les usines sombres de Lambeth. Au London Bridge, Bertha a découvert un nouvel intérêt pour la scène variée ; elle se tenait à l'avant avec Gérald à ses côtés, sans parler ; ils étaient heureux d'être près les uns des autres. Le trafic devint plus dense et le bateau plus bondé – d' artisans, d'employés, de filles bruyantes, se dirigeant vers l'est jusqu'à Rotherhithe et Deptford. De grands navires marchands s'étendaient au bord de la rivière ou descendaient lentement sous le Tower Bridge ; et puis les larges eaux étaient encombrées de toutes les embarcations imaginables, de barges paresseuses aussi pittoresques avec leurs voiles rouges que les bateaux de pêche de Venise, de petits remorqueurs soufflant et soufflant, de vagabonds océaniques et d'énormes paquets. Et alors qu'ils passaient à bord du penny steamer, ils eurent des images rapides de groupes de garçons nus se vautrant dans la boue de la Tamise ou plongeant depuis le côté d'une barge à charbon ancrée. Une nouvelle atmosphère les enveloppait désormais. Les entrepôts gris qui bordaient le fleuve et les usines annonçaient le commerce d'une nation puissante ; et l'esprit de Charles Dickens donnait aux scènes qui se passaient un nouveau plaisir. Comment pouvaient-ils être prosaïques alors que le grand maître les avait décrits ? Un aimable étranger a donné des noms aux différents lieux.

"Regardez, il y a Wapping Old Stairs."

Et ces mots faisaient vibrer Bertha comme de la poésie. Ils passèrent devant d'innombrables quais et quais, London Dock, les quais de John Cooper et les quais de William Gibbs (qui sont John Cooper et William Gibbs ?), Limehouse Basin et West India Dock. Puis, en faisant un grand tour de rivière, ils entrèrent dans Limehouse Reach ; et bientôt les nobles lignes de l'hôpital, le monument immortel d'Inigo Jones, apparurent, et ils atterrirent à Greenwich Pier.

# Chapitre XXXI

ILS restèrent un moment sur une terrasse surplombant la rivière, à côté de l'hôpital. Immédiatement en dessous, une foule de garçons se baignaient, animée et bruyante, se poursuivant et se baissant, courant de long en large en poussant de nombreux cris et éclaboussant dans la boue.

Le fleuve s'étendait plus largement devant eux. Le soleil jouait sur ses vaguelettes jaunes pour qu'elles brillent d'un éclat d'or. Un remorqueur grogna avec une longue queue de barges, et un énorme Indien des Indes glissa sans bruit. En fin d'après-midi, un air d'aisance et d'espace régnait sur la scène. Le flot majestueux emportait l'esprit, de sorte que le spectateur le suivait en pensée et descendait, à mesure qu'il s'élargissait, avec sa foule de trafic, jusqu'à ce qu'une odeur de mer atteigne les narines, et la rivière, toujours majestueuse, se jette dans la mer. Et les navires allaient vers l'est, l'ouest et le sud, transportant leurs marchandises jusqu'aux extrémités de la terre, vers les terres d'été du sud, peuplées de palmiers et de peuples à la peau sombre, portant le nom et la richesse de l'Angleterre. La Tamise est devenue un emblème de la puissance du puissant empire, et ceux qui la regardaient se sentaient plus forts de sa force et fiers de leur nom et de la gloire intacte de leur race.

Mais Gérald avait l'air triste.

"Dans très peu de temps, cela devra m'éloigner de toi, Bertha."

« Mais pensez à la liberté et à l'immensité. Parfois, en Angleterre, on semble opprimé par le manque de place ; on peut à peine respirer.

"C'est l'idée de te quitter."

Elle posa sa main sur son bras avec une caresse ; puis, pour le tirer de sa tristesse, il lui proposa de marcher.

Greenwich est à moitié Londres, à moitié ville de campagne ; et cette union inattendue lui confère une fascination particulière. Si les quais et docks de Londres conservent encore l'esprit de Charles Dickens, ici c'est la légèreté joyeuse du capitaine Marryat qui remplit l'imagination. Ces récits d'une vie plus libre et de brises marines reviennent au milieu des rues grises, encore peuplées des personnages vifs du *pauvre Jack* . Dans le parc, à côté des ouvriers, des terrassiers des docks voisins, endormis sur l'herbe, ou regardant les garçons jouer au grillon primitif, se voient des vieillards fantastiques qui auraient ravi la plume grotesque du marin romancier.

Bertha et Gerald s'assirent sous les arbres, observant les gens jusqu'à ce qu'il se fasse tard, puis retournèrent au *navire* pour le dîner. Cela les amusait énormément de s'asseoir dans le vieux café et d'être servis par un garçon noir, qui vantait absurdement les différents plats.

« Nous ne serons pas économes aujourd'hui », s'écria Bertha. «Je me sens complètement imprudent.»

"Cela enlève tout le plaisir si l'on compte le coût."

"Eh bien, pour une fois, soyons stupides et oublions le lendemain."

Et ils burent du champagne, qui est pour les femmes et les garçons le summum de la dissipation et de la magnificence. Bientôt, les yeux verts de Gérald brillèrent plus vivement et Bertha rougit devant leur regard ardent.

«Je n'oublierai jamais aujourd'hui, Bertha», dit Gérald. "Tant que je vivrai, j'y repenserai avec regret."

"Oh, ne pense pas que cela doive prendre fin, sinon nous serons tous les deux malheureux."

"Tu es la plus belle femme que j'ai jamais vue."

Bertha rit, montrant ses dents exquises, et était heureuse que ses propres connaissances lui disent qu'elle était à son meilleur.

« Mais reviens sur la terrasse et fume-y. Nous regarderons le coucher du soleil.

Ils étaient assis seuls et le soleil se couchait déjà. Les lourds nuages de l'ouest étaient d'un rouge riche et vif, et au-dessus de la rivière les briques et le mortier se détachaient en masses noires d'encre. C'était un coucher de soleil qui convenait singulièrement à la scène, combinant des couleurs audacieuses avec la force de la rivière. Les vaguelettes troubles dansaient comme de petites flammes de feu.

Bertha et les jeunes étaient assis en silence, très heureux, mais avec le regret qui leur rongeait le cœur que leur heure de joie n'aurait pas de lendemain. La nuit tomba et les étoiles brillèrent une à une. La rivière coulait sans bruit, avec repos ; et autour d'eux scintillaient les lumières des villes riveraines. Ils ne parlèrent pas, mais Bertha savait que le garçon pensait à elle et désirait l'entendre le dire.

"A quoi penses-tu, Gérald?"

« À quoi devrais-je penser, sinon à toi… et à cela, je dois te quitter.

Bertha ne pouvait s'empêcher du plaisir exquis que lui procuraient ses paroles : c'était si délicieux d'être vraiment aimée, et elle savait que son amour était réel. Elle tourna son visage, de sorte qu'il vit ses yeux sombres, plus sombres dans la nuit.

« J'aurais aimé ne pas m'être ridiculisé avant », murmura-t-il. «Je pense que tout cela était horrible; tu m'as fait tellement honte.

« Oh, Gerald, tu ne te souviens pas de ce que j'ai dit l'autre jour ? Je ne voulais pas te blesser. Depuis, je suis vraiment désolé.

"Je souhaite que tu m'aimais. Oh, Bertha, ne m'arrête pas maintenant. Je l'ai gardé si longtemps et je n'en peux plus. Je ne veux pas partir sans te le dire.

"Oh, mon cher Gerald, ne le fais pas", dit Bertha, sa voix presque brisée. « Cela ne sert à rien, et nous serons tous les deux terriblement malheureux. Ma chérie, tu ne sais pas à quel point je suis plus âgée que toi. Même si je n'étais pas marié, il nous serait impossible de nous aimer.

"Mais je t'aime de tout mon cœur."

Il lui saisit les mains et les serra, et elle ne fit aucun effort pour résister.

"Tu ne m'aimes pas du tout?" Il a demandé.

Bertha ne répondit pas et il se pencha plus près pour la regarder dans les yeux. Puis, lui laissant les mains, il l'entoura de ses bras et la serra contre son cœur.

«Berthe, Berthe!» Il l'embrassa passionnément. "Oh, Bertha, dis que tu m'aimes. Cela me rendrait tellement heureux.

"Mon chéri," murmura-t-elle, et prenant sa tête dans sa main, elle l'embrassa.

Mais le baiser qu'elle avait reçu lui avait enflammé le sang et elle ne pouvait plus résister maintenant à faire ce qu'elle avait souhaité. Elle l'embrassa sur les lèvres et sur les yeux, et elle embrassa ses cheveux bouclés. Mais enfin, elle s'arracha et se leva d'un bond.

« Quels imbéciles nous sommes ! Allons à la gare, Gerald ; il se fait tard.

"Oh, Bertha, ne pars pas encore."

"Nous devons. Je n'ose pas rester.

Il essaya de la prendre dans ses bras, la suppliant avec empressement de rester.

"S'il te plaît, ne le fais pas, Gerald," dit-elle. «Ne me demande pas, tu me rends trop malheureux. Ne voyez-vous pas à quel point c'est désespéré ? A quoi sert de s'aimer les uns les autres ? Vous partez dans une semaine et nous ne nous reverrons plus jamais. Et même si tu restais, je suis marié, j'ai vingt-six ans et tu n'en as que dix-neuf. Ma chérie, nous ne devrions que nous rendre ridicules.

« Mais je ne peux pas partir. Qu'est-ce que ça m'importe si tu es plus âgé que moi ? Et ce n'est rien si vous êtes mariée : vous ne vous souciez pas de votre mari et il ne se soucie pas de vous.

"Comment savez-vous?"

«Oh, je l'ai vu. Je me sentais tellement désolé pour toi.

« Toi, mon cher garçon ! murmura Bertha, presque en pleurant. «J'ai été terriblement malheureux. C'est vrai, Edward ne m'a jamais aimé – et il ne m'a pas très bien traité. Oh, je n'arrive pas à comprendre comment j'ai pu tenir à lui.

"Je suis heureux."

«Je ne me permettrai plus jamais de retomber amoureux. J'ai trop souffert.

« Mais je t'aime de tout mon cœur, Bertha ; tu ne le vois pas ? Oh, ce n'est pas ce que j'ai ressenti auparavant ; c'est quelque chose d'assez nouveau et différent. Je ne peux pas vivre sans toi, Bertha. Oh, laisse-moi rester.

"C'est impossible. Partez maintenant, ma chère ; nous sommes ici depuis trop longtemps.

"Embrasse moi encore."

Bertha, moitié souriante, moitié en larmes, passa ses bras autour de son cou et embrassa ses lèvres douces et enfantines.

«Tu es bon avec moi», murmura-t-il.

Puis ils se dirigèrent vers la gare en silence ; et a finalement atteint Chelsea. À la porte de l'appartement, Bertha lui tendit la main et Gérald la regarda avec une tristesse qui lui brisa presque le cœur, puis il lui toucha simplement les doigts et se détourna.

Mais lorsque Bertha fut seule dans sa chambre, elle se jeta à terre et fondit en larmes. Car elle savait enfin qu'elle l'aimait ; Les baisers de Gérald brûlaient toujours sur ses lèvres et le contact de ses mains tremblait sur ses bras. Soudain, elle comprit qu'elle s'était trompée ; c'était plus que l'amitié qui tenait son cœur comme dans un étau ; c'était plus que de l'affection ; c'était un amour passionné et véhément.

Pendant un instant, elle fut ravie, mais se rappela rapidement qu'elle était mariée, qu'elle avait des années de plus que lui : pour un garçon de dix-neuf ans, une femme de vingt-six ans doit paraître presque d'âge moyen. Elle saisit un verre et se regarda ; elle l'exposa à la lumière pour que l'examen soit plus approfondi, et scruta son visage à la recherche de rides et de pattes d'oie, signes d'une jeunesse qui s'éloignait.

«C'est absurde», dit-elle. "Je me ridiculise complètement."

Gerald pensait seulement qu'il l'aimait, dans une semaine il serait amoureux d'une fille qu'il aurait rencontrée sur le bateau à vapeur. Mais en pensant à son amour, Bertha ne pouvait plus douter que maintenant, en tout cas, il soit réel ; elle savait mieux que personne ce qu'était l'amour. Elle exultait à l'idée que c'était lui le véritable amour et le comparait à la flamme blafarde de son mari. Gérald l'aimait de tout son cœur, de toute son âme ; il tremblait de désir à son contact et sa passion était une agonie qui lui blanchissait la joue. Elle ne pouvait pas se méprendre sur le désir ardent de ses yeux. Ah, c'était l'amour qu'elle voulait : l'amour qui tue et l'amour qui engendre. Comment pouvait-elle regretter qu'il l'aimait ? Elle se leva, étendant les bras en signe de triomphe, et dans la pièce vide, ses lèvres formèrent les mots :

« Viens, ma bien-aimée, viens, car je t'aime !


Mais la matinée apporta une dépression intolérable. Bertha comprit alors la futilité de son amour : son mariage, son départ, le rendaient impossible ; la disparité d'âge le rendait même grotesque. Mais elle ne pouvait pas atténuer les douleurs de son cœur, elle ne pouvait pas retenir ses larmes.

Gérald arriva à midi et la trouva seule. Il s'approcha presque timidement.

"Tu as pleuré, Bertha."

«J'ai été très malheureuse», a-t-elle déclaré. "Oh, s'il te plaît, Gerald, oublie notre idiotie d'hier. Ne me dis rien que je ne dois pas entendre.

"Je ne peux m'empêcher de t'aimer."

« Ne voyez-vous pas que tout cela est une pure folie !

Elle était en colère contre elle-même de l'aimer, en colère contre Gérald parce qu'il avait éveillé en elle une passion qui la faisait se mépriser. Cela lui semblait horrible et contre nature qu'elle soit prête à se jeter dans les bras d'un garçon dissolu, et cela la rabaissait dans sa propre estime. Il capta l'expression de ses yeux et quelque chose de sa signification.

« Oh, ne me regarde pas comme ça, Bertha. On dirait que tu me détestes presque.

Elle répondit gravement : « Je t'aime de tout mon cœur, Gérald ; et j'ai honte.

"Comment peux-tu!" s'écria-t-il avec une telle douleur dans la voix que Bertha ne put la supporter.

«Tout cela est horrible», gémit-elle. « Pour l'amour de Dieu, essayons de l'oublier. Je n'ai réussi qu'à vous rendre tout à fait malheureux. Le seul remède est de se séparer rapidement.

« Je ne peux pas te quitter, Bertha. Laisse moi rester."

"C'est impossible. Vous devez y aller, maintenant plus que jamais.

Ils furent interrompus par l'apparition de Miss Ley, qui commença à parler ; mais à sa grande surprise, ni Bertha ni Gerald ne montrèrent leur vivacité habituelle.

« Qu'avez-vous tous les deux aujourd'hui ? elle a demandé. "Vous êtes exceptionnellement attentif à mes observations."

"Je suis plutôt fatiguée", dit Bertha, "et j'ai mal à la tête."

Miss Ley regarda Bertha de plus près et crut qu'elle avait pleuré ; Gérald semblait également profondément malheureux. Sûrement... Alors la vérité lui apparut, et elle put à peine réprimer son étonnement.

"Bonté divine!" elle pensa : « Je devais être aveugle. Quelle chance qu'il s'en aille dans une semaine !

Miss Ley se souvenait maintenant d'une douzaine d'événements qui lui avaient échappé et était absolument confuse.

"Ma parole," pensa-t-elle, "je ne crois pas qu'on puisse mettre une femme de soixante-dix ans pendant cinq minutes en compagnie d'un garçon de quatorze ans sans qu'ils ne commettent des ennuis."

La semaine pour Gerald et Bertha se passa avec une rapidité terrible. Ils n'avaient guère un moment seuls, car Miss Ley, sous prétexte de faire l'éloge de son neveu, organisait de petites fêtes de plaisir, afin que tous trois puissent être continuellement ensemble.

« Il faut vous gâter un peu avant de partir ; et le mal que cela vous fera sera réparé par le balancement du bateau.

Et même si Bertha était tourmentée, elle avait la force d'éviter toute nouvelle rencontre avec Gerald. Elle n'osait pas le voir seule et était reconnaissante envers Miss Ley d'avoir mis des obstacles sur son chemin. Elle savait que son amour était impossible, mais aussi incontrôlable. Cela la faisait se mépriser complètement. Bertha avait été un peu fière de sa droiture, de son affranchissement de toute émotion dégradante. Et cet autre amour pour son mari avait été un esclavage si intolérable que, lorsqu'il s'éteignit, le sentiment de liberté lui parut la chose la plus délicieuse de la vie. Elle avait juré de ne jamais, en aucune circonstance, s'exposer aux souffrances qu'elle avait endurées autrefois. Mais cette nouvelle passion l'avait prise par surprise, et avant qu'elle ne se rende compte du danger, Bertha se retrouva liée et emprisonnée. Elle essaya de raisonner cet engouement, mais sans succès ; Gérald n'était jamais absent de ses pensées. L'amour l'avait envahie comme la folie soudaine avec laquelle les dieux d'autrefois affligeaient ceux qui les avaient irrités. C'était un feu insensé dans le sang, irrésistible malgré toute l'horreur qu'il suscitait, comme cette passion qui distrayait Phèdre pour le fils de Thésée.

La tentation est venue de demander à Gerald de rester. S'il restait en Angleterre, ils pourraient laisser libre cours à leur passion et la laisser mourir d'elle-même ; et c'est peut-être le seul moyen de le tuer. Mais Bertha n'osait pas. Et c'était terrible de penser qu'il l'aimait, et qu'elle devait continuellement l'affliger. Elle le regardait dans les yeux, croyant y voir la douleur d'un cœur brisé ; et son chagrin était plus que ce qu'elle pouvait supporter. Alors une plus grande tentation l'assaille. Il y a une manière par laquelle une femme peut lier un homme à elle pour toujours, il y a un lien qui est indissoluble ; sa chair même criait, et elle tremblait à l'idée de pouvoir faire à Gérald le cadeau inestimable de sa personne. Alors il pourrait partir, mais cela se serait passé entre eux et cela ne pourrait pas être défait ; ils pourraient être séparés par dix mille milles, mais ils seraient toujours réunis. Sinon, comment pourrait-elle lui prouver son merveilleux amour, comment pourrait-elle lui montrer son incommensurable gratitude ? La tentation était puissante, sans cesse récurrente ; et elle était très faible. Cela l'assaillait avec toute la violence de sa fervente imagination. Elle le repoussait avec colère, elle le détestait de tout son cœur, mais elle ne pouvait réprimer l'effroyable espoir qu'il pourrait s'avérer trop fort.

# Chapitre XXXII

La dernière fois, Gérald n'avait qu'un jour de plus. Les fiançailles de longue date de Bertha et de Miss Ley l'obligèrent à prendre congé d'elles de bonne heure, car il partit de Londres à sept heures du matin.

"Je suis terriblement désolée que vous ne puissiez pas passer votre dernière soirée avec nous", a déclaré Miss Ley. "Mais les Trevor-Jones ne nous pardonneront jamais si nous n'allons pas à leur dîner."

"Bien sûr, c'était de ma faute si je ne l'avais pas su avant, lorsque j'ai navigué."

« Que vas-tu faire de toi ce soir, misérable ?

"Oh, je vais avoir un dernier buste impie."

"J'ai bien peur que tu sois très heureux que nous ne puissions pas nous occuper de toi pendant une nuit."

Peu après, Miss Ley, regardant sa montre, dit à Bertha qu'il était temps de s'habiller. Gérald se leva et, embrassant Miss Ley, la remercia de sa gentillesse.

« Mon cher garçon, s'il te plaît, ne sentimentalise pas. Et tu ne pars pas pour toujours. Vous êtes sûr de faire tout un gâchis et de revenir – les Ley le font toujours.

Puis Gérald se tourna vers Bertha et lui tendit la main.

« Vous avez été terriblement bon avec moi, » dit-il en souriant ; mais il y avait dans ses yeux un regard ferme, qui semblait vouloir lui faire comprendre quelque chose. "Nous avons vécu des moments déchirants ensemble."

« J'espère que vous ne m'oublierez pas complètement. Nous vous avons certainement évité des ennuis.

Miss Ley les regardait, admirant leur sang-froid. Elle pensait qu'ils avaient très bien pris leur séparation.

« J'ose dire que ce n'était qu'un petit flirt et pas très sérieux. Bertha est tellement plus âgée que lui et si sensée qu'il est peu probable qu'elle se soit ridiculisée.

Mais elle devait aller chercher le cadeau qu'elle avait préparé pour Gérald.

"Attends juste un instant, Gerald," dit-elle. "Je veux obtenir quelque chose."

Elle quitta la pièce et aussitôt le garçon se pencha en avant.

« Ne sors pas ce soir, Bertha. Je dois te revoir.

Avant que Bertha ne puisse répondre, Miss Ley appela depuis le couloir.

"Au revoir", dit Gérald à voix haute.

"Au revoir, j'espère que vous ferez un bon voyage."

« Voici un petit cadeau pour vous, Gerald », dit Miss Ley lorsqu'il fut dehors. « Vous êtes terriblement extravagant, et comme c'est la seule vertu que vous avez, je pense que je devrais l'encourager. Et si tu veux de l'argent à tout moment, je peux toujours rassembler quelques guinées, tu sais.

Elle lui mit dans la main deux billets de cinquante livres puis, comme si elle avait honte d'elle-même, l'emporta dehors. Elle est allée dans sa chambre ; et après s'être inquiétée assez sérieusement pendant les six mois suivants, pour un objet tout à fait indigne, elle commença à se sentir remarquablement contente. Au bout d'une heure, Miss Ley revint au salon pour attendre Bertha, qui entra bientôt, habillée, mais horriblement pâle.

« Oh, tante Polly, je ne peux tout simplement pas venir ce soir. J'ai un terrible mal de tête ; Je peux à peine voir. Vous devez leur dire que je suis désolé, mais je suis trop malade.

Elle se laissa tomber sur une chaise et posa la main sur son front en gémissant de douleur. Miss Ley haussa les sourcils ; l'affaire était évidemment plus grave qu'elle ne le pensait. Cependant, le danger était désormais écarté ; cela faciliterait Bertha de rester à la maison et de le crier. Elle trouvait courageux de sa part de s'être habillée.

« Vous n'aurez pas de dîner », dit-elle. "Il n'y a rien dans cet endroit."

"Oh, je ne veux rien manger."

Miss Ley exprima son inquiétude et, promettant de présenter des excuses, s'en alla. Bertha sursauta lorsqu'elle entendit la porte se fermer et se dirigea vers la fenêtre. Elle chercha Gérald du regard, craignant qu'il ne soit déjà là ; il était imprudent et impatient : mais si Miss Ley le voyait, ce serait fatal. La voiture s'éloigna et Bertha respira plus librement. Elle ne pouvait pas s'en empêcher ; elle aussi sentait qu'elle devait le voir. S'ils devaient se séparer, cela ne pourrait pas se faire sous les yeux froids de Miss Ley.

Elle attendait à la fenêtre, mais il ne venait pas. Pourquoi a-t-il tardé ? Il perdait leurs quelques précieuses minutes ; il était déjà huit heures passées. Elle parcourut la pièce et regarda de nouveau, mais il n'était toujours pas en vue. Elle crut que, pendant qu'elle le regardait, il ne viendrait pas, et se força à lire. Mais comment pourrait-elle ! De nouveau, elle regarda par la fenêtre ; et cette fois, Gérald était là. Il se tenait sous le porche de la maison d'en face, levant les yeux ; et aussitôt il l'aperçut, traversa la rue. Elle se dirigea vers la porte et l'ouvrit doucement alors qu'il montait à l'étage.

Il se glissa comme s'il était un voleur, et ils entrèrent sur la pointe des pieds dans le salon.

"Oh, c'est si gentil de ta part," dit-il. « Je ne pouvais pas te laisser comme ça. Je savais que tu resterais.

« Pourquoi as-tu attendu si longtemps ? Je pensais que tu ne viendrais jamais.

« Avant, je n'osais pas prendre de risques. J'avais peur que quelque chose n'arrête Tante Polly.

«J'ai dit que j'avais mal à la tête. Je me suis habillé pour qu'elle ne se doute de rien.

La nuit tombait et ils s'assirent ensemble dans la pénombre. Gérald lui prit les mains et les embrassa.

« Cette semaine a été horrible. Je n'ai jamais eu l'occasion de te dire un mot. Mon cœur s'est brisé.

"Ma chérie."

"Je me demandais si tu étais désolé que je parte."

Elle le regarda et essaya de sourire ; déjà, elle ne pouvait pas se permettre de parler.

« Chaque jour, je pensais que tu me dirais d'arrêter et tu ne l'as jamais fait — et maintenant il est trop tard. Oh, Bertha, si tu m'aimais, tu ne me renverrais pas.

«Je pense que je t'aime trop. Ne vois-tu pas qu'il vaut mieux que nous nous séparions ?

"Je n'ose pas penser à demain."

"Tu es si jeune; dans peu de temps, tu tomberas amoureux de quelqu'un d'autre. Ne vois-tu pas que je suis vieux ?

"Mais je t'aime. Oh, j'aimerais pouvoir te faire croire. Bertha, Bertha, je ne peux pas te quitter. Je t'aime trop."

« Pour l'amour de Dieu, ne parlez pas comme ça. C'est déjà assez dur à supporter — ne rends pas les choses plus difficiles.

La nuit était tombée, et par la fenêtre ouverte la brise d'été entrait, et la douceur de l'air était comme un baiser. Ils étaient assis côte à côte en silence, le garçon tenant la main de Bertha ; ils ne pouvaient pas parler, car les mots étaient impuissants à exprimer ce qu'il y avait dans leur cœur. Mais bientôt une étrange ivresse les saisit, et le mystère de la passion les enveloppa invisiblement. Bertha sentit le tremblement de la main de Gérald, et il passa dans la sienne. Elle frémit et essaya de se retirer, mais il ne voulut pas le lâcher. Le silence devint soudain intolérable : Bertha essaya de parler, mais sa gorge était sèche et elle ne pouvait prononcer aucun mot.

Une faiblesse lui envahit les membres et son cœur battait douloureusement. Son regard croisa celui de Gerald, et ils se détournèrent instantanément, comme s'ils étaient pris dans un crime. Bertha commença à respirer plus vite. Le désir intense de Gerald s'enfonça dans son âme ; elle n'osait pas bouger. Elle essaya d'implorer l'aide de Dieu, mais elle n'y parvint pas. La tentation qui l'avait terrifiée toute la semaine revenait avec une double force, la tentation qu'elle abhorrait, mais à laquelle elle avait un horrible désir de ne pas résister.

Et maintenant, elle demandait ce que cela importait. Ses forces diminuaient et Gérald n'avait plus qu'à dire un mot. Et maintenant, elle voulait qu'il dise le mot ; il l'aimait et elle l'aimait passionnément. Elle céda ; elle ne voulait plus résister. Elle tourna son visage vers Gérald ; elle se pencha vers lui, les lèvres entrouvertes.

« Bertha », murmura-t-il, et ils étaient presque dans les bras l'un de l'autre.

Mais un beau bruit perça le silence ; ils ont reculé et ont écouté. Ils entendirent une clé entrer dans la porte d'entrée et la porte s'ouvrit.

« Faites attention », murmura Bertha en repoussant Gérald.

"C'est tante Polly."

Bertha montra l'interrupteur électrique et, comprenant, Gerald alluma la lumière. Il chercha instinctivement un moyen de s'échapper, mais Bertha, avec la rapidité de l'invention d'une femme, se précipita vers la porte et l'ouvrit brusquement.

« Est-ce vous, tante Polly ? » elle a pleuré. « Quelle chance que vous soyez revenu ; Gerald est là pour nous dire définitivement au revoir.

"Il fait autant d'adieux qu'une *prima donna* ", a déclaré Miss Ley.

Elle entra, un peu essoufflée, avec deux taches rouges sur les joues.

"Je pensais que cela ne vous dérangerait pas si je venais ici pour attendre votre retour", a déclaré Gerald. "Et j'ai trouvé Bertha."

"Comme c'est drôle que nos pensées aient dû être identiques", a déclaré Miss Ley. "J'ai pensé que tu pourrais venir, alors je me suis dépêché de rentrer chez moi aussi vite que possible."

« Vous êtes à bout de souffle, dit Bertha.

Miss Ley se laissa tomber sur une chaise, épuisée. Alors qu'elle mangeait son poisson et discutait avec un voisin, elle se rendit soudain compte que le malaise de Bertha était présumé.

« Oh, quel idiot je suis ! Ils m'ont trompé comme si j'étais un enfant... Bon Dieu, que font-ils maintenant ?

Le dîner parut interminable, mais aussitôt après elle prit congé de son hôtesse étonnée et donna l'ordre au cocher de conduire furieusement. Elle est arrivée, s'insurgeant contre la tromperie de la race humaine. Elle n'avait jamais monté les escaliers aussi vite.

"Comment va ton mal de tête, Bertha?"

« Merci, c'est beaucoup mieux. Gerald l'a chassé.

Cette fois, les adieux de Miss Ley à la jeunesse précoce furent plutôt froids ; elle était profondément reconnaissante que son bateau ait appareillé le lendemain matin.

«Je vais vous faire sortir, Gerald», dit Bertha. "Ne vous inquiétez pas, tante Polly, vous devez être terriblement fatiguée."

Ils entrèrent dans le couloir et Gérald enfila son manteau. Il tendit la main à Bertha sans parler, mais elle, jetant un coup d'œil au salon, lui fit signe de la suivre et se glissa hors de la porte d'entrée. Il n'y avait personne dans les escaliers. Elle passa ses bras autour de son cou et pressa ses lèvres contre les siennes. Elle n'essayait pas de cacher sa passion maintenant ; elle le serra contre son cœur, et leurs âmes volèrent à leurs lèvres et se mêlèrent. Leur baiser était un ravissement, une folie ; c'était une extase indescriptible, leurs sens étaient impuissants à contenir leur plaisir. Bertha se sentait sur le point de mourir. Dans le bonheur, dans l'agonie, son esprit s'est affaibli et elle a chancelé ; Gerald la serra plus étroitement contre lui.

Mais il y eut le bruit de quelqu'un qui montait les escaliers. Elle s'est arrachée.

« Au revoir, pour toujours », murmura-t-elle et, se glissant à l'intérieur, elle ferma la porte entre eux.

Elle tomba à demi évanouie, mais, effrayée, se releva péniblement et se traîna jusqu'à sa chambre. Ses joues brillaient et ses membres tremblaient, le baiser ravissait toujours tout son être. Oh, maintenant il était trop tard pour la prudence ! Que lui importait son mariage ? qu'importe que Gerald soit plus jeune qu'elle ! Elle l'aimait, elle l'aimait follement ; le présent était là avec sa joie infinie, et si l'avenir apportait du malheur, cela valait la peine de souffrir. Elle ne pouvait pas le laisser partir ; il était à elle, elle étendit les bras pour le prendre dans ses bras. Elle abandonnerait tout. Elle lui dirait de rester ; elle le suivrait jusqu'au bout du monde. Il était désormais trop tard pour avoir une raison.

Elle arpentait sa chambre avec enthousiasme. Elle regarda la porte ; elle avait maintenant une folle envie d'aller vers lui, de tout abandonner pour lui. Son honneur, son bonheur, sa position n'étaient précieux que parce qu'elle pouvait les sacrifier pour lui. Il était sa vie et son amour, il était son corps et son âme. Elle écoutait à la porte ; Miss Ley allait regarder, et elle n'osait pas y aller.

«J'attendrai», dit Bertha.

Elle essaya de dormir, mais n'y parvint pas. La pensée de Gerald la distrayait. Elle s'assoupit et sa présence devint plus distincte. Il semblait être dans la pièce et elle s'écria : « Enfin, ma chérie, enfin ! Elle se réveilla et lui tendit les mains ; elle ne pouvait pas se rendre compte qu'elle avait rêvé, qu'il n'y avait rien.

Puis le jour arriva, sombre et gris au début, mais s'éclairant avec le brillant matin d'été ; le soleil brillait à sa fenêtre et les rayons du soleil dansaient dans la pièce. Maintenant, les instants étaient très rares, il fallait qu'elle se décide rapidement – et les rayons du soleil parlaient de la vie, du bonheur et de la gloire de l'inconnu. Oh, quelle sotte elle a été de gâcher sa vie, de gâcher sa chance de bonheur – quelle faiblesse de ne pas saisir l'amour jeté sur son chemin ! Elle pensa à Gerald faisant ses valises et descendant, au train traversant à toute vitesse la campagne estivale. Son amour était irrésistible. Elle se leva, se baigna et s'habilla. Il était six heures passées lorsqu'elle sortit de la pièce et descendit les escaliers. La rue était vide comme la nuit ; mais le ciel était bleu et l'air frais et doux, elle prit une longue inspiration et se sentit curieusement exaltée. Elle marcha jusqu'à trouver un taxi et dit au chauffeur de se rendre rapidement à Euston. Le fiacre avançait lentement et elle était dans une agonie d'impatience. Et si elle arrivait trop tard ? Elle a dit à l'homme de se dépêcher.

Le train de Liverpool était assez plein ; mais Bertha remontant la plate-forme bondée aperçut rapidement Gérald. Il bondit vers elle.

«Bertha, tu es venue. J'étais certain que tu ne me laisserais pas partir sans te voir.

Il lui prit les mains et la regarda avec des yeux pleins d'amour.

"Je suis tellement content que tu sois venu", dit-il enfin. "Je veux... je veux te demander pardon."

"Que veux-tu dire?" murmura Bertha, et soudain elle ressentit une peur terrible qui lui serra le cœur avec une douleur insupportable.

« J'ai pensé à toi toute la nuit et j'ai terriblement honte de moi. Je dois vous dire à quel point je suis désolé de vous avoir causé du malheur. J'étais égoïste et brutal; Je ne pensais qu'à moi. J'avais oublié combien tu avais à perdre. S'il te plaît, pardonne-moi, Bertha.

"Oh, Gérald, Gérald."

« Je te serai toujours reconnaissante, Bertha. Je sais que j'ai été une bête, mais maintenant je vais tourner une nouvelle page. Vous voyez, vous m'avez réformé après tout.

Il essaya de sourire avec son ancienne manière légère ; mais ce fut une très mauvaise tentative. Bertha le regarda. Elle voulait lui dire qu'elle l'aimait de tout son cœur et qu'elle était prête à l'accompagner jusqu'au bout du monde ; mais les mots restèrent dans sa gorge.

« Je ne sais pas ce qui m'est arrivé », a-t-il déclaré, « mais il me semble que je vois tout maintenant si différemment. Bien sûr, il vaut mieux que je m'en aille ; mais c'est terriblement dur.

Un inspecteur est venu vérifier les billets. « Est-ce que la dame y va ?

«Non», dit Gérald; puis, une fois l'homme décédé : « Tu ne m'oublieras pas, Bertha, n'est-ce pas ? Vous ne penserez pas du mal de moi ; J'ai perdu la tête. Je n'ai réalisé qu'hier soir que je voulais te faire le plus grand mal. Je n'ai pas compris que j'aurais dû te ruiner, toi et toute ta vie.

Enfin, Bertha se força à parler. Le temps passait vite et elle ne comprenait pas ce qui se passait dans la tête de Gerald.

"Si tu savais combien je t'aime!" elle a pleuré.

Il n'avait qu'à lui demander de partir et elle partirait. Mais il n'a pas demandé. Était-il déjà en train de se repentir ? Son amour était-il déjà en déclin ? Bertha essaya de se faire parler à nouveau, mais n'y parvint pas. Pourquoi n'a-t-il pas répété qu'il ne pouvait pas vivre sans elle !

« Prenez vos places, s'il vous plaît ! Prenez vos places, s'il vous plaît !

Un garde courait le long de la plate-forme. « Sautez, monsieur. Juste derrière!"

«Au revoir», dit Gérald. "Puis-je vous écrire?"

Elle secoua la tête. Il était trop tard maintenant.

« Sautez, monsieur. Sautez dedans.

Gérald l'embrassa rapidement et monta dans la voiture.

"Tout de suite!"

Le garde a sifflé et agité un drapeau, et le train est sorti lentement de la gare.

# Chapitre XXXIII

MISS Ley fut très alarmée lorsqu'elle se leva et découvrit que Bertha avait pris l'avion.

« Ma parole, je pense que la Providence se comporte de manière scandaleuse. Ne suis-je pas une femme d'âge moyen inoffensive qui s'occupe de mes propres affaires ? qu'ai-je fait pour mériter ces chocs ?

Elle soupçonnait que sa nièce était allée à la gare ; mais le train partait à sept heures et il était dix heures. Elle sursauta positivement quand il lui vint à l'esprit que Bertha aurait pu s'enfuir : et comme une nuée d'abominables petits démons lui vinrent les pensées des scènes qu'elle devrait subir si tel était le cas, l'écriture de la nouvelle à Edward, sa consternation, le réconfort qu'elle doit administrer, la fureur du père de Gérald, l'hystérie de sa mère.

« Elle ne peut pas avoir fait quelque chose d'aussi stupide », s'écria-t-elle, distraite. « Mais si les femmes peuvent se ridiculiser, elles le font toujours ! »

Miss Ley fut extraordinairement soulagée lorsqu'elle entendit enfin Bertha entrer et se rendre dans sa chambre.

Bertha était restée longtemps immobile sur l'estrade, regardant devant elle d'un air hagard, stupéfaite. À l'excitation des heures précédentes succédait un vide total ; Gerald se dirigeait à toute vitesse vers Liverpool et elle était toujours à Londres. Elle sortit de la gare et se tourna vers Chelsea. Les rues étaient interminables et elle était déjà fatiguée ; presque évanouie, elle se traîna. Elle ne connaissait pas le chemin et errait désespérément, à peine consciente. A Hyde Park, elle s'assit pour se reposer, se sentant complètement épuisée ; mais la lassitude de son corps soulageait les terribles douleurs de son cœur. Elle repartit au bout d'un moment ; il ne lui est jamais venu à l'esprit de prendre un taxi et elle a fini par venir à Eliot Mansions. Le soleil était devenu brûlant et lui brûlait le sommet de la tête avec d'horribles tortures. Bertha rampa jusqu'à sa chambre et, se jetant sur le lit, fondit en larmes d'une amère angoisse. Elle pleurait désespérément et serrait les mains.

"Oh," s'écria-t-elle enfin, "j'ose dire qu'il valait aussi rien que l'autre."

Miss Ley envoya demander si elle voulait manger, mais Bertha avait maintenant vraiment un violent mal de tête et ne pouvait rien toucher. Elle passa toute la journée à l'agonie, à peine capable de réfléchir, désespérée. Parfois elle se reprochait d'avoir renié Gérald lorsqu'il lui demandait de le laisser rester, elle avait volontairement perdu le bonheur qui était à sa portée : et puis, avec un dégoût de sentiment, elle répétait qu'il ne valait rien. Les heures mornes passaient, et quand la nuit arrivait, Bertha avait à peine la force de se déshabiller ; et ce n'est que le matin qu'elle se reposa. Mais le premier courrier apportait une lettre d'Edward, réitérant son souhait qu'elle retourne à Court Leys. Elle le lisait avec indifférence.

"C'est peut-être la meilleure chose à faire", gémit-elle.

Elle détestait Londres désormais et son appartement ; les pièces doivent être horriblement nues sans la joyeuse présence de Gérald. Retourner à Court Leys semblait être la seule issue qui lui restait, et là au moins elle aurait le calme et la solitude. Elle pensait presque avec envie au rivage désolé, aux marais et à la mer morne ; elle voulait du repos et du silence. Mais si elle partait, elle ferait mieux de partir immédiatement ; rester à Londres ne faisait que prolonger son malheur.

Bertha se leva, s'habilla et alla chez Miss Ley ; son visage était d'une pâleur mortelle et ses yeux étaient lourds et rouges de pleurs. Épuisée, elle n'a fait aucune tentative pour cacher son état.

« Je vais à Court Leys aujourd'hui, tante Polly. Je pense que c'est la meilleure chose que je puisse faire.

"Edward sera très heureux de vous voir."

"Je pense qu'il le fera."

Miss Ley hésita en regardant Bertha.

« Vous savez, Bertha, dit-elle après une pause, dans ce monde, il est très difficile de savoir quoi faire. On a du mal à distinguer le bien du mal, mais en réalité, ils se ressemblent souvent tellement... Je pense toujours que ces gens chanceux qui se contentent de respecter, sans aucun doute, les dix commandements, sachant exactement comment se comporter, et soutenus par l'espoir du paradis d'une part, et par la peur d'un diable aux pieds fourchus et armé de tenailles, *de l'*autre . mer sans boussole. La raison et l'instinct disent une chose, et les conventions en disent une autre. Mais le pire dans tout cela, c'est que la conscience a été élevée dans le Décalogue et nourrie dans le feu de l'enfer – et que la conscience a le dernier mot. J'ose dire que c'est lâche, mais c'est certainement discret, d'en tenir compte. C'est comme une salade de homard ; ce n'est pas vraiment immoral d'en manger, mais cela risque fort de donner une indigestion... Il faut être très sûr de soi pour aller à l'encontre de la vision ordinaire des choses ; et si ce n'est pas le cas, il vaut peut-être mieux ne courir aucun risque, mais simplement suivre le même vieux chemin sûr que le troupeau commun. Ce n'est pas exaltant, ce n'est pas courageux et c'est plutôt ennuyeux ; mais c'est extrêmement sûr.

Bertha soupira mais ne répondit pas.

"Vous feriez mieux de dire à Jane de faire vos cartons", a déclaré Miss Ley. "Dois-je télégraphier à Edward?"

Quand Bertha eut enfin commencé, Miss Ley commença à réfléchir.

"Je me demande si j'ai bien fait", murmura-t-elle, toujours aussi incertaine.

Elle était assise sur le tabouret du piano et, tout en méditant, ses doigts passaient négligemment sur les touches. Bientôt, son oreille détecta le début d'une mélodie bien connue et, presque inconsciemment, elle commença à jouer l'air de *Rigoletto* .

*La Donna est mobile*
*Qual piuma al vento.*

Mlle Ley sourit. « Le fait est que peu de femmes peuvent être heureuses avec un seul mari. Je crois que la seule solution à la question du mariage est la polyandrie légalisée.

Dans le train à Victoria, Bertha se rappela avec soulagement que le marché aux bestiaux avait lieu ce jour-là à Tercanbury et qu'Edward ne rentrerait que le soir. Elle aurait la possibilité de s'installer à Court Leys sans problème ni problème. Plein de pensées douloureuses, le voyage se passa rapidement et Bertha fut surprise de se retrouver à Blackstable. Elle descendit, se demandant si Edward aurait envoyé un piège à sa rencontre, mais à son extrême surprise, Edward lui-même était sur la plate-forme et courut vers elle pour l'aider à sortir de la voiture.

« Vous voilà enfin ! » il pleure.

«Je ne m'attendais pas à toi», dit Bertha. "Je pensais que tu serais à Tercanbury."

" Heureusement, j'ai reçu votre télégramme au moment où je commençais, alors bien sûr, je n'y suis pas allé. "

"Je suis désolé de vous avoir empêché."

"Pourquoi? Je suis très content. Vous ne pensiez pas que j'allais au marché aux bestiaux quand ma femme rentrait à la maison ?

Elle le regarda avec étonnement ; son visage honnête et rouge brillait de la satisfaction qu'il éprouvait à la voir.

« Par Jupiter, c'est déchirant », dit-il alors qu'ils s'éloignaient. "J'en ai marre d'être veuf, je peux vous le dire."

Ils sont arrivés à Corstal Hill et il a promené le cheval.

«Regarde derrière toi», dit-il à voix basse. « Vous avez remarqué quelque chose ? »

"Quoi?"

"Regardez le chapeau de Parke." Parke était le valet de pied.

Bertha, regardant encore, aperçut une cocarde.

"Qu'en penses-tu, hein?" Edward éclatait presque de rire. « J'ai été élu hier président du conseil du district urbain ; ça veut dire que je suis *d'office* JP. Alors, dès que j'ai su que tu venais, je me suis enfui et j'ai pris une cocarde.

Lorsqu'ils atteignirent Court Leys, il aida Bertha à sortir du piège avec beaucoup de tendresse. Elle fut stupéfaite de trouver le thé prêt, des fleurs dans le salon et tout ce qui était possible pour qu'elle se sente à l'aise.

"Êtes-vous fatigué?" » demanda Edward. "Allonge-toi sur le canapé et je te donnerai ton thé."

Il la servait et la pressait de manger, et était en fait incessant dans ses attentions.

« Par Jupiter, je suis heureux de vous revoir ici. »

Son plaisir était évident et Bertha était quelque peu touchée.

« Tu es trop fatigué pour venir faire une petite promenade dans le jardin ? Je veux vous montrer ce que j'ai fait pour vous, et en ce moment, l'endroit est à son meilleur.

Il lui mit un châle sur les épaules, pour que l'air du soir ne lui fasse pas mal, et insista pour lui donner le bras.

« Maintenant, regardez ici ; J'ai planté des rosiers devant la fenêtre du salon ; J'ai pensé que tu aimerais les voir quand tu es assis dans ton endroit préféré, en train de lire.

Il l'emmena plus loin, dans un endroit qui offrait une belle vue sur la mer.

"J'ai mis un banc ici, entre ces deux arbres, pour que tu puisses t'asseoir de temps en temps et regarder la vue."

« C'est très gentil de votre part d'être si attentionné. Allons-nous nous asseoir là maintenant ?

"Oh, je pense que tu ferais mieux de ne pas le faire. Il y a beaucoup de rosée et je ne veux pas que tu prennes froid.

Pour le dîner, Edward avait commandé les plats qu'il savait que Bertha préférait, et il rit joyeusement alors qu'elle exprimait son plaisir. Ensuite, lorsqu'elle s'allongea sur le canapé, il disposa les coussins de manière à la mettre à l'aise.

"Ah, ma chérie", pensa-t-elle, "si tu avais été à moitié aussi gentil il y a trois ans, tu aurais pu garder mon amour."

Elle se demandait si l'absence avait accru son affection, ou si c'était elle qui l'avait altérée. N'était-il pas immuable comme les rochers, et elle se savait instable comme l'eau, changeante comme les vents de l'été. Avait-il toujours été gentil et prévenant ? et, exigeant une passion qu'il n'était pas à lui de ressentir, avait-elle été aveugle à sa profonde tendresse ? N'attendant plus rien de lui, elle était étonnée de constater qu'il avait tant à offrir. Mais elle se sentait désolée s'il l'aimait, car elle ne pouvait rien donner en retour sinon une totale indifférence ; elle était même surprise de se trouver si complètement insensible.

A l'heure du coucher, elle lui souhaita une bonne nuit et l'embrassa sur la joue.

« J'ai fait aménager la chambre rouge pour moi », dit-elle.

Il n'y a eu aucun changement à Blackstable. Les amis de Bertha vivaient encore, car le taux de mortalité dans cet endroit privilégié était leur fierté, et ils ne pouvaient rien faire pour l'augmenter. Arthur Branderton avait épousé une jolie fille blonde, bien élevée et proprement insignifiante ; mais cela n'avait pour résultat que de donner à sa mère un nouveau sujet de conversation. Bertha, reprenant ses vieilles habitudes, avait du mal à se rendre compte qu'elle était partie depuis longtemps. Elle s'efforça d'oublier Gérald et fut heureuse de trouver son souvenir peu importun. Un sentimental devenu cynique a observé qu'une femme n'est passionnément dévouée qu'à son premier amant, car ensuite c'est l'amour lui-même dont elle est amoureuse ; et il est certain que les blessures des attachements ultérieurs guérissent facilement. Bertha était profondément reconnaissante envers Miss Ley pour son retour opportun lors de la dernière nuit de Gerald, et frissonnait à la pensée de ce qui aurait autrement pu arriver.

«Cela aurait été trop horrible», s'écrie-t-elle.

Elle ne comprenait pas quelle soudaine folie l'avait saisie, et la pensée du danger qu'elle avait couru faisait picoter les joues de Bertha. Son cœur devint malade au simple souvenir. Elle avait profondément honte de cette insensée excursion à Euston, axée sur les cours les plus épouvantables. Elle se sentait comme quelqu'un qui, du haut d'une tour, a été si horriblement tenté de se jeter en bas, que seule la main retenue d'un passant l'a sauvé ; et puis ensuite d'en bas frissonne et transpire à l'idée du péril. Mais pire que la honte était la peur du ridicule ; car toute cette affaire avait été excessivement indigne : elle avait couru après un enfant de plusieurs années plus jeune qu'elle et était même tombée sérieusement amoureuse de lui. C'était trop grotesque. Bertha imaginait la joie que cela devait causer à Miss Ley. Elle ne pouvait pas pardonner à Gérald d'avoir été ridicule à cause de lui. Elle vit que c'était un garçon inconstant, prêt à flirter avec toutes les femmes qu'il rencontrait ; et elle finit par se dire avec mépris qu'elle ne s'était jamais vraiment souciée de lui.

Mais peu de temps après, Bertha reçut une lettre d'Amérique, transmise par Miss Ley. Elle pâlit en reconnaissant l'écriture : les vieilles émotions revinrent, et elle pensa aux yeux verts de Gérald et à ses lèvres enfantines ; et elle se sentait malade d'amour. Elle regarda l'inscription, le cachet de la poste ; puis posez la lettre.

«Je lui ai dit de ne pas écrire», murmura-t-elle.

Un sentiment de colère la saisit à l'idée que la vue d'une lettre de Gérald lui causât une telle douleur. Elle le détestait presque maintenant ; et pourtant, de tout son cœur, elle voulait embrasser le papier et chaque mot qui y était écrit. Mais la violence de ses émotions la faisait hésiter, pour ainsi dire, à ne pas céder.

«Je ne le lirai pas», dit-elle.

Elle voulait se prouver qu'elle avait de la force ; et à cette tentation, elle était du moins déterminée à résister. Bertha alluma une bougie et prit la lettre dans sa main pour la brûler, puis la reposa. Cela réglerait l'affaire trop vite, et elle préférait prolonger le procès pour avoir la pleine assurance de son courage. Avec un étrange plaisir de la douleur qu'elle se préparait, Bertha plaça la lettre sur la cheminée de sa chambre, bien en vue, de sorte que chaque fois qu'elle entrait ou sortait, elle ne pouvait manquer de la voir. Désireuse de se punir, son désir était de rendre la tentation aussi pénible que possible.

Elle a regardé l'enveloppe non ouverte pendant un mois et parfois l'envie de l'ouvrir était presque irrésistible ; parfois elle se réveillait au milieu de la nuit en pensant à Gérald et se disait qu'elle devait savoir ce qu'il disait. Ah, comme elle pouvait bien l'imaginer ! Il a juré qu'il l'aimait et il a parlé du baiser qu'elle lui avait donné ce dernier jour, et il a dit que c'était terriblement dur d'être sans elle. Bertha regardait la lettre en serrant les mains pour ne pas la saisir et la déchirer ; elle dut se retenir de force de le couvrir de baisers. Mais enfin elle a vaincu tout désir, elle a pu regarder l'écriture avec indifférence ; elle scruta son cœur et n'y trouva aucune trace d'émotion. Le procès était terminé.

«Maintenant, ça peut partir», dit-elle.

Elle alluma de nouveau une bougie et tint la lettre près de la flamme jusqu'à ce qu'elle soit entièrement consumée ; et elle ramassa les cendres, les mit dans sa main et les souffla par la fenêtre. Elle sentait que par cet acte, elle en avait fini avec tout cela, et que Gerald avait définitivement disparu de sa vie.

Mais le repos n'était pas encore venu pour l'âme troublée de Bertha. Au début, elle trouvait sa vie assez supportable ; mais elle n'avait plus aucune émotion pour la distraire et la routine de sa journée était la même. Les semaines passèrent et les mois ; l'hiver arriva sur elle, plus morne qu'elle ne l'avait jamais connu ; le pays est devenu insupportablement ennuyeux. Les journées étaient grises et froides, et les nuages si bas qu'elle pouvait presque les toucher. Les vastes champs qui lui avaient autrefois permis de si inspirantes pensées n'étaient plus que ennuyeux, et toutes les vues rurales s'enfonçaient dans son esprit avec une monotonie impitoyable ; jour après jour, mois après mois, elle voyait les mêmes choses. Elle s'ennuyait à mourir.

Parfois, Bertha errait jusqu'au bord de la mer et regardait à travers les eaux désolées ; elle avait envie de voyager tandis que ses yeux et son esprit voyageaient, vers le sud, vers le sud, vers les cieux azur, vers les terres de beauté et de soleil au-delà de la grisaille. Heureusement, elle ne savait pas qu'elle regardait presque directement vers le nord et que si elle continuait vraiment son chemin comme elle le désirait, elle n'atteindrait aucune terre de plaisir au sud, mais simplement le pôle Nord !

Elle marchait le long de la plage, parmi les innombrables coquillages ; et non contente de l'inquiétude présente, elle se torturait en anticipant l'avenir. Elle ne pouvait qu'imaginer que cela amènerait une augmentation de cet effroyable ennui, et sa tête lui faisait mal en attendant la morne monotonie de sa vie. Elle rentra chez elle et gémit en entrant dans la maison, pensant à cette soirée ennuyeuse. Invariablement, après le dîner, ils jouaient au piquet. Edward aimait mener sa vie selon les principes les plus mécaniques et, régulièrement, lorsque neuf heures sonnaient, il disait : « Allons-nous jouer un petit jeu ? » Bertha alla chercher les cartes pendant qu'il arrangeait les chaises. Ils ont joué six mains. Edward additionna le score et rit quand il gagna. Bertha rangea les cartes, son mari replaça les chaises ; et ainsi de suite, nuit après nuit, automatiquement.

Bertha était prise d'une intense inquiétude, d'un ennui total. Elle arpentait sa chambre dans une fièvre d'agonie presque physique. Elle s'asseyait au piano et s'arrêtait de jouer après une demi-douzaine de mesures : la musique lui paraissait aussi futile que tout le reste ; elle avait tout fait si souvent. Elle essayait de lire, mais pouvait à peine se résoudre à commencer un nouveau volume, et la vue même des pages imprimées lui répugnait : les ouvrages d'information lui disaient des choses qu'elle ne voulait pas savoir, les romans racontaient les actes de personnes dont elle ne s'y intéressa pas. Elle lut quelques pages et jeta le livre avec dégoût. Puis elle ressortit — tout semblait préférable à ce qu'elle faisait réellement — elle marchait rapidement, mais le mouvement, le pays, l'atmosphère même autour d'elle étaient fatigants ; et presque aussitôt elle revint. Bertha était obligée de faire les mêmes promenades jour après jour ; et les chemins déserts, les arbres, les haies, les champs s'impriment dans son esprit avec une insistance lugubre. Ensuite, elle a été obligée de sortir simplement pour faire de l'exercice et a marché un certain nombre de kilomètres, en essayant de les faire rapidement. Les vents de la première année soufflaient cette saison avec plus de persistance que jamais, et ils gênaient ses pas et la glaçaient jusqu'aux os.

Parfois Bertha lui rendait visite, et la retenue qu'elle devait faire la soulageait pour le moment, mais à peine la porte se refermait-elle derrière elle qu'elle s'ennuyait plus désespérément que jamais.

Ayant soudain un désir de société, elle envoyait des invitations pour une réception quelconque ; puis elle sentit qu'il lui était inexprimable de faire des préparatifs, et elle détestait et abhorrait ses invités. Elle refusa longtemps de voir qui que ce soit, protestant contre sa mauvaise santé ; et parfois, dans la solitude, elle pensait qu'elle deviendrait folle. Elle s'est tournée vers la prière comme seul refuge pour ceux qui ne peuvent pas agir, mais elle n'a cru qu'à moitié et n'a donc trouvé aucun réconfort. Elle accompagnait Miss Glover lors de ses visites de district, mais elle n'aimait pas les pauvres et leurs bavardages semblaient désespérément insensés. L'ennui lui faisait mal à la tête, et elle porta la main à ses tempes en les pressant douloureusement ; elle sentait qu'elle pouvait prendre de grandes mèches de ses cheveux et les arracher.

Elle se jeta sur son lit et pleura d'ennui. Edward la trouva un jour ainsi et lui demanda quel était le problème.

"Oh, j'ai mal à la tête, à tel point que j'ai l'impression que je pourrais me suicider."

Il fit venir Ramsay, mais Bertha savait que les remèdes du médecin étaient absurdes et inutiles. Elle imaginait qu'il n'y avait pas de remède à son mal, pas même le temps, pas d'autre remède que la mort.

Elle connaissait la terrible détresse de se réveiller le matin avec la pensée qu'il lui faudrait encore passer une autre journée ; elle connaissait le soulagement de l'heure du coucher en pensant qu'elle profiterait de quelques heures d'inconscience. Elle était tourmentée par l'imagination de l'effroyable monotonie de l'avenir : la nuit suivrait le jour, et le jour suivrait la nuit, les mois passant un à un et les années lentement, lentement.

On dit que la vie est courte. Pour ceux qui regardent en arrière, c'est peut-être le cas ; mais pour ceux qui attendent avec impatience, c'est long, horriblement long, sans fin. Parfois, Bertha avait l'impression que c'était insupportable. Elle a prié pour pouvoir s'endormir la nuit et ne jamais se réveiller. Comme la vie doit être heureuse pour ceux qui peuvent espérer l'éternité ! Pour Bertha, l'idée était tout simplement horrible ; elle ne désirait que le long repos, le repos d'un sommeil sans fin, la dissolution dans le néant.

Une fois, en désespoir de cause, elle voulut se suicider, mais elle eut peur. On dit que le suicide ne demande aucun courage. Imbéciles ! Ils ne peuvent pas se rendre compte de l'horreur de la préparation nécessaire, de l'anticipation de la douleur, de la peur terrible qu'on peut regretter quand il est trop tard, quand la vie s'éloigne. Et il y a la peur de l'inconnu. Et il y a la peur du feu de l'enfer – absurde et révoltante, mais si enracinée qu'aucun effort ne peut la détruire entièrement. Malgré la raison et les arguments, il existe toujours la peur engourdie que les horribles fables de notre enfance puissent finalement être vraies, la peur d'un Dieu jaloux qui vouera ses misérables créatures à une torture sans fin.

# Chapitre XXXIV

MAIS si l'âme humaine, ou le cœur, ou l'esprit, appelez-le comme vous voudrez, est un instrument sur lequel d'innombrables mélodies peuvent être jouées, il n'est capable de répondre très longtemps à aucune d'entre elles. Le temps atténue les émotions les plus exquises, adoucit les chagrins les plus déchirants. L'histoire est ancienne du philosophe qui cherchait à consoler une femme en détresse par le récit de tribulations semblables à la sienne, et après avoir perdu son fils unique, elle lui envoya une liste de tous les rois également endeuillés. Il l'a lu, a reconnu son exactitude, mais n'en a pas moins pleuré. Trois mois plus tard, le philosophe et la dame furent surpris de se trouver tout à fait gais et érigèrent au Temps un beau monument avec l'inscription : *A celui qui console* .

Quand Bertha jurait que la vie avait perdu toute saveur, que son ennui était sans fin, elle exagérait comme d'habitude, et se mettait presque en colère en découvrant que l'existence pouvait être plus supportable qu'elle ne le croyait.

On s'habitue à tout. Il n'y a que des gens très misanthropes qui prétendent qu'ils ne peuvent pas s'habituer à la bêtise de leurs semblables ; car, au bout d'un certain temps, on s'endurcit jusqu'aux ennuis les plus désespérés, et la monotonie même cesse d'être tout à fait monotone. S'adaptant aux circonstances, Bertha trouva la vie moins ennuyeuse ; c'était une rivière calme, et bientôt elle parvint à la conclusion qu'elle coulait plus facilement sans les cascades et les cascades, les tourbillons, les tourbillons et les rochers qui avaient troublé son cours. Celui qui sait encore se duper avec des illusions a un avenir qui ne manque pas de luminosité.

L'été apportait une certaine variété et Bertha s'amusait de choses qui ne l'avaient jamais intéressée auparavant. Elle se rendit dans des endroits abrités pour voir si les fleurs sauvages préférées commençaient à souffler : son amour de la liberté lui faisait préférer les rosiers des haies aux fleurs pompeuses du jardin, les renoncules et les marguerites des champs aux géraniums nobles et les calcellaires. . Le temps s'enfuit et elle fut surprise de constater que l'année s'écoulait imperceptiblement. Elle commença à lire avec plus d'enthousiasme et, dans son siège préféré, sur le canapé près de la fenêtre, passa de longues heures de plaisir. Elle lisait selon sa fantaisie, sans projet, parce qu'elle le souhaitait et non parce qu'elle le devrait (comment peut-on dire que l'Angleterre est décadente quand ses jeunes filles sont si ardues !). Elle prenait plaisir à opposer différents écrivains, gagnant en émotions la gravité de l'un et la frivolité de l'autre. Elle est passée du dernier roman à l' *Orlando Furioso* , des *Euphues* de John Lyly (le plus divertissant et le plus fantaisiste des livres !) à la corruption passionnée de Verlaine. Ayant toute une vie devant elle, la longueur des livres n'était pas un obstacle, et elle se lança hardiment dans les huit volumes du *Déclin et de la Chute* , dans les nombreux tomes de Saint-Simon : et elle n'hésita jamais à les mettre de côté après cent pages.

Bertha trouvait la réalité tolérable lorsqu'elle n'était qu'un arrière-plan, un repoussoir pour les événements fantastiques des vieux livres. Elle regardait les arbres verts, et le chant des oiseaux se mêlait agréablement à ses pensées encore occupées, peut-être, du Doloreux Chevalier de La Manche, de Manon Lescaut, ou de la joyeuse bande qui erre dans le *Décaméron* . Avec une plus grande connaissance s'ajoutait une plus grande curiosité, et elle quitta les grands chemins de la littérature pour les sentiers de montagne de quelque poète obscur, pour les pistes cavalières du picaron espagnol. Elle trouvait une satisfaction inattendue dans les chefs-d'œuvre à moitié oubliés du passé, dans les poètes pas tout à fait divins que la mode avait laissés de côté, dans les dramaturges, les romanciers et les essayistes, dont le souvenir ne vit qu'avec le rat de bibliothèque. C'est parfois un soulagement de détourner le regard du soleil éclatant de la réussite parfaite ; et les écrivains qui ont fait appel à leur époque et non à la postérité, ont par contre un charme subtil. Sans être ébloui par leur splendeur, on discerne plus facilement leurs individualités et l'esprit de leur temps ; ils ont des qualités agréables qu'on ne trouve pas toujours parmi leurs supérieurs, et il y a même un certain pathos dans leur réussite incomplète.

En musique aussi, Bertha a développé un goût pour la moitié connue, la moitié archaïque. Il convenait au salon géorgien avec ses vieux tableaux, avec ses Chippendale et ses persiennes, de jouer les simples mélodies de Couperin et de Rameau ; les rondos, les gavottes, les sonatines en poudre et en patch, qui ravissaient les seigneurs et les dames rococo d'un siècle passé.

Vivant loin du présent, dans un paradis artificiel, Bertha était presque complètement heureuse. Elle trouvait dans l'indifférence à l'égard du monde entier une armure fidèle : la vie était facile sans amour ni haine, sans espoir ni désespoir, sans ambition, sans désir de changement ou passion tumultueuse. Alors faites fleurir les fleurs ; inconscient, indifférent, le bourgeon jaillit de la feuille qui l'entoure, s'ouvre au soleil, dissipe son parfum dans la brise et personne ne voit sa beauté, puis il meurt.

Bertha trouvait qu'il était possible de se remémorer les années passées avec quelque chose comme de l'amusement. Cela semblait maintenant mélodramatique d'avoir aimé le simple Edward avec une telle violence, et elle était même capable de sourire du contraste entre ses attentes vives et la plate réalité. Gérald était un souvenir agréablement sentimental ; elle ne souhaitait pas le revoir, mais pensait souvent à lui, l'idéalisant jusqu'à ce qu'il devienne insignifiant comme un personnage de son livre préféré. Son hiver en Italie fut également le motif de quelques-unes de ses pensées les plus délicieuses, et elle résolut de ne jamais gâcher cette impression par une autre visite. Elle avait beaucoup avancé dans l'art de vivre lorsqu'elle avait compris que le plaisir survenait par surprise, que le bonheur était un esprit qui descendait à l'improviste et rarement lorsqu'on le cherchait.

Edward était tombé dans une vie si active que son temps était entièrement pris. Il avait considérablement agrandi le domaine de Ley et, convaincu par l'homme de second ordre qu'il faut faire une chose soi-même pour qu'elle soit bien faite, il gardait les fermes sous sa surveillance immédiate. Il était un membre important de tous les organismes ruraux : il était au conseil scolaire, au conseil des tuteurs, au conseil départemental ; il a été président du conseil du district urbain, président du club de cricket de Leanham, président du club de football de Faversley ; patron de la régate Blackstable; il faisait partie du comité de l'exposition canine de Tercanbury et était un partisan enthousiaste de l'exposition agricole de Mid-Kent. Il était un pilier de la Blackstable Conservateur Association, un magistrat et un marguillier. Enfin, il était un ardent franc-maçon et survolait le Kent pour assister aux réunions de la demi-douzaine de loges dont il était membre. Mais la quantité de travail ne le dérangeait pas.

« Que Dieu vous bénisse, dit-il, j'aime le travail. Tu ne peux pas m'en donner trop. S'il y a quelque chose à faire, venez me voir, je le ferai et vous remercierai de m'avoir donné cette chance.

Edward avait toujours été d'humeur égale, mais maintenant sa bonhomie était plutôt angélique. C'est devenu un mot d'ordre. Son succès était selon ses mérites, et le faire intervenir dans une affaire était une excellente assurance. Il était toujours jovial et gai, content de lui-même et du monde en général ; c'était un écuyer modèle, un propriétaire terrien, un agriculteur, un conservateur, un homme, un Anglais. Il faisait tout à fond, et son énergie était telle qu'il se faisait un devoir de mettre dans chaque entreprise deux fois plus de travail qu'il n'en fallait réellement. Il était occupé du matin au soir (généralement sans nécessité) et il s'en glorifiait.

"Cela montre que je suis une excellente femme", a déclaré Bertha à Miss Glover, "pour soutenir ses vertus avec sérénité."

«Ma chérie, je pense que tu devrais être très fière et heureuse. Il est un exemple pour tout le comté. S'il était mon mari, je serais reconnaissante envers Dieu.

«J'ai beaucoup de raisons d'être reconnaissante», murmura Bertha.

Puisqu'il l'avait laissée suivre son propre chemin et qu'elle était trop contente qu'il suive le sien, il n'y avait vraiment aucune possibilité de différence, et Edward, un homme sage, arriva à la conclusion qu'il avait effectivement apprivoisé sa femme. Il pensa, avec un mépris bon humeur, qu'il avait tout à fait raison lorsqu'il comparait les femmes à des poules, des animaux qui, pour être heureux, n'avaient besoin que d'un bon parcours, bien clôturé, où ils pouvaient gratter à leur guise. .

« Nourrissez-les régulièrement et laissez-les rire ; et voilà !

Il est toujours satisfaisant lorsque l'expérience vérifie l'hypothèse de votre jeunesse.

Un an, se souvenant par accident du jour de leur mariage, Edward offrit un bracelet à sa femme ; et se sentant bienveillant en conséquence, et après avoir bien dîné, il lui tapota la main et dit :

« Le temps passe vite, n'est-ce pas ?

«J'ai entendu des gens le dire», répondit-elle en souriant.

« Eh bien, qui aurait pensé que nous étions mariés depuis huit ans ! cela ne me paraît pas supérieur à dix-huit mois. Et nous nous entendons très bien, n'est-ce pas ?

« Mon cher Edward, tu es un mari tellement modèle. Cela me gêne parfois. »

« Ha, ha ! c'en est une bonne. Mais je peux le dire pour moi-même, j'essaie de faire mon devoir. Bien sûr, au début, nous avons eu nos petites disputes : les gens doivent s'habituer les uns aux autres, et on ne peut pas espérer que tout se passe bien d'un seul coup. Mais depuis des années maintenant… eh bien, depuis que vous êtes allé en Italie, je pense que nous sommes aussi heureux que la journée est longue, n'est-ce pas ?

"Oui chérie."

"Quand je repense aux petites bagarres que nous avions autrefois, ma parole, je me demande de quoi il s'agissait."

"Moi aussi." Et cela, Bertha l'a dit très sincèrement.

"Je suppose que c'était juste la météo."

"J'ose dire."

"Ah, eh bien, tout va bien qui finit bien."

"Mon cher Edward, vous êtes un philosophe."

« Je n'en sais rien, mais je pense que je suis un politicien ; ce qui me rappelle que je n'ai pas entendu parler des nouveaux navires de guerre dans le journal d'aujourd'hui. Ce pour quoi je me bats depuis des années, c'est plus de navires et plus d'armes. Je suis heureux de voir que le gouvernement a enfin suivi mon conseil.

« C'est très satisfaisant, n'est-ce pas ? Cela vous encouragera à persévérer. Et bien sûr, il est bon de savoir que le Cabinet a lu vos discours dans le *Blackstable Times* .

«Je pense que ce serait une bonne chose pour le pays si ceux qui sont au pouvoir prêtaient plus d'attention à l'opinion provinciale. Ce sont des hommes comme moi qui connaissent vraiment le sentiment de la nation. Vous pourriez me rapporter le journal, voulez-vous ? Il est dans la salle à manger.

Il semblait tout à fait naturel à Edward que Bertha le servît : c'était le devoir d'une épouse. Elle lui tendit l' *Étendard* et il commença à lire ; il bâilla une ou deux fois.

"Seigneur, j'ai sommeil."

À ce moment-là, il ne pouvait plus garder les yeux ouverts, le papier lui tomba des mains et il se laissa tomber sur sa chaise, les jambes tendues, les mains reposant confortablement sur son ventre. Sa tête pencha sur le côté, sa mâchoire tomba et il se mit à ronfler. Berthe a lu. Au bout d'un moment, il se réveilla en sursaut.

« Bénissez-moi, je crois que j'ai dormi », cria-t-il. « Eh bien, je suis mort de fatigue, je pense que je vais me coucher. Je suppose que tu ne monteras pas encore ?

"Pas encore."

« Eh bien, ne veille pas trop tard, c'est une gentille fille, ce n'est pas bon pour toi ; et éteignez correctement les lumières quand vous viendrez.

Elle lui tourna la joue, qu'il baisa en étouffant un bâillement ; puis il a roulé à l'étage.

"Il y a un avantage chez Edward", murmura Bertha. "Personne ne pourrait l'accuser d'être uxorieux."

*Mariage à la mode.*


La promenade solitaire de Bertha se dirigeait vers la mer. La côte entre Blackstable et la Medway était extraordinairement sauvage. A des intervalles éloignés se trouvaient les bâtiments longs et bas des postes de garde-côtes ; et les murs propres et roses, les balustrades soignées, le gravier bien entretenu contrastaient de manière assez surprenante avec la désolation environnante. On pouvait marcher des kilomètres sans rencontrer personne, et le pays s'étendait depuis la mer, bas, plat et marécageux. La plage était recouverte d'innombrables coquillages de toutes sortes qui s'effondraient sous les pieds

; tandis qu'ici et là il y avait de grands bancs d'algues et des morceaux de bois ou de corde, le jetsam de mille marées. À un endroit, à quelques mètres de là, mais haut et sec à marée basse, se trouvaient les restes d'une vieille carcasse, dont les nervures en bois ressortaient étrangement comme le squelette d'une énorme bête marine. Et puis, tout autour, c'était la mer solitaire, sans aucun navire ni aucun bateau de pêche en vue. En hiver, c'était comme si un esprit de solitude, comme un linceul mystique, était descendu sur le rivage et sur les eaux du désert.

Puis, dans la mélancolie, dans la morosité, Bertha trouva une fascination subtile. Le ciel était un gros nuage menaçant, en bas ; et le vent déchirait en criant, en criant et en sifflant : c'était la panique dans la mer agitée, trouble et jaune, et les vagues bondissaient, les unes sur les talons des autres, et s'abattaient sur la plage avec un rugissement de colère. C'était désolé, désolé ; la mer était si impitoyable que la vue même effrayait : c'était une puissance courroucée, battant en avant, battant toujours en avant avec colère, rugissant de douleur lorsque les chaînes qui l'attachaient l'arrachaient ; et après chaque effort désespéré, il se rétrécissait avec un cri d'angoisse. Et les mouettes se balançaient au-dessus des vagues dans leur vol mélancolique, montant et descendant au gré du vent.

Bertha aimait aussi le calme de l'hiver, quand la brume marine et la brume du ciel ne faisaient qu'un ; quand la mer était silencieuse et lourde, et que la mouette solitaire volait en hurlant au-dessus des eaux grises, en hurlant tristement. Elle aimait le calme de l'été, quand le ciel était sans nuages et infini. Puis elle passait de longues heures, allongée au bord de l'eau, ravie de la solitude et de sa paix absolue. La mer, calme comme un lac, insensible à la moindre ondulation, était un miroir reflétant la gloire du ciel ; et il se transforma en feu lorsque le soleil se coucha à l'ouest ; c'était une mer de cuivre fondu, rouge, brillant, à tel point que les yeux étaient éblouis. Une troupe de mouettes dormait sur l'eau ; et ils étaient des centaines, immobiles et silencieux ; l'un d'eux se levait de temps en temps, volait un instant avec une aile lourde, puis s'enfonçait, et tout était immobile.

Autrefois, la fraîcheur était si tentante que Bertha ne pouvait y résister. Timidement, rapidement, elle ôta ses vêtements et, regardant autour d'elle pour voir qu'il n'y avait vraiment personne en vue, entra. Les vaguelettes autour de ses pieds la firent un peu frissonner, puis avec un éclaboussement, étendant les bras, elle courut. en avant, et à moitié tombé, à moitié plongé dans l'eau. Maintenant, c'était délicieux ; elle se réjouissait de la liberté de ses membres, car c'était un plaisir inconnu de nager sans être gênée par un costume. Cela lui donnait une fine sensation de puissance, et l'eau salée qui clapotait autour d'elle était merveilleusement exaltante. Elle voulait chanter à haute voix dans la joie de son cœur. Plongeant sous la surface, elle eut un hochement de tête et un petit cri de joie ; puis ses cheveux furent dénoués et, d'un mouvement, ils tombèrent tous sur ses épaules et traînèrent en boucles sur l'eau.

Elle a nagé, une nageuse intrépide ; et cela lui donnait un sentiment de force et d'indépendance d'avoir les eaux profondes tout autour d'elle, la mer profonde et calme de l'été ; elle se tourna sur le dos et flotta, essayant de regarder le soleil en face. La mer brillait de rayons de soleil et le ciel était éblouissant. Puis, revenant, Bertha flotta de nouveau, tout près du rivage ; cela l'amusait de s'allonger sur le dos, bercée par les petites vagues, et de baisser les oreilles pour entendre les galets frotter curieusement avec le flux et le reflux de la marée. Elle secoua ses longs cheveux qui s'étiraient autour d'elle comme une auréole.

Elle exultait de sa jeunesse – de sa jeunesse ? Bertha ne se sentait pas plus vieille qu'à dix-huit ans, et pourtant elle en avait trente. Cette pensée la fit grimacer ; car elle n'avait jamais réalisé le passage des années, elle n'avait jamais imaginé que sa jeunesse déclinait. Les gens la croyaient-ils déjà vieille ? La peur nauséabonde lui vint à l'idée qu'elle ressemblait à Miss Hancock, essayant, par malice et par frivolité, de persuader ses voisins qu'elle était juvénile. Bertha se demandait si elle était ridicule lorsqu'elle se roulait dans l'eau comme une jeune fille : on ne peut pas faire la sirène avec des pattes d'oie autour des yeux, avec des rides autour de la bouche. Paniquée, elle s'habilla et, rentrant chez elle, elle vola vers un miroir. Elle scrutait ses traits comme elle ne l'avait jamais fait auparavant, cherchant anxieusement les signes qu'elle craignait de voir ; elle regarda son cou et ses yeux : sa peau était toujours aussi lisse, ses dents toujours aussi parfaites. Elle poussa un soupir de soulagement.

"Je ne vois pas de différence."

Alors, doublement pour se rassurer, une idée fantastique saisit Bertha de s'habiller comme si elle allait à un grand bal ; elle voulait se voir à son avantage. Elle choisit la robe la plus splendide qu'elle possédait et sortit ses bijoux. Les Ley avaient vendu tous les vestiges de leur ancienne magnificence, mais ils avaient invariablement refusé de se séparer de leurs diamants, avec une obstination caractéristique ; et ils laissèrent de côté, année après année, les pierres inutilisées dans leurs anciennes montures, ternies par la poussière et la négligence. L'humidité encore dans les cheveux de Bertha était un prétexte pour le faire capricieusement, et elle y plaça la belle tiare que sa grand-mère avait portée sous la Régence. Sur ses épaules, elle portait deux ornements superbement sertis en or, volés par un grand-oncle pendant la guerre d'Espagne au saint d'une église espagnole. Elle passa un collier de perles autour de son cou, des bracelets à ses bras et attacha une rangée d'étoiles scintillantes sur sa poitrine. Sachant qu'elle avait de belles mains,

Bertha dédaignait de porter des bagues, mais maintenant elle couvrait ses doigts de diamants, d'émeraudes et de saphirs.

Finalement, elle se plaça devant le miroir et eut un rire de plaisir. Elle n'était pas encore vieille.

Mais quand elle entra dans le salon, Edward sursauta de surprise.

"Bon dieu!" il pleure. « Que se passe-t-il ! Est-ce qu'il y a du monde qui vient dîner ?

"Ma chérie, si nous l'avions fait, je n'aurais pas dû m'habiller comme ça."

« Vous vous levez comme si le prince de Galles arrivait. Et je ne porte qu'une culotte. Ce n'est pas le jour de notre mariage ?

"Non."

"Alors j'aimerais savoir pourquoi vous vous habillez ainsi."

"Je pensais que ça te plairait", dit-elle en souriant.

« J'aurais aimé que tu me le dises – je me serais habillé aussi. Es-tu sûr que personne ne vient ?

"Assez sûr."

"Eh bien, je pense que je devrais m'habiller. Cela aurait l'air si bizarre si quelqu'un se présentait.

"Si quelqu'un le fait, je vous promets que je volerai."

Ils entrèrent dîner, Edward se sentant très mal à l'aise et gardant son oreille attentive à la sonnette de la porte d'entrée. Ils mangèrent leur soupe, puis furent déposés sur la table : les restes d'un gigot de mouton froid et de la purée de pommes de terre. Bertha regarda un moment sans rien dire, puis, se penchant en arrière, éclata de rire.

« Bon Dieu, qu'est-ce qu'il y a maintenant ? » demanda Edward.

Rien n'est plus ennuyeux que d'avoir des gens violemment hilarants à cause d'une blague que vous ne pouvez pas voir.

Bertha se tenait à ses côtés et essayait de parler.

« Je viens de me rappeler que j'avais dit aux domestiques qu'ils pourraient sortir ce soir, il y a un cirque à Blackstable ; et j'ai dit que nous allions simplement manger les bricoles.

"Je ne vois aucune plaisanterie là-dedans."

Et en réalité, il n'y en avait pas, mais Bertha rit encore de façon immodérée.

"Je suppose qu'il y a des cornichons," dit Edward.

Bertha réprima sa gaieté et se mit à manger.

«C'est toute ma vie», murmura-t-elle dans sa barbe, «manger du mouton froid et de la purée de pommes de terre en robe de bal et tous mes diamants.»

# Chapitre XXXV

MAIS au cours de l'hiver de cette année-là, Edward, alors qu'il chassait, eut un accident. Depuis des années, il avait pris l'habitude de monter des chevaux ingérables, et il n'entendait jamais parler d'une bête vicieuse sans vouloir l'essayer. Il savait qu'il était un bon cavalier, et comme il n'hésitait jamais à faire étalage de ses pouvoirs, ni répugnait à narguer les autres sous prétexte de compétences ou de courage inférieurs, il préférait les animaux difficiles. Cela le gratifiait de voir les gens le montrer du doigt et dire : « Voilà un bon cavalier ! » et sa meilleure blague avec quelqu'un sur un cheval qui tirait ou refusait, était de crier : « Vous n'avez pas l'air d'être ami avec votre gee ; Voudrais-tu essayer le mien ? Et puis, touchant ses flancs avec ses éperons, il le fit caracoler. Il était impitoyable envers les chasseurs prudents qui cherchaient les parties basses d'une haie ou essayaient de franchir une porte au lieu de la franchir ; et quand quelqu'un disait qu'un saut était dangereux, Edward se lançait immédiatement en riant, en criant en le faisant :

«Je n'essaierais pas si j'étais toi. Vous pourriez tomber.

Il venait d'acheter un rouan pour une simple chanson, car il sautait de manière incertaine et avait l'habitude de balancer une patte avant en s'élevant. Il l'enleva à la première occasion, et le cheval franchit facilement les deux premières haies et un fossé. Edward pensa qu'une fois de plus il avait eu pour presque rien un chasseur qui voulait simplement monter correctement pour se comporter comme un agneau. Ils continuèrent leur route et arrivèrent à une clôture à poteaux et à rails.

"Maintenant, ma beauté, cela montrera de quoi tu es faite."

Il releva le cheval au petit galop et pressa ses jambes ; le cheval ne se releva pas, mais fit brusquement un écart.

"Non, tu ne le fais pas," dit Edward, le ramenant.

Il enfonça ses éperons, le cheval galopa et refusa de nouveau. Cette fois, Edward se mit en colère. Arthur Branderton est arrivé en courant et, ayant de nombreuses vieilles factures à payer, il a éclaté de rire.

"Pourquoi ne descends-tu pas et ne marches-tu pas ?" » cria-t-il en dépassant Edward et en faisant le saut.

« Soit je m'en remets, soit je me casse le cou », dit Edward en serrant les dents.

Mais il n'a fait ni l'un ni l'autre. Il plaça le rouan au saut pour la quatrième fois, le frappant avec son jabot ; la bête se leva, puis, laissant balancer la patte avant, redescendit avec fracas.

Edward tomba lourdement et resta abasourdi pendant une minute. Lorsqu'il reprit conscience, il trouva quelqu'un qui lui versait du cognac dans le cou.

« Le cheval est-il blessé ? » » demanda-t-il sans penser à lui.

"Non; il va bien. Comment te sens-tu ?

Un jeune chirurgien était sur le terrain et arriva. "Quel est le problème? Quelqu'un a-t-il été blessé ?

"Non," dit Edward, luttant pour se relever, quelque peu agacé par l'exposition qu'il pensait faire de lui-même. « On pourrait penser qu'aucun d'entre vous n'a jamais vu un homme descendre auparavant. J'ai vu la plupart d'entre vous s'en aller assez souvent.

Il s'approcha du cheval et mit son pied dans l'étrier.

« Tu ferais mieux de rentrer chez toi, Craddock », dit le chirurgien. "Je suppose que tu es un peu secoué."

« Rentre chez toi, bon sang. Confondre!" Alors qu'il essayait de monter, Edward ressentit une douleur au sommet de sa poitrine. "Je crois que j'ai cassé quelque chose."

Le chirurgien s'approcha et l'aida à enlever sa blouse. Il tordit le bras d'Edward.

"Est-ce que ça fait mal?"

"Un peu."

« Vous vous êtes cassé la clavicule », dit le chirurgien après un moment d'examen.

«Je pensais avoir cassé quelque chose. Combien de temps faudra-t-il pour réparer ?

« Seulement trois semaines. Vous n'avez pas besoin de vous inquiéter.

"Je ne suis pas alarmé, mais je suppose que je devrai renoncer à la chasse pendant au moins un mois."

Edward a été conduit chez le Dr Ramsay, qui l'a bandé et l'a renvoyé à Court Leys. Bertha fut surprise de le voir dans un dogcart. Edward avait maintenant retrouvé sa bonne humeur et expliqua l'événement en riant.

« Il n'y a pas de quoi faire toute une histoire. Seulement, je suis bandée pour me sentir comme une maman et je ne sais pas comment je vais prendre un bain. C'est ce qui m'inquiète.

Le lendemain, Arthur Branderton vint le voir. "Vous avez enfin trouvé votre partenaire, Craddock."

"Moi? Pas beaucoup! Tout ira bien dans un mois, puis je repartirai.

« Je ne le monterais plus si j'étais toi. Ça ne vaut pas le coup. Avec son truc de balancer sa jambe, tu vas te briser le cou.

"Bah," dit Edward avec mépris. "Il n'y a pas de cheval que je ne puisse pas monter."

« Tu as un bon poids maintenant et tes os ne sont pas aussi souples qu'à vingt ans. Votre prochain automne sera mauvais.

« Pourriture, mec ! On dirait que j'ai quatre-vingts ans ; Je n'ai encore jamais funké un cheval et je ne vais pas commencer maintenant.

Branderton haussa les épaules et ne dit rien de plus sur le moment, mais parla ensuite à Bertha en privé.

« Tu sais, je pense que si j'étais toi, je persuaderais Edward de se débarrasser de ce cheval. Je ne pense pas qu'il devrait le monter à nouveau. Ce n'est pas prudent. Même s'il monte bien, cela ne le sauvera pas si la bête a un mauvais tour.

Bertha avait en particulier une grande confiance dans le savoir-faire de son mari. Quoi qu'il ne puisse pas faire, il était certainement l'un des meilleurs cavaliers du comté ; mais elle lui parla quand même.

« Pooh, c'est de la pourriture ! » il a dit. « Je vous dis que le 11 du mois prochain nous reprenons à peu près le même terrain ; et je sors, et je jure qu'il passe par-dessus ce poteau et cette barrière dans le champ de Coulter.

"Vous êtes très imprudent."

"Non, je ne suis pas. Je sais exactement ce qu'un cheval peut faire. Et je sais que ce cheval peut sauter s'il le veut, et par George, je le ferai. Eh bien, si je m'en foutais maintenant, je ne pourrais plus jamais rouler. Quand un type approche de la quarantaine et fait une mauvaise chute, il lui suffit de recommencer tout de suite, sinon il perdra son sang-froid et ne le retrouvera plus. J'ai vu cela maintes et maintes fois.

Plus tard, Miss Glover, lorsque les bandages d'Edward furent retirés et qu'il se portait plutôt bien, supplia Bertha d'user de son influence auprès de lui.

« J'ai entendu dire que c'était un cheval très dangereux, Bertha. Je pense que ce serait de la folie pour Edward de le monter.

« Je l'ai supplié de le vendre, mais il se moque simplement de moi », a déclaré Bertha. "Il est extrêmement obstiné et j'ai très peu de pouvoir sur lui."

" N'as-tu pas terriblement peur ? "

Berthe rit. « Non, je ne le suis vraiment pas. Vous savez qu'il a toujours monté des chevaux dangereux et qu'il n'a jamais été blessé. Lorsque nous nous sommes mariés pour la première fois, je traversais des souffrances. Chaque fois qu'il chassait, je pensais qu'il serait ramené à la maison mort sur une civière. Mais il ne l'a jamais été et je me suis calmé peu à peu.

"Je me demande si tu pourrais."

« Ma chère, personne ne peut continuer à être affreusement agité pendant dix ans. Les gens qui vivent sur les volcans oublient tout cela ; et on s'habituerait vite à s'asseoir sur des barils de poudre si on n'avait pas de fauteuil.

"Jamais!" » dit Miss Glover avec conviction, voyant une image frappante d'elle-même dans une telle position.

Miss Glover était inchangée. Le temps passait au-dessus de sa tête, impuissant ; elle paraissait encore entre vingt-cinq et quarante ans, ses cheveux n'étaient plus délavés, sa silhouette dans son armure de drap noir était toujours aussi juvénile ; et pas une idée nouvelle ni une pensée ne lui était venue à l'esprit. Elle était comme la reine d'Alice, qui courait à toute vitesse et restait à la même place ; mais avec Miss Glover, le processus était inversé : le monde avançait, apparemment de plus en plus vite à mesure que le siècle approchait de sa fin, mais elle restait figée – une incarnation des années quatre-vingt.

La veille de l'arrivée du 11. Les chiens devaient se retrouver au *Share et au Coulter*, comme lorsqu'Edward avait été jeté. Il fit venir le Dr Ramsay pour assurer Bertha qu'il était en parfaite forme ; et après l'interrogatoire, je le conduisis au salon.

« Dr. Ramsay dit que ma clavicule est plus forte que jamais.

« Mais je ne pense pas qu'il devrait quand même monter le rouan. Ne peux-tu pas persuader Edward de ne pas le faire, Bertha ?

Bertha regarda tour à tour le médecin et Edward en souriant. "J'ai fait de mon mieux."

"Bertha sait qu'il ne faut pas s'embêter", a déclaré Edward. « Elle ne me considère pas beaucoup en tant que marguillier, mais lorsqu'il s'agit d'un cheval, elle me fait confiance ; n'est-ce pas, chérie ?

"Je fais vraiment."

"Voilà," dit Edward, très content, "c'est ce que j'appelle une bonne épouse."

Le lendemain, le cheval fut ramené et Bertha remplit la gourde d'Edward.

"Tu m'enterreras gentiment si je me casse le cou, n'est-ce pas ?" dit-il en riant. "Vous commanderez une belle pierre tombale."

« Ma chérie, tu ne connaîtras jamais une fin violente. Je suis sûr que tu mourras dans ton lit quand tu auras cent deux ans, avec une foule de descendants pleurant autour de toi. Vous êtes juste ce genre d'homme.

« Ha, ha ! » il rit. "Je ne sais pas d'où viennent les descendants."

« J'ai le pressentiment que je suis condamné à céder la place à Fanny Glover. Je suis sûr qu'il y a une fatalité à ce sujet. Cela fait des années que je pense que tu finiras par l'épouser, et c'est horrible de ma part de t'avoir fait attendre si longtemps, d'autant plus qu'elle se languit de toi, la pauvre.

Edward rit encore. "Bien, au revoir!"

"Au revoir. Souvenez-vous de moi auprès de Mme Arthur.

Elle se tenait à la fenêtre pour le voir monter, et alors qu'il lui brandissait sa cravache, elle agita la main.

La journée d'hiver approchait et Bertha, intéressée par le roman qu'elle lisait, fut surprise d'entendre l'horloge sonner cinq heures. Elle s'étonna qu'Edward ne soit pas encore entré et, sonnant pour demander du thé et les lampes, fit tirer les rideaux. Il ne pouvait plus tarder.

«Je me demande s'il a encore fait une chute», dit-elle en souriant. "Il devrait vraiment arrêter de chasser, il devient trop gros."

Elle décida de ne pas attendre plus longtemps, mais versa son thé et s'arrangea pour pouvoir accéder aux scones et voir confortablement pour lire. Puis elle entendit une voiture arriver. Qui cela peut-il bien être?

"Qu'est-ce que ces gens sont ennuyeux à appeler en ce moment!"

Au moment où la cloche sonnait, Bertha posa son livre pour recevoir le visiteur. Mais personne n'est entré ; il y avait un bruit confus de voix au dehors. Quelque chose aurait-il pu arriver à Edward après tout ? Elle se leva d'un bond et traversa la moitié de la pièce. Elle entendit une voix inconnue dans le hall.

"Où allons-nous l'emmener?"

*Il.* Qu'est-ce que c'était : un cadavre ? Bertha sentit un froid parcourir tout son corps, elle posa la main sur une chaise, pour pouvoir se stabiliser si elle se sentait mal. La porte fut ouverte lentement par Arthur Branderton, et il la referma rapidement derrière lui.

« Je suis vraiment désolé, mais il y a eu un accident. Edward est plutôt blessé.

Elle le regarda en pâlissant, mais ne trouva rien à répondre.

« Tu dois te calmer, Bertha. J'ai peur qu'il soit très mauvais. Tu ferais mieux de t'asseoir.

Il hésita et elle se tourna vers lui avec une colère soudaine.

« S'il est mort, pourquoi ne me le dis-tu pas ?

"Je suis terriblement désolé. Nous avons fait tout ce que nous pouvions. Il est tombé au même poteau et à la même clôture que l'autre jour. Je pense qu'il a dû perdre son sang-froid. J'étais près de lui, je le voyais se précipiter dessus à l'aveuglette, puis tirer au moment où le cheval se levait. Ils sont tombés avec fracas.

"Est-il mort?"

"Oui."

Bertha ne se sentait pas faible. Elle était un peu horrifiée par la clarté avec laquelle elle parvenait à comprendre Arthur Branderton. Elle semblait ne rien ressentir du tout. Le jeune homme la regarda comme s'il s'attendait à ce qu'elle pleure ou s'évanouisse.

« Voudriez-vous que je vous envoie ma femme ?

"Non merci."

Bertha comprenait bien que son mari était mort, mais la nouvelle ne semblait pas l'impressionner. Elle l'entendit sans émotion, comme s'il s'agissait d'un étranger. Elle se demanda ce que le jeune Branderton pensait de son insouciance.

"Ne veux-tu pas t'asseoir," dit-il en lui prenant le bras et en la conduisant vers une chaise. "Dois-je t'apporter du cognac?"

«Je vais bien, merci. Ne vous inquiétez pas pour moi. Où est-il ?

«Je leur ai dit de l'emmener à l'étage. Dois-je vous envoyer l'assistant de Ramsay ? Il est là."

"Non," dit-elle à voix basse. "Je ne veux rien. L'ont-ils déjà emmené ?

« Oui, mais je ne pense pas que tu devrais aller vers lui. Cela vous bouleversera terriblement.

« Je vais dans ma chambre. Ça te dérange si je te quitte ? Je préférerais être seul.

Branderton ouvrit la porte et Bertha sortit, le visage très pâle, mais ne montrant pas la moindre trace d'émotion. Branderton se rendit à pied au Vicarage de Leanham pour envoyer Miss Glover à Court Leys, puis chez elle, où il dit à sa femme que la misérable veuve était stupéfaite par le choc.

Bertha s'est enfermée dans sa chambre. Elle entendit du bourdonnement de voix dans la maison, le Dr Ramsay vint à sa porte, mais elle refusa d'ouvrir ; alors tout était tout à fait calme.

Elle était consternée par le vide de son cœur, la tranquillité était si inhumaine qu'elle se demandait si elle ne devenait pas folle ; elle ne ressentait aucune émotion. Bertha se répétait qu'Edward avait été tué ; il gisait tout près, mort, et elle n'en éprouvait aucun chagrin. Elle se souvenait de son angoisse des années auparavant lorsqu'elle pensait à sa mort ; et maintenant que cela avait eu lieu, elle ne s'évanouissait plus, elle ne pleurait plus, elle n'était plus troublée. Bertha s'était cachée pour cacher ses larmes aux regards étrangers, et les larmes ne venaient pas. Après que ses soupçons soudains eurent été confirmés, elle n'avait ressenti aucune émotion ; elle était horrifiée que cette mort tragique l'ait si peu affectée. Elle se dirigea vers la fenêtre et regarda dehors, essayant de rassembler ses pensées, essayant de s'inquiéter ; mais elle était presque indifférente.

« Je dois être terriblement cruelle », marmonna-t-elle.

Puis l'idée est venue de ce que diraient ses amis en voyant son calme et sa maîtrise de soi. Elle essaya de pleurer, mais ses yeux restèrent secs.

On frappa à la porte et la voix de Miss Glover, brisée par les larmes : « Bertha, Bertha, ne me laisseras-tu pas entrer ? C'est moi, Fanny.

Bertha se leva d'un bond, mais ne répondit pas.

Miss Glover appela de nouveau, et sa voix était étranglée par les sanglots. Pourquoi Fanny Glover pouvait-elle pleurer la mort d'Edward, qui était un étranger, alors qu'elle, Bertha, restait insensible ?

"Berthe!"

"Oui."

«Ouvrez-moi la porte. Oh, je suis vraiment désolé pour toi. S'il vous plaît, laissez-moi entrer.

Bertha regarda follement la porte, elle n'osait pas laisser Miss Glover venir.

«Je ne vois personne maintenant», cria-t-elle d'une voix rauque. "Ne me demandez pas."

"Je pense que je pourrais te réconforter."

"Je veux être seul."

Miss Glover resta silencieuse pendant une minute, pleurant de manière audible.

« Dois-je attendre en bas ? Tu peux m'appeler si tu veux. Peut-être que tu me reverras plus tard.

Bertha aurait voulu lui dire de s'en aller, mais elle n'osait pas.

"Fais ce que tu veux", dit-elle.

Il y eut à nouveau un silence, un silence surnaturel plus éprouvant qu'un vacarme hideux. C'était un silence qui tirait les nerfs et les rendait horriblement sensibles : on n'osait pas respirer de peur de le briser.

Et une pensée vint à Bertha, l'assaillant comme un diable qui la tourmentait. Elle poussa un cri d'horreur, car c'était plus odieux que tout ; c'était tout simplement intolérable. Elle se jeta sur son lit et enfouit son visage dans son oreiller pour le chasser. Par honte, elle mit ses mains à ses oreilles pour ne pas entendre les démons invisibles qui le murmuraient silencieusement.

*Elle était libre.*

Elle frémit devant cette pensée, mais ne parvint pas à l'écraser. "En est-on arrivé là !" murmura-t-elle.

Et puis revint le souvenir des débuts de son amour. Elle se rappelait la passion qui l'avait jetée aveuglément dans les bras d'Edward, son amère humiliation lorsqu'elle avait réalisé qu'il ne pouvait pas répondre à son ardeur ; son amour était un feu jouant inutilement sur un rocher de basalte. Elle se souvenait de la haine qui avait suivi la désillusion, et enfin l'indifférence. C'était la même indifférence qui lui glaçait le cœur à présent.

Sa vie semblait gâchée lorsqu'elle comparait son désir fou de bonheur avec la misère qu'elle avait réellement endurée. Les nombreux espoirs de Bertha ressemblaient à des fantômes et elle les regardait avec désespoir. Elle avait tant attendu et obtenu si peu. Elle ressentit une terrible douleur au cœur en pensant à tout ce qu'elle avait vécu. Ses forces tombèrent et, vaincue par son propre apitoiement sur elle-même, elle tomba à genoux et fondit en larmes.

"Oh mon Dieu!" s'écria-t-elle, qu'ai-je fait pour que je sois si malheureuse ?

Elle sanglotait à haute voix, ne cherchant pas à retenir son chagrin. Miss Glover, bonne âme, attendait à l'extérieur de la pièce au cas où Bertha la voudrait, en pleurant en silence. Elle frappa à nouveau lorsqu'elle entendit des sanglots impétueux à l'intérieur.

"Oh, Bertha, laisse-moi entrer. Tu te tourmentes encore plus parce que tu ne verras personne."

Bertha se releva et ouvrit la porte. Miss Glover entra et, abandonnant toute réserve dans son immense sympathie, serra Bertha contre son cœur.

« Oh, ma chère, ma chère, c'est absolument épouvantable ; Je suis tellement désolé pour toi. Je ne sais pas quoi dire. Je ne peux que prier.

Bertha sanglotait sans retenue – pas parce qu'Edward était mort.

"Tout ce que vous avez maintenant, c'est Dieu", a déclaré Miss Glover.

Enfin Bertha s'arracha et s'essuya les yeux.

« N'essayez pas d'être trop courageuse, Bertha », dit avec compassion la sœur du Vicaire. « Ça te fera du bien de pleurer. C'était un homme si bon et si gentil, et il vous aimait avec tant de dévouement.

Bertha la regardait en silence.

«Je dois être horriblement cruelle», pensa-t-elle.

« Cela vous dérange-t-il si je reste ici ce soir, ma chère, » ajouta Miss Glover. "J'ai envoyé un message à Charles."

"Oh, non, s'il te plaît, ne le fais pas. Si tu tiens à moi, Fanny, laisse-moi être seule. Je ne veux pas être méchant, mais je ne supporte pas de voir qui que ce soit.

Miss Glover était profondément peinée. «Je ne veux pas gêner. Si vous souhaitez vraiment que j'y aille, j'irai.

"Je sens que si je ne peux pas être seul, je vais devenir fou."

« Voudriez-vous voir Charles ?

« Non, chérie. Ne soyez pas en colère. Ne me trouvez pas méchant ou ingrat, mais je ne veux rien d'autre que d'être laissé entièrement à moi-même.

# Chapitre XXXVI

SEULE dans sa chambre, les souvenirs du passé l'encombraient. Les dernières années s'enfuirent de son esprit et Bertha revit avec vivacité les premiers jours de son amour, la visite à Edward dans sa ferme, la nuit à la porte de Court Leys où il lui demanda de l'épouser. Elle se rappelait le ravissement avec lequel elle s'était jetée dans ses bras. Oubliant le véritable Edward qui venait de mourir, elle se souvint du grand et fort jeune homme qui l'avait fait s'évanouir d'amour ; et sa passion revint, écrasante. Sur la cheminée se trouvait une photographie d'Edward tel qu'il était alors ; il était devant elle depuis des années, mais elle ne l'avait jamais remarqué. Elle le prit, le pressa contre son cœur et l'embrassa. Mille choses lui revenaient et elle le revoyait debout devant elle tel qu'il était, viril, fort, si bien qu'elle sentait son amour comme une protection contre tout le monde.

Mais à quoi bon maintenant ?

"Je serais en colère si je recommençais à l'aimer quand il serait trop tard."

Bertha était consternée par le regret qu'elle sentait monter en elle, un diable qui lui serrait le cœur dans une poigne de fer. Oh, elle ne pouvait pas risquer la possibilité d'un chagrin, elle avait trop souffert et elle devait tuer en elle les sources de la douleur. Elle n'osait pas abandonner des choses qui, dans les années à venir, pourraient être les fondements d'une nouvelle idolâtrie. Sa seule chance de paix était de détruire tout ce qui pouvait le rappeler.

Elle s'empara de la photographie et, sans oser la regarder à nouveau, la retira du cadre et la déchira rapidement en morceaux. Elle regarda autour de la pièce.

« Je ne dois rien laisser », marmonna-t-elle.

Elle vit sur une table un album contenant des photos d'Edward à tous âges, l'enfant aux longues boucles, le gamin en culotte, l'écolier, l'amant de son cœur. Elle l'avait persuadé de se faire photographier à Londres pendant leur lune de miel, et il y était dans une demi-douzaine de positions différentes. Bertha pensait que son cœur allait se briser en les détruisant un à un, et il lui fallait toute la force dont elle disposait pour l'empêcher de les couvrir de baisers passionnés. Ses doigts lui faisaient mal à cause des déchirures, mais au bout d'un moment ils furent tous en fragments dans la cheminée. Puis, désespérée, elle ajouta les lettres qu'Edward lui avait écrites ; et appliqué une correspondance. Elle les regardait friser, frisonner et brûler ; et actuellement ils étaient des cendres.

Elle se laissa tomber sur une chaise, épuisée par l'effort, mais se releva rapidement. Elle but de l'eau, se préparant à une épreuve encore plus terrible ; car elle savait que des prochaines heures dépendait sa paix future.

La nuit était déjà tard, une nuit d'orage avec le vent hurlant à travers les arbres sans feuilles. Bertha sursauta lorsqu'il frappa les fenêtres avec un cri presque humain. Une peur la saisit de ce qu'elle s'apprêtait à faire, mais elle était poussée par une peur plus grande. Elle prit une bougie, ouvrant la porte, et écouta. Il n'y avait personne; le vent rugissait de sa longue voix monotone, et les branches d'un arbre frappant contre une fenêtre du couloir donnaient un tap-tap épouvantable, comme si des esprits invisibles étaient proches.

Les vivants, en présence de la mort, sentent que l'air tout entier est plein de quelque chose de nouveau et de terrible. Une plus grande sensibilité perçoit le sentiment inexplicable de quelque chose de présent ou de quelque chose d'horrible se produisant de manière invisible. Bertha se dirigea vers la chambre de son mari et n'osa pas entrer pendant un moment. Enfin elle ouvrit la porte, alluma les bougies sur la cheminée et sur la coiffeuse, puis se dirigea vers le lit. Edward était allongé sur le dos, avec un mouchoir noué autour de sa mâchoire pour la maintenir droite, les mains croisées devant.

Bertha se tenait devant le cadavre et regardait. L'impression du jeune homme disparut, et elle le vit tel qu'il était en réalité, gros, rouge de visage, avec les veinules de ses joues se dessinant distinctement dans un réseau pourpre ; les côtés de son visage étaient devenus proéminents ces dernières années ; et il avait de petites moustaches latérales. Sa peau était déjà ridée et rugueuse, les cheveux sur le devant de sa tête étaient rares et le cuir chevelu était visible, brillant et blanc. Les mains qui autrefois l'enchantaient par leur force, au point qu'elle les comparait aux mains de porphyre d'une statue inachevée, étaient maintenant repoussantes par leur grossièreté. Depuis longtemps, leur contact l'avait un peu dégoûtée. C'était l'image que Bertha souhaitait imprimer dans son esprit. C'était un étranger mort devant elle, un homme auquel elle était indifférente.

Se détournant enfin, elle sortit et retourna dans sa chambre.

Trois jours plus tard, c'étaient les funérailles. Toutes les couronnes et les croix de belles fleurs du matin étaient arrivées en masse, et maintenant il y avait foule dans l'allée devant Court Leys. Les francs-maçons de Blackstable (Loge n° 31 899), dont Edward était, à sa mort, le vénérable maître, avaient signifié leur intention d'y assister et bordaient la route, deux par deux, avec des gants et des tabliers blancs. Il y avait également des représentants de la Loge Tercanbury (4169), de la Grande Loge provinciale, des Mark Masons et des Templiers. La Blackstable Unionist Association envoya cent conservateurs, qui marchèrent deux et deux après les francs-maçons. Il y eut quelques mots sur la préséance entre le frère GW Hancock (PWM), qui dirigeait la Blackstable Lodge (31 899), et M. Atthill Bacot, qui marchait à la tête des politiciens ; mais la question fut finalement réglée en faveur de la Loge, en tant que corps établi le plus ancien. Viennent ensuite les membres du conseil de district local, dont Edward avait été président, et après eux les voitures de la noblesse. Mme Mayston Ryle a envoyé un landau et deux, mais Mme Branderton, les Molson et les autres n'ont envoyé que des coupés. Il fallait une prodigieuse maîtrise générale pour rassembler ces forces, et Arthur Branderton s'est mis en colère parce que les conservateurs commenceraient avant qu'ils ne le souhaitent.

« Ah », dit frère AW Rogers (le propriétaire du *Pig and Whistle* ), « ils veulent Craddock ici maintenant. Il était le meilleur organisateur que j'ai jamais vu ; à ce moment-là, il aurait mis le cortège en état de marche et les funérailles terminées.

La dernière voiture disparut, et Bertha, enfin seule, se coucha près de la fenêtre sur le canapé. Elle était profondément reconnaissante envers l'ancienne convention qui empêchait la veuve d'assister aux funérailles.

Elle regardait avec des yeux fatigués et apathiques la longue allée d'ormes dénudée de feuilles. Le ciel était gris et les nuages lourds et bas. Bertha était maintenant une femme pâle de trente ans, toujours belle, aux cheveux bouclés et abondants ; mais ses yeux sombres avaient sous eux des lignes encore plus sombres, et leur feu était à moitié éteint. Entre ses sourcils il y avait une petite ligne verticale, et ses lèvres avaient perdu la joie de la jeunesse, les coins de sa bouche retroussés avec une expression mélancolique. Le visage était maigre et extrêmement pâle ; mais ce qui frappait surtout, c'était qu'elle paraissait si lasse. Ses traits restaient singulièrement immobiles, et il y avait dans ses yeux une apathie très douloureuse. Ses yeux disaient qu'elle avait aimé et que l'amour lui manquait, qu'elle avait été mère et que son enfant était mort, et que maintenant elle ne désirait plus qu'être laissée en paix.

Bertha était en effet fatiguée, physiquement et mentalement, fatiguée de l'amour et de la haine, fatiguée de l'amitié et de la connaissance, fatiguée des années qui passaient. Sa pensée s'égara vers l'avenir et elle décida de quitter Blackstable et de laisser Court Leys, afin qu'en aucun moment de faiblesse elle ne soit tentée de revenir. Et d'abord, elle avait l'intention de voyager, souhaitant vivre dans des endroits où elle était inconnue, pour oublier plus facilement le passé. Le souvenir de Bertha a ramené l'Italie, le pays de ceux qui souffrent dans un désir non satisfait, le pays du lotus. Elle y irait et elle irait plus loin, toujours vers le soleil ; car maintenant elle n'avait plus aucun lien sur terre, et enfin, enfin elle était libre.

Le jour mélancolique se termina dans les gros nuages suspendus au-dessus, obscurcis par la nuit qui approchait. Bertha se souvenait à quel point, dans son enfance, elle avait été prête à s'ouvrir au monde. Sentant une intense communion avec tous les êtres humains, elle eut envie de se jeter dans leurs bras, pensant qu'ils seraient tendus pour la recevoir. Sa vie semblait déborder sur celle des autres, ne faisant qu'un avec la leur comme l'eau des rivières ne fait qu'un avec la mer. Mais très vite, le pouvoir qu'elle avait ressenti en faisant tout cela disparut ; elle reconnaissait une barrière entre elle et le genre humain et sentait qu'ils étaient étrangers. Comprenant à peine l'impossibilité de ce qu'elle désirait, elle plaça tout son amour, toute sa faculté d'expansion, sur une seule personne, sur Edward, faisant un dernier effort, pour ainsi dire, pour briser la barrière de la conscience et unir son âme à la sienne. Elle l'attirait vers elle de toutes ses forces, l'homme Edward, cherchant à le connaître au plus profond de son cœur, aspirant à se perdre en lui. Mais finalement, elle comprit que ce pour quoi elle s'était efforcée était inaccessible. *Je suis moi-même d'un côté et le reste du monde de l'autre.* Il y a entre les deux un abîme qu'aucune puissance ne peut franchir, une étrange barrière plus infranchissable qu'une montagne de feu. Même les amants les plus dévoués ne connaissent pas l'essentiel de l'autre. Si ardente que soit leur passion, si intime que soit leur union, ils sont toujours étrangers ; à peine plus les uns aux autres que des connaissances fortuites.

Et quand elle l'a découvert, avec beaucoup de larmes et après un chagrin amer, Bertha s'est retirée en elle-même. Mais bientôt elle trouva du réconfort. Dans son silence, elle a construit son propre monde et l'a caché aux yeux de toute âme vivante, sachant que personne ne pouvait le comprendre. Et puis tous les liens étaient ennuyeux, tous les attachements terrestres inutiles.

Pensant confusément à ces choses, les pensées de Bertha se tournèrent vers Edward.

« Si j'avais tenu un journal de mes émotions, je le fermerais aujourd'hui avec les mots : « Mon mari s'est cassé le cou ».

Mais elle était peinée par sa propre insensibilité.

« Pauvre garçon », murmura-t-elle. « Il était honnête, gentil et indulgent. Il faisait tout ce qu'il pouvait et essayait toujours d'agir comme un gentleman. Il était très utile dans le monde et, à sa manière, il m'aimait. Son seul défaut était que je l'aimais et que je cessais de l'aimer.

A ses côtés se trouvait le livre qu'elle avait lu en attendant Edward alors qu'il chassait. Bertha l'avait posé sur la table ouverte, face contre terre, lorsqu'elle se leva du canapé pour recevoir le visiteur attendu ; et il était resté tel qu'elle l'avait laissé. Elle en avait assez de réfléchir ; et le prenant maintenant, il commença à lire tranquillement.


LA FIN